中華文化思想叢書

中西古代歷史、史學 與理論比較研究

下冊

劉家和　著

目次

緒論 ……………………………………………………………… 1

上冊

第一編　古代中國與西方的歷史比較研究 ……………… 1

引言 ……………………………………………………………… 1

第一節　古代中國與西方的歷史概論 ………………………… 3

　　一　古代中國歷史概論 ……………………………………… 3

　　二　古代西方歷史概論 ……………………………………… 50

第二節　專論 …………………………………………………… 100

　　一　中國古代文明進程的物質因素 ……………………… 100

　　二　中華民族統一發展的一個重要精神支柱 …………… 120

　　三　中國國家形成和發展的一個特色

　　　　——和諧之途 ………………………………………… 134

　　四　一種規則　兩種模式

　　　　——古代中國郡縣制與羅馬行省制形成的異同 … 149

　　五　本與末

　　　　——古代中國與古代希臘農工商業觀念的

　　　　　　比較研究 ……………………………………… 184

中冊

第二編　古代中國與西方史學的比較研究⋯⋯⋯⋯203

引言 ⋯⋯⋯⋯⋯⋯⋯⋯⋯⋯⋯⋯⋯⋯⋯⋯⋯⋯⋯⋯⋯⋯⋯⋯⋯203

第一節　中西古代史學概論 ⋯⋯⋯⋯⋯⋯⋯⋯⋯⋯⋯⋯⋯209

　　一　古代中國史學概論 ⋯⋯⋯⋯⋯⋯⋯⋯⋯⋯⋯⋯209

　　二　古代西方史學概論 ⋯⋯⋯⋯⋯⋯⋯⋯⋯⋯⋯⋯270

第二節　專論 ⋯⋯⋯⋯⋯⋯⋯⋯⋯⋯⋯⋯⋯⋯⋯⋯⋯⋯⋯375

　　一　《尚書》的歷史認同觀念 ⋯⋯⋯⋯⋯⋯⋯⋯⋯375

　　二　司馬遷的「考信於六藝」說 ⋯⋯⋯⋯⋯⋯⋯382

　　三　司馬遷的「疑則傳疑」說

　　　　——以《史記》載「高宗亮陰，三年不言」

　　　　　為例的分析 ⋯⋯⋯⋯⋯⋯⋯⋯⋯⋯⋯⋯⋯396

　　四　司馬遷和波利比烏斯的歷史思想 ⋯⋯⋯⋯409

　　五　《漢書》中的通史精神 ⋯⋯⋯⋯⋯⋯⋯⋯⋯⋯424

　　六　古代的史料和世界古代史 ⋯⋯⋯⋯⋯⋯⋯⋯446

　　七　被誤讀的希羅多德 ⋯⋯⋯⋯⋯⋯⋯⋯⋯⋯⋯⋯460

下冊

第三編　古代中國與西方歷史理論的比較研究⋯⋯⋯475

引言 ⋯⋯⋯⋯⋯⋯⋯⋯⋯⋯⋯⋯⋯⋯⋯⋯⋯⋯⋯⋯⋯⋯⋯⋯⋯475

第一節　古代中國與西方歷史理論概論 ⋯⋯⋯⋯⋯481

　　一　古代中國歷史理論概論 ⋯⋯⋯⋯⋯⋯⋯⋯⋯481

　　二　古代西方歷史理論概論 ⋯⋯⋯⋯⋯⋯⋯⋯⋯570

第二節　專論 ⋯⋯⋯⋯⋯⋯⋯⋯⋯⋯⋯⋯⋯⋯⋯⋯⋯⋯⋯641

一　歷史理性在古代中國的發生 ················· 641

二　史學在中國傳統學術中的地位
　　──與古代印度、古代希臘的比較思考 ·········· 666

三　論通史 ·································· 689

四　先秦儒家歷史理性的覺醒 ··············· 704

五　試論道法兩家歷史觀的異同 ············· 719

六　五德終始說與歷史正統觀 ··············· 739

七　董仲舒《春秋》學的通史精神初探 ········· 762

八　論何休《公羊解詁》的歷史哲學 ········· 781

餘論 ······································ 803

一　魏晉南北朝時的中國與西羅馬滅亡之後歐洲歷史發展
　　的異同 ·································· 803

二　魏晉南北朝時期的中國與西羅馬滅亡後歐洲文明斷續
　　的異同 ·································· 813

第三編
古代中國與西方歷史理論的比較研究

引言

在第二篇中，我們說到了中國古代史學發展中的連續性特性，而通史精神乃是其核心之內容；在古代西方，雖然史學同樣十分發達，可是情況畢竟與中國不同。這樣，我們就面臨著一個史學理論的問題。因此以下的第三篇就不能回避古代中西在史學理論層面的異同問題。如果說，史學是對於歷史著作史的反思，那麼，史學理論就是從更高一個層面對於史學的反思了。

對於史學的更高一層的或理論層面的反思，具體而言，可以分為就史學之體與史學之用兩個方面來說。

首先，從史學功能方面來說。中國古代的史書都十分重視並強調彰善癉惡以垂訓，闡明成敗得失之跡以為鑑。《左傳》、《國語》、《史記》、《漢書》莫不如此。西方古代史書在這一方面也相當一致。希羅多德之《歷史》、修昔底德之《伯羅奔尼薩斯戰爭史》、波利比烏斯之《歷史》、李維之《羅馬史》、塔西佗之《歷史》與《編年史》亦莫不如此。在本書第二篇的中西兩方面之綜述中已有略述。值得注意的是，這些都是在史學家們的認識與見解。

至於史學是否真的具有或者何以能有「彰善癉惡以垂訓，闡明成敗得失之跡以為鑑」之用，這就涉及史學之體的問題。一旦這樣的問

題提到思想家或哲學家們那裡，中國與西方之間的區分就鮮明地呈現出來。本書第三篇的主要論題就在於此。在第三篇裡，我們安排了中國五經及先秦、秦漢諸子思想史（或中國古代哲學史）與西方古代哲學史兩篇綜述，分別陳述了雙方的異同。

為了便於讀者，在此先作一番比較的概說以當導引。問題的關鍵仍然在歷史是否可以垂訓、是否可以為鑑的問題。

在古代中國，自《尚書》、《詩經》以下，對於歷史可以為鑑，人們從來十分重視，而且無人提出質疑。不疑，有何理由？因為，總所周知，歷史從來都是變化發展著的，昨日之事既然已與今日之事不同，昨日之事何以能為今日之事之鑑？要解決這個難題，必須具備一項根本條件，即在昨日與今日變化之中是否存在一種不變，而且必須切實地證實這種變中之常的存在。在這個關鍵點上，中國古人找到了肯定的答案，而且給出了切實的歷史證據。

《尚書》記周公旦之言曰「殷先人有冊有典」，現在從甲骨文材料可知，這一判斷毫無疑義。從周公與殷人所共見的殷人典冊記載有「殷革夏命」的歷史事實。周公說此話時，周人又已經革了殷人的命。「殷革夏命」與「周革殷命」是不同時代、具體情況不同的兩次歷史事件，其間有著明顯的差別與變化，二者何以能比而且要從比較中找出其間的同一性或不變性？或者簡明地說，如何才能從其變中找出其間之常？只有從歷史演化中找到了「變」中之「常」，我們才能從中看出歷史理性之曙光。

根據傳統文獻以及大量甲骨文資料，我們可以確信殷代的確存在著對於天命與鬼神的嚴重的迷信。這種迷信當然是與理性背道而馳的。當周的兵力已經接近於殷的黎邦時，紂的大臣祖已提出必須嚴加防範建議，而紂竟然回答說「我生不有命在天。」可是一旦周伐紂代殷之後，周武王和周公兄弟卻沒有盲目樂觀地自以為天命已經在我手

中、他人對我已經無可奈何的想法。他們誠然沒有能夠完全也無必要
完全否認天命之存在。但是，他們從紂的失敗中汲取了教訓，從而不
敢完全迷信天命。經過深刻反思，他們意識到，殷之所以能革夏命，
在於當時夏桀已經失去民心；周之所以能革殷命，在於當下殷紂已經
失去民心。不同時代有不同的革命，但是其中有一個經常起作用的
關鍵因素，就是民心的向背決定了政權或「天命」的轉移。這樣，周
公的天命就從完全的迷信轉向到理性的萌生。中國古代的歷史理性從
此濫觴。而且這種歷史理性是與道德理性同步發生的，因而周人崇尚
德治。

　　到了春秋戰國時期，大國爭霸與兼併之勢大盛。歷史現實顯示出
德的作用在萎縮，而力的作用在張揚。正如韓非所說「當今爭於氣
力」，已經不再像從前那樣崇尚道德或智謀了。在這種歷史形勢下產
生了鄒衍的五德終始說或五行相勝說。此說以為，自然界有五行，即
木、火、土、金、水，木剋土、土剋水、水剋火、火剋金、金剋木，
依次代勝；與此相應，在歷史上有木、火、土、金、水五德，當時相
傳周以火德王，重仁義道德，故勝周而代之者必為水德以克火，而以
水德王者必嚴刑峻法、刻削寡恩。秦始皇即明確宣布以水德王，實行
暴力征戰與統治，自覺地宣示自己代周的歷史必然性。這樣的用比附
自然的方法構建起來的歷史觀念，既反映了當時居於統治地位的時代
精神，也顯示了歷史發展變化中的「常」或必然性的觀念，因此又是
一種歷史理性形式的呈現。

　　秦以武力統一六國，成就輝煌，但是也因為暴政殘民，國祚短
暫。漢取代秦以後，再次進行反思，對秦政必須作批判性的取捨。兩
漢諸子在這一方面的論述甚多。如果擇其要者而言之，那麼，在兩漢
占經學統治地位的公羊學者之說可以作為主要代表。西漢時期的董仲
舒提出以夏商周三代為典型的三統說，即夏主忠、商主敬、周主文，

並以為歷史即按此週期演進而螺旋地進展。司馬遷撰《史記》即以董
生說為理論上主要的依據。

　　東漢何休據《公羊傳》春秋分「所見」、「所聞」、「所傳聞」三世
立三世說，即「衰亂世」（內本國而外諸夏）、「昇平世」（內諸夏而外
夷狄）、「太平世」（夷狄進至於爵，天下遠近大小若一）。何休之三世
說以儒家推己及人之倫理為理論基礎，將歷史解釋為人性展開的三個
階段的歷史亦即從衰亂而昇平而太平的大同世界的必然進程，明確標
誌了中國歷史理性的成長或歷史哲學的發生。

　　在古代西方，情況與中國有所不同。當希臘人在西元前八世紀走
出荷馬時代的時候，他們對邁錫尼文明的一知半解已經落在一片神話
的籠罩之中，從而也感覺不到什麼重要的歷史因果聯繫。當人們的理
性隨著文明曙光的重新升起而覺醒的時候，它的批判物件固然也是對
於神的迷信，可是其具體的迷信與中國殷代國王迷信的天命不同。古
希臘人最初的理性鋒芒所指向的是神造世界萬物的神話。

　　西元前六世紀，自然哲學在小亞細亞的希臘人殖民城市米利都興
起。哲學家們拋棄了神作為萬物起源的說法，力求從自然界中尋求出
一種作為萬物本原（Arche）的東西。例如泰勒斯主張萬物來源於
水，而最終又回復到水，赫拉克利特主張萬物來源於火，而最終又回
復到火，等等。這些自然哲學家們的主張基本上是唯物主義的。不
過，有一點值得注意，那即是他們努力在不斷變化的萬物中尋求一個
其本身不變的東西即本原。從變中求不變，從變中求常，這當然是一
種理性追求的表現。不過這樣以一種或數種物質作為萬物本源的說
法，無論如何總十分牽強，難以具備強大的說服力。

　　巴門尼德沿著追求本原的方向前進，可是他所找到的卻不再是具
體的事物，而是抽象的「存在」（或譯為「是」或「有」）。他以為，
凡是我們所能知道或認識的萬物，它們可以有不同形式的變化，而唯

一不能變化的就是其存在本身。因此，「存在」是人們的理性得以形成知識的根源，也是哲學研究的唯一物件。與「存在」相矛盾的是「不存在」。對於「不存在」無一切知識可言。他認為，「存在」就是抽象的「壹」，至大無外，亙古不變。如果說，原來的自然哲學一般都是建立在經驗歸納的基礎上的，那麼，巴門尼德的哲學已經轉而建立在邏輯抽象的基礎之上了。

到了希臘古典時期，蘇格拉底、柏拉圖、亞里斯多德三大哲學家沿著邏輯理性的發展道路，把希臘哲學推進到了巔峰。這個巔峰也是整個西方古代哲學的巔峰。關於整個西方古代哲學的總體情況，本書第三篇綜述裡有一篇比較系統的介紹，此處恕不備述。

本書所要重點討論的是，沿著邏輯理性的發展道路形成的希臘古典哲學傳統對於歷史學理論產生的重大影響。自從巴門尼德把「存在」的概念看成唯一的思維物件以後，感性所能及的物件便被排除在理性思維之外。人類的歷史當然不可能是抽象的純粹的「壹」，而且至大無外、亙古不變的。於是歷史自然也就被排除在理性之外。變化無常的歷史豈有理性可言？在巴門尼德的理解下，「歷史理性」一詞本身都將成為自相矛盾的悖論。柏拉圖把認知物件分為三類：存在的，不存在的和既存在又不存在（即變化不定的）的。對於存在（如「相型」，Idea，舊譯「理念」），人們可有知識（永恆的知識）；對於不存在，人們只能無知；對於變化不定的（感性所及的世界），人們就只能有「意見」。儘管柏拉圖也在一定程度上賦予「意見」某種意義，但無論如何總不是理性的知識。因此，歷史作為變動不居的物件，人們從中所得的也只能是等而下之的「意見」。應該說亞里斯多德本人還是很重視歷史的研究的，他還有若干歷史著作。可是他在《詩學》仍然明確強調，最高級的著作是哲學之作，因為它涉及永恆的真理；其次就是詩篇之作，因為它雖不涉及具體真實人物，卻體現

著通常合乎情理的關係；再其次才是歷史，因為它所涉及的是具體的個人或事件，它的真只能是一次性的（說亞里斯多德存在過，這個判斷只能對他存在一事為真）。於是，在亞里斯多德那裡，歷史學在學術領域內獲得了三等公民的地位。由此可見，希臘的邏輯理性在多麼大的程度上壓抑、排擠了歷史理性的存在空間。

在中國古代，情況就大不相同了。先秦時期五經諸子之學為最高級的學問，漢代獨尊儒術以後，經學（其實已經融合了許多子學的成果）長期處於學術中的最高地位，其地位與希臘或古代西方的哲學地位基本相當。究其原因，那即是經學本身即是理性之學。如果從字源上說，「經」的本義為「常」，經學就是關於常道之學，所以當然是理性之學。「經」還有經營之義，所以經學又是經世致用之學。這樣一來，就產生了一個問題。經世致用是必須應對變化發展中的現實世界的，不變的常道如何才能應變致用呢？所以在經學本身的理論中必須有「經」與「權」的結合。而在經學研究中必須憑藉的不僅有邏輯的推理（西方古代哲學所憑藉的只能是邏輯推理），而且必須結合另外一種以既常又變為研究物件的學問，這門學問恰好就是歷史學。因此，在中國學術傳統中，史學與經學是長期緊密結合在一起的。從變中深究出「常」，從「常」來理解「變」。這就是中國的歷史理性與古代西方的邏輯理性的異同之關鍵所在。

在本書第三篇的兩篇綜述裡，我們分別簡述了中國古代的經子之學的發展大略，指出了兩種理性的形成的大致歷程。可是，由於到了理論的層面西方並無歷史理性的呈現（在西方，這要等到康德以後，最早也要等到維科之後），所以在專論的部分就沒有關於專門討論西方的文章，而只有論中國古代歷史理論的文章。看起來這似乎是一種缺陷，不過我們在關於古代中國歷史理論討論的文章中已經作了若干必要的比較研究，也許這也可以作為某種補苴吧。

第一節　古代中國與西方歷史理論概論

一　古代中國歷史理論概論

（一）中國殷周之際至春秋時期的天道觀

1　《尚書》和《詩經》

　　西元前一○四六年，周武王伐紂克商[1]，周由此取代商成為天下共主，商王室的繼承者則淪為周天子制下的一方諸侯。發生在殷周之際的這場政權易位，在中國歷史上影響深遠，早期中國的觀念信仰、政治文化、統治方式、社會風尚等方方面面，可能都因此發生了革命性轉變，而其中首要的，乃是在思想層面上隨著對「天」、「天命」的深刻反思而出現的天道觀的突破。

　　反映殷周之際思想狀況的資料，主要是《尚書》中的周初諸誥及《詩經》中的一些篇章。

　　《尚書》，最初稱《書》，漢代稱《尚書》，意為「上古帝王之書」[2]。「書」字的本義，是書寫、記錄[3]。最初的《書》，指的是當時留存著的王室檔案。春秋戰國時期的一些學者，主要是儒家，可能還有墨家，以《書》作為講授傳習的主要教本[4]。大約正是在這種代代

1　關於武王伐紂的確切年代，歷史上一直存在爭議，此處採用的是夏商周斷代工程所訂年表中給出的定年。
2　見《論衡・正說篇》。
3　《說文解字》書部：「書，著也。」段玉裁注引《敘目》曰：「著於竹帛謂之書。」詳見《說文解字注》，上海古籍出版社1988年版，第117頁下。
4　先秦儒家以頌《詩》、《書》，習禮、樂聞名。《論語》、《孟子》、《荀子》中引用《詩》、《書》之處甚多。《史記・孔子世家》即稱「孔子以《詩》、《書》、禮、樂教」。墨家承認《詩》、《書》的權威性，《墨子》一書多引《詩》，《書》。

相承的研習講授中，《書》的篇目逐漸固定下來[5]。秦火之後，《尚書》散佚。西漢初年，原秦博士，濟南伏生口傳《尚書》二十八篇，因系用當時通行的隸書抄寫，被稱為《今文尚書》。另相傳在漢武帝時，從孔子舊宅壁中得《書》，較伏生所傳多十六篇，因係用六國時字體書寫，被稱為《古文尚書》。《古文尚書》未能流布，可能在兩漢時即已亡佚。由於《尚書》在漢以後受到官方重視，祿利所向，在東漢及魏晉時期，不時有人以所謂的《古文尚書》上獻朝廷，由此造成《尚書》中真偽混雜。今本《尚書》為唐太宗時孔穎達奉詔刊定，包括伏生所傳二十八篇「今文」和晚出的二十五篇「古文」經傳。晚出的這二十五篇「古文」《尚書》，經過清代閻若璩、惠棟等相繼考辯，學術界已公認是偽作。

《尚書》按時代順序分為《虞夏書》、《商書》、《周書》三大部分。其中，《虞夏書》、《商書》大多出自後世史官追記，《周書》則基本屬於西周王室所發布的政令文誥之類政府檔，史料價值最高，且在《尚書》中份量亦最重。《周書》中的周初諸誥，大多出自西周初年事實上的統治者周公之手，因而成為了解殷周之際統治階級上層思想動態的絕佳材料。

《詩經》是我國第一部詩歌總集，共收入自西周初年至春秋中葉大約五百多年的詩歌三〇五篇，分風（160篇）、雅（105篇）、頌（40篇）三大部分。《詩經》中的《大雅》、《周頌》部分，大多出自西周王室的廟堂樂歌，因而亦是反映這一時期上層統治集團思想動向的重要材料。

在《尚書・周書》及《詩經》（尤其是雅、頌部分）中，幾乎到

---

5 《荀子》稱「書」為「經」。秦始皇能禁《詩》、《書》，應是因為其時《詩》、《書》的篇目已較確定。

處可以看到「天」、「天命」、「命」、「皇天上帝」、「上帝」等等詞語。周武王伐紂，以「恭行天之罰」為號召（《尚書・牧誓》）。周取代商成為天下共主，被認為是「天休於寧（文）王，興我小邦周」（《尚書・大誥》）。可見周初統治者虔誠地相信在塵世之上，有一個至高無上，無所不能的絕對主宰者「天」，或稱「皇天」、「上帝」。人世間的王朝更替是由「天」來決定的。周人對於「天」的這種信仰，應該說與前代的商人沒有太大分別。周王室的祖先們可能正是在商文化的強大輻射影響之下逐漸確立了對於「天」（上帝）的信仰[6]。

　　不過，在《尚書》、《詩經》中，周人在承認「天」的至上威權的同時，又對「天」、「天命」表現出深深的疑懼心理。如《尚書・康誥》稱：「惟命不於常」。《尚書・大誥》：「越天棐忱」。《尚書・君奭》「若天棐忱」，「天命不易，天難諶」，「天不可信」。《詩・大雅・文王》：「天命靡常」。《詩・大雅・大明》「天難忱斯」。《詩・大雅・蕩》：「天生烝民，其命匪諶」。周初統治者對待「天」、「天命」的這種疑懼心理，是之前的商王們所不曾有的。《尚書・商書》之《西伯戡黎》篇記載，當大臣祖伊向紂王報告，周人已經打到了距殷不遠的黎國，對殷構成嚴重威脅時，紂卻回答說：「我生不有命在天」。意即天命在我這裡，周人能把我怎樣！在商王眼裡，「天」（上帝）是商王權的保護者，因而可以依恃且絕對可靠。商人對於「天」（上帝）的迷信，後世一些賢哲仍然了解，比如《禮記・表記》記孔子之言道：「殷人尊神，率民以事神，先鬼而後禮。」雖然就《尚書・西伯戡黎》等篇來看，殷人中還是有一些有識之士對天命鬼神持懷疑態度，比如祖伊就對紂「我生不有命在天」的說法不以為然，但是，這樣的人在商代不居主流地位。自十九世紀末二十世紀初殷墟卜辭發現以

6　周原甲骨卜辭的發現，似可說明這一點。

來,「殷人尊神」已經得到了大量的出土實物和古文字資料的印證。概言之,商周王室雖然都以「天」(上帝)為主宰人類命運的至上神,但他們看待「天」(上帝)的態度則大不一樣,商王相信天命在己,一味依恃天命,周人則認識到「天命」是會發生轉變的,因而也是難以依恃的。個中原因,可能出自商周王室對於「天」(上帝)與其自身關係的不同認識。商代所崇奉的「上帝」,系由商的部族神、祖先神演變而來,因而其首要的身分,便是以商王為首的商部族的保護神[7]。在商人的意識裡,天上的「上帝」與地上的商王之間,存在著某種特殊的、神秘的和血緣上的聯繫,「上帝」是屬於商部族的。可以想像,在有商一代,地處西陲、落後、弱小,長期從屬於商的周方國,是沒有能力,且在意識上也不太可能對商人的此種看法提出質疑或挑戰。後來周統治集團將周之代殷解釋成「皇天上帝,改厥元子」[8]。《詩經‧大雅‧文王》也稱:「殷之未喪師,克配上帝。」這說明,周人即使在克商以後,也一直承認商人曾經保有的「克配上帝「的「元子」地位。承認商為天命所鍾的「元子」,自然就是以只能分沾餘惠的「餘子」身分自處。而殷周之際所發生的巨大變革,則將商周關係完全顛倒了過來,商人曾經是上天的「元子」,但現在失去了天命;周人本不是「元子」,但現在得到了天命。既然皇天上帝可以將本授予大國殷的天命剝奪,而轉交給了周,那它也極有可能將周的天命剝奪,而轉授予別國。據《史記‧周本紀》,武王伐紂勝利後,憂慮得夜晚連覺都睡不著,周公去看武王,問他為何睡不著,武王回答說:「我未定天保,何暇寐」。未定天保,未定知天之保安我否[9]。武

7　侯外廬主編的《中國思想通史》將殷人的宗教總結為「祖先一元神──先祖＝上帝」。詳見該著第一卷第三章《殷代的宗教思想》,人民出版社1957年版,第57-70頁。

8　見《尚書‧大誥》,阮元校刻:《十三經注疏》。

9　從張守節《正義》說,見瀧川資言《史記會注考證》,文學古籍刊行社1955年版,第34頁。

王由周之代殷，看出天命並非總是屬於一家一姓，因而對周王室的前途憂心忡忡，以至夜不能寐。

總之，殷周革命這一歷史事件的發生，說明了殷商王朝一味依恃天命的做法不可取。以武王、周公為代表的周初統治集團上層，因為「小邦周」竟然取代了「天邑商」這種現實政治中的巨大反差，而深深震怖於天命的無常，並因此努力探求天命轉移背後的原因。正是在這種反覆的探求過程中，實現了對商代那種原始宗教色彩極為濃厚的傳統天道觀的突破。在商代的信仰體系下，以「天」（上帝）為首，由眾多天神地示人鬼組成的神怪世界是差不多一切人類活動的真正主宰者。商王遇事必卜，根據卜兆窺測天意，預斷吉凶，然後才做出決定。商王在一年之中，要定期舉行名目繁多的祭祀活動，以豐盛的祭品來確保鬼神的福佑。但是，最後的結果是「小邦周」戰勝了「天邑商」，商人丟掉了一直賴以自恃的天命。事情為什麼會發展成這樣？本來，在商代的信仰體系下，「天命」所在是清清楚楚的，即屬於商王。殷周革命，致使原本清楚明白的「天」與「天命」，在世人眼裡變得難以捉摸了。既然「皇天上帝」可能「改厥元子」，那麼，在天命的得與失之間，有什麼理路可尋？上天是根據什麼原則來決定天命的收授？這些問題，是新近得到天命，力求長期保有天命的周初統治者苦苦思索以求解決的問題。周初統治者，主要是周公，自覺地以殷亡為前車之鑒，從對歷史的深刻反思中找到了出路。這個出路，就是統治者必須「敬德」、「保民」。

《尚書・多士》篇稱：「有夏不適逸；則惟帝降格，向於時夏。弗克庸帝，大淫泆有辭。惟時天罔念聞，厥惟廢元命，降致罰」，「在今後嗣王，誕罔顯於天，矧曰其有聽念於先王勤家？誕淫厥泆，罔顧於天顯民祇，惟時上帝不保，降若茲大喪。」夏王失德，上天就剝奪了夏的天命。後來商王又失德，上天又剝奪了商的天命。在周公看

來，夏商二代之亡，都是因為其統治者失德，因而被上天剝奪了天命。而商周二代之興，則是因為其統治者敬德，因而被授予天命。「自成湯至於帝乙，罔不明德恤祀。亦惟天丕建，保乂有殷，殷王亦罔敢失帝，罔不配天其澤。」[10]「……文王，克明德慎罰；不敢侮鰥寡，庸庸，祗祗，威威，顯民，用肇造我區夏，越我一、二邦以修我西土。惟時怙冒，聞於上帝，帝休，天乃大命文王。殪戎殷，誕受厥命越厥邦民。」[11]同樣的思想，類似的說法，廣泛見於《尚書》之《周書》諸篇及《詩經‧大雅》「文王之什」，在西周金文中也廣有發現。如康王時器大禹鼎銘曰：「丕顯文王，受天有命，在武王嗣文作邦，闢厥匿，匍有四方，畯正厥民。在於御事，虘，酒無敢酖，有祡蒸祀無敢擾，故天翼臨子，法保先王，□有四方。」概言之，敬德者興，失德者亡，「皇天無親，惟德是輔」[12]，這是以周公為代表的西周統治集團在對歷史的反覆探求中新發現的天道秘密。

相對於商代諸王迷信那虛空之上「上帝」的無限威權，用頻繁豐厚的獻祭來鞏固天命，周初的統治者們則在歷史的反思中發現了天命與人的自覺行動間的內在關聯，因而將統治者的「敬德」、「保民」確立為永保天命的法門。《尚書‧召誥》稱：「我不可不監於有夏，亦不可不監於有殷。我不敢知曰，有夏服天命，惟有歷年；我不敢知曰，不其延。惟不敬厥德，乃早墜厥命。我不敢知曰，有殷受天命，惟有歷年；我不敢知曰，不其延。惟不敬厥德，乃早墜厥命。今王嗣受厥命，我亦惟茲二國命，嗣若功。」換言之，天命轉移，王朝更替的原因全在於統治者的「不敬厥德」。周人對於天命的這種理解，雖然仍是強調天是人類命運的最高主宰，但在實際操作中已將人變成了天人

10　《尚書‧多士》。

11　《尚書‧康誥》。

12　《左傳》僖公五年記虞大夫宮之奇引《周書》。

關係中的決定力量。這種認識已經突破了殷人對於鬼神的迷信，開始閃現出人文主義精神的曙光。

在《尚書》、《詩經》中，與人文主義精神同時顯現的是歷史理性的最初覺醒。通過將天命的轉移落實為人心的向背，「無常」的天命由此具有了有「常」的實際內容，歷史上的王朝興替同時便是天意的敷演展現，天命的奧秘不是潛藏在那浩瀚無際的虛空之上，而是體現在往來無窮的歷史之中。天命與歷史，因此由二為一，天命因歷史而呈現其無常之常，歷史賴天命而於變中有不變。天命之常，歷史之不變，又俱以人——即在位者的「德」為關結點，因在位者之「敬德」、「失德」而產生的民心向背是天命轉移、歷史變化的終極根源。周公等人的這個發現，從直接層面來說，只是關於政權轉移的道理或理性。不過，這種轉移是當時歷史變遷上的大事，因此，可以說這是周公等人對於歷史發展自身的理路的新認識，是中國古代對於歷史理性發現的開端，它體現出歷史理性與道德理性的最初的統一。

「德」字的最初涵義，是指包括人在內的萬物所生而具有的承受自天的稟賦，無所謂善惡[13]。「德」觀念的產生，可能出自於華夏文明初始時期先民們對世間萬物及其特性的素樸理解。後來「德」主要指個人品格行為方面所具有的優良稟賦，即善。但同時「德」字的原初涵義仍在繼續發揮影響。春秋戰國時期，以老子為首的道家學者便主要是利用「德」字的原初涵義來反對西周以來對「德」的道德化理解。本來無善無惡的「德」，何時發展出道德意義而專指人類行為中「善」的方面？由於史料闕如，對這個問題很難給出確切回答。不過，「德」既然被認為是「天」所賦予的，「德」觀念的發展變化自必與天道觀的發展變化密切相關。因此殷周之際，可能即是「德」觀念

---

13 參見斯維至《說德》，《人文雜誌》1982年第2期。

發展史上的重要轉捩點。因材料限制,此推論尚無法證實,目前確實可知的,是《尚書》、《詩經》中的「德」,主要指道德意義上的「善行」,它體現為統治者個人操行上的節制、勤謹,如「無逸」、「不敢盤於游田」[14]、「罔敢湎於酒」[15]等,而其最根本的涵義,乃指統治者能「保民」,並因此得到小民擁戴。在周公等人看來,統治者在個人操行方面是否節制、勤謹,即決定了他在治理國家時能否盡到「保民」職責,惟「敬德」者能「保民」,一個在個人生活中不知檢點,無所節制的統治者,在治理國家時也必然會恣意妄為,敗壞綱紀。皇天「惟德是輔」,乃是因為哀矜下民,故佑助有德之君,俾使小民受到保護,得以盡其天年。一旦下民因暴政陷於悲哀苦痛,上天就會「為民求主」,廢黜不能「保民」的在位者,將天命轉授有德之人[16]。《尚書・大誥》稱:「天棐忱辭,其考我民」,「天畏棐忱,民情大可見」[17]。《尚書・酒誥》引古人之言曰:「人無於水監,當於民監。」[18]下民的好惡決定了上天的好惡,民心的向背即預示著天命的予取。

　　體現在《尚書》、《詩經》中的這種天道觀,實際上是把「天」道德化了,「天」是慈悲而公正的道德監察官,「天」根據人的行為(主要是統治者的行為)的善惡給予獎懲,絕無偏私[19]。後來墨子的「天

---

14 《尚書・無逸》。

15 《尚書・酒誥》。

16 《尚書・多方》篇曰:「有夏誕厥逸,不肯慼言於民,乃大淫昏,不克終日勸於帝之迪,乃爾攸聞。厥圖帝之命,不克開於民之麗,乃大降罰,崇亂有夏。因甲於內亂,不克靈承於旅;罔丕惟進之恭,洪舒於民。亦惟有夏之民,叨懫日欽,劓割夏邑。於惟時求民主,乃大降顯休命於成湯,刑殄有夏。惟天不畀純,乃惟以爾多方之義民,不克永於多享。惟夏之恭多士,大不克明保享於民,乃胥惟虐於民,至於百為,大不克開。乃惟成湯,克以爾多方簡,代夏作民主。」

17 《尚書・康誥》。

18 《尚書・酒誥》。

19 《尚書》、《詩經》中,多次提到「天」之「監」,如《詩・大雅・文王》篇「天監

志」說，即主要繼承了對「天」的這種理解。這樣的理解是相當粗樸的，它試圖將全部人類行動的後果概括為某個單一的原因（在《尚書》、《詩經》中是道德原因），但事實上，導致人類行動出現不同後果的原因是多方面的，有行動者主觀方面的因素，亦有行動者難以把握甚至完全無能為力的方面。在《尚書》、《詩經》中，王朝更替的原因完全被歸結於統治者個人的「敬德」與「失德」，這實際上是以為人的意志（堅持敬德）是能夠決定歷史的，這說明周公等人對於歷史的客觀必然性還沒有足夠的認識，因而顯現了一種最初的理性的天真。可以想像，在一個組織得很好，運轉正常的社會中，此道德化的「天」應當能激勵其信仰者的道德自覺，但當這個社會的運轉出了問題，即無法正常發揮懲惡揚善的功能時，受此觀念影響的個人，便有可能會因此懷疑「天」的公正性，進而置疑此種信仰。《詩經》中的「變風」、「變雅」部分，提供了西周晚期當周王室陷入內憂外患之時一些人的反應：怨「天」尤「人」。《小雅・雨無正》：「浩浩昊天，不駿其德。」《小雅・節南山》：「不弔昊天，亂靡有定。」《小雅・巧言》：「悠悠昊天，曰父母且。無罪無辜，亂如此幠。昊天已威，予慎無罪。昊天大幠，予慎無辜。」《大雅・蕩》：「疾威上帝，其命多辟。」怨「天」當然說不上反抗「天」，但肯定是對「天」的既定形象、功能發生了懷疑。周幽王、厲王之時，自然災害頻發，政治上亂象叢生，民怨沸騰，在一派怨天尤人聲中，對「天」的認識，逐漸突破了周初以來的單一道德化理解，而注意到有情天的無情一面。

在下」，《詩・周頌・敬之》「敬之敬之，天維顯思。命不易哉！無曰高高在上；陟降厥士，日監在茲。」

2 《左傳》和《國語》

《左傳》又稱《左氏春秋》、《春秋左氏傳》，被認為是解釋儒家經典《春秋》之作，自漢代以後，《左傳》與《公羊傳》、《穀梁傳》合稱為「春秋三傳」。不過《左傳》解經，並不像《公羊傳》、《穀梁傳》那樣致力於闡說微言大義，而是著重記述事件的來龍去脈。《左傳》之作或許並非出自「傳」《春秋》的目的，但《左傳》與這部曾被孔子用作教本的魯國史記肯定關係密切，《左傳》作者可能是以《春秋》的記載為線索和標準，來彙編整理當時尚存於世的各國史記。就其內容與形式言，《左傳》是一部記述春秋時代二百多年歷史的編年體史書。它以魯國十二公為次序，上起魯隱西元年（西元前722年），下迄魯悼公十四年（西元前453年），廣泛記述了這一時期發生在魯、齊、晉、楚、宋、衛、陳、蔡、吳、越等原周天子名下諸侯國的重大事件及邦際活動，並注意記錄歷史人物的代表性言論。

《左傳》在漢代以前的流傳情況不夠清楚，故關於它的成書時間，在歷史上曾經引發激烈爭議。《左傳》的作者，據司馬遷說是與孔子同時（即春秋晚期）的魯人左丘明[20]，但因書中內容涉及一些孔子去世以後近百年才發生的事，此說在唐代已受到置疑[21]。現代學者一般認為《左傳》成書於戰國初年，對於此書的作者則存在不同看法。

《國語》二十一篇，以記言為主，分國編纂，故稱「國語」。全書分周、魯、齊、晉、鄭、楚、吳、越八語，除《周語》、《鄭語》記

---

20 司馬遷在《史記・十二諸侯年表》說：「魯君子左丘明懼弟子人人異端，各安其意，失其真，故因孔子史記具論其語，成左氏春秋。」

21 唐朝的趙匡首先懷疑《左傳》不是左丘明所作。此後，有許多學者也持懷疑態度。葉夢得認為作者為戰國時人；鄭樵《六經奧論》認為是戰國時的楚人；朱熹認為是楚左史倚相之後；項安世認為是魏人所作；程端學認為是偽書。清末康有為斷言它是西漢末劉歆偽造。

有少量西周史事外，主要是春秋列國的史料。記事下限到韓、趙、魏三家滅智伯（西元前453年），同《左傳》一致。《國語》記敘的事件很多與《左傳》相同，但《國語》記敘的重點是歷史人物的言論，對事件原委一般只用寥寥數語介紹。

《國語》在漢以前的流傳情況同樣不清楚。兩漢一些學者相信《國語》和《左傳》出自一人之手，如司馬遷在《史記·太史公自序》中稱：「左丘失明，厥有《國語》」，並認為二書在「記言」和「記事」上有分工，《國語》因此又被稱作《春秋外傳》或《左氏外傳》。不過這種說法自唐代以來就不斷受到質疑。《國語》和《左傳》的內容確實有很多相通之處，但這恐怕主要應歸因於它們取材範圍的大體一致，二書之成，可能都取資於春秋時期的列國史記等材料，《國語》著重採錄「嘉言」，並加以簡單的彙集整理，《左傳》則在原始資料的基礎上做了更多的「整齊故事」工作。

春秋時期，各國大都配有負責掌管文書、記事及保管檔案文獻等職的臣工，即「史」。如魯有太史氏，齊有太史、南史，晉有太史董狐，以直筆聞名，又有史墨，楚有左史倚相，以博聞而被譽為楚國一「寶」。據《周禮》、《禮記》等書所記，周代有發達的史官系統。春秋時期各諸侯國的史官設置，大約即是承襲周制。雖然史官與史學，是兩個不同的概念，不應混淆，但因先秦史官的職掌所在，史官所思考、處理的問題，有很大一部分屬於後世歷史學的範圍，所以二者之間關係又極密切。先秦史官的職業操守，如「直筆」、「實錄」等，是後世對於歷史撰述的基本要求，中國最早的歷史著作，也誕生於先秦史官筆下。我們現在所能看到的中國最早史書，是《春秋》經，出自春秋時魯國史官所記，也許曾經過孔子「筆削」。而《春秋》經不過

是「百國《春秋》」之一，同類型的著作，當時差不多各國都有[22]。唐代劉知幾認為「《春秋》始作，與《尚書》同時」[23]。古代埃及、兩河流域在其文明早期都出現過與《春秋》經類似的簡略的編年大事記。劉知幾的看法，或許可以成立。在春秋時期，除了《春秋》這樣的編年記外，還存在著一些大致也可以歸入歷史著述一類的著作，如《世》，《語》、《故志》等[24]。在一個有著濃厚的尊祖敬宗傳統，且依靠祖先的經驗智慧就可以解決生活中一些根本問題的時代，專心記錄、保存前人的嘉言懿行，以及那些能夠說明現存秩序由來的資料，如世系廢興、王朝更迭等，乃是一種文化上的本能反應。因此對於春秋時期（或許可上溯更早時代）由世襲史官負責編寫和保存的這些歷史著述的歷史意義，倒不必估計過高。比如後世史家大力揄揚的，曾被齊太史、晉董狐等春秋史官以死捍衛的「直筆」、「實錄」原則，在春秋時代，恐怕主要體現的是作為史官的權、責意識，而非作為史家的主體自覺意識。史官循公義，據實事，秉筆直書，既是為了對人負責──傳諸後世，以資鑒戒；也是為了對天負責──聳善抑惡，彰有德伐不義，但獨獨不是為了對記事者本人負責。以《春秋》經為代表的這些早期歷史著述在春秋時代存在的主要意義，應該是它們強化了

---

22 《史通‧六家》引墨子曰：「吾見百國春秋」，《隋書‧李德林傳》亦稱墨子有此語。今《墨子》書中有《周之春秋》、《燕之春秋》、《宋之春秋》、《齊之春秋》等，詳見《墨子‧明鬼》篇。又如《孟子‧離婁下》記孟子曰：「晉之《乘》，楚之《檮杌》，魯之《春秋》，一也。」

23 語見《史通‧六家》。

24 參見《國語‧楚語上》申叔時跟楚莊王談教育太子，其文曰：「教之《春秋》，而為之聳善而抑惡焉，以戒勸其心；教之《世》，而為之昭明德而廢幽昏焉，以休懼其動；教之《詩》，而為之導廣顯德，以耀明其志；教之《禮》，使知上下之則；教之《樂》，以疏其穢而鎮其浮；教之《令》，使訪物官；教之《語》，使明其德，而知先王之務用明德於民也；教之《故志》，使知廢興者而戒懼焉；教之《訓典》，使知族類，行比義焉。」

這樣一種文化傳統：將歷史視作智慧源泉和思考材料的傳統。

由於春秋時代包括各國史記在內的各種歷史著述大都早已失傳，全賴《左傳》、《國語》保留了如許珍貴資料，因而這兩部著作就成了後人了解這一時期社會歷史變遷與思想觀念變動最重要的史料。下面我們就根據《左傳》、《國語》二書的記載，來考察西周晚期至春秋時期人們思想觀念上的變動。

跟《尚書》、《詩經》相比，《左傳》和《國語》中對「天」的看法，主要在如下兩個方面發生了耐人尋味的變化：

第一，看待天道人事的態度。

就《左傳》、《國語》的記載來看，在西周晚期至春秋晚期，統治階級中的精英人物大多強調應致力於人事方面的「修」、「備」，而對所謂「天道」則持冷漠、懷疑的態度。他們不主張汲汲於探求天道，並試圖將天道與人事區割開來。這方面最具代表性的言論，當屬春秋後期鄭國執政子產所說的「天道遠，人道邇」[25]。魯昭公十八年夏，宋、衛、陳、鄭同日發生大火，已在前一年冬準確地預言了此次火災的裨灶，聲稱鄭國還將罹受火災，並再一次提出若讓他用鄭國國寶瓘斝玉瓚來祭禳，就可免除火災之難。子產則堅決不肯拿出瓘斝玉瓚，他對前來勸他的子太叔說：「天道遠，人道邇，非所及也，何以知之？灶焉知天道？是亦多言矣，豈不或信？」所謂「天道遠，人道邇」，意思是天道渺遠難知，人道才切身近己。子產也不相信裨灶真的懂得天道，他說那不過是因裨灶話多，碰巧說中而已。在這裡，子產雖然並未否定天道會干預人事的傳統看法，卻否定了天道的可知性，從而把天道排除在人事努力的範圍之外。

子產本人的思想，乍看來頗為龐雜難解。他一方面宣稱「天道

---

25 見《左傳》昭公十八年。

遠，人道邇，非所及也」，反對侈談天道，但另一方面，他本人又是
當時有名的「博物君子」[26]，熟知山川神怪列朝掌故，精通祀典，且
重視祭祀。前述魯昭公十八年夏，子產反對拿瓘斝玉瓚禳火，但他隨
後採取的防火措施，卻首先是「大為社，祓禳於四方」。《左傳》昭西
元年記子產說給叔向的一番話，頗能揭示子產思想複雜表象之下的理
路：「山川之神，則水旱癘疫之災，於是乎禜之。日月星辰之神，則
雪霜風雨之不時，於是乎禜之。若君身，則亦出入飲食哀樂之事也，
山川星辰之神，又何為焉？」[27]從這段話可以看出，子產並不否認天
道，也相信神怪世界的存在，但他根據經驗智慧，將人類活動中出現
的一些問題歸因於人自身，而不是將所有問題都歸因於冥冥中的
「天」、「鬼」。子產看待天道人事的這種態度，在春秋時期的知識階
層中頗具代表性。魯僖公十六年春，「隕石於宋五」，「六鷁退飛過宋
都」，宋襄公問周內史叔興：「是何祥也？吉凶焉在？」……叔興「退
而告人曰：『君失問。是陰陽之事，非吉凶所生也。吉凶由人，吾不
敢逆君故也。』」魯僖公二十一年，「夏，大旱。公欲焚巫尪。臧文仲
曰：『非旱備也。修城郭，貶食省用，務穡勸分，此其務也。巫尪何
為？天欲殺之，則如勿生；若能為旱，焚之滋甚。』」

　　將天道與人事區割開來，否認人類社會或個人生活中出現的一切
問題都是由「天」造成的，努力從人事方面尋找問題的原因和解決辦
法，這是以子產、內史叔興、臧文仲為代表的這些春秋時期「賢人」
看待天道人事的基本態度。這種態度，注意到了人類社會、人類生活
的自身理路，即「人道」。在此之前，無論是殷商時期以「天」為上

---

26 《左傳》昭西元年晉侯稱許子產之辭。

27 晉侯有病，占卜的結果是「實沈、臺駘為祟」，滿朝莫知這二位為何方神聖，於是
　趁著子產聘晉的機會派叔向私下請教，子產雖然詳細解釋了實沈、臺駘的來歷，卻
　不認為晉侯之病是這二位神祇為祟所致。

帝——祖先一元神，還是殷周之際以來把「天」看作是至高無上的道德監察官，都是將「天」、「人」混為一談，或者以想像中的天道來統御人事，或者以對人事的理解來解說天道，人事都淹沒在無所不在的天道之中，別無「人道」存在。雖然，子產等人所說的「人道」，還只是關於經驗事實的籠統表達，在他們那裡，「人道」還沒有獲得獨立確定的內涵，「人道」與「天道」之間，還沒有劃然可別的界限，「人道」在很大程度上還被「天道」籠罩著，但注意到「天」、「人」之別，發現人類社會與個人行為有其特有理路，這已是思想史上了不起的成就。這個成就的取得，恐怕應歸之於自西周晚期以來日益濃厚，且在《詩經》「變風變雅」中有過強烈表露的懷疑主義情緒。人們發現天道有其難知，不可知的一面。遂將努力更多地放在人事上，從而發現人類活動中亦有不受或很少受天道干擾的部分。當然，發現「人道」，同時便意味著對「天道」有了新的理解，這就是本文接下來要談的，《左傳》、《國語》中對「天」的看法的第二個方面的變化。

　　第二，對何為天道的理解。

　　《國語‧周語（三）》記周靈王二十二年，「穀、洛鬥，將毀王宮。王欲壅之」，太子晉說了一段很長的諫言，舉了很多歷史上的例子，大意是長民者應「不墮山，不崇藪，不防川，不竇澤」，否則就會違亂天地陰陽之氣，導致亡國絕嗣。「夫亡者豈繄無寵？皆黃、炎之後也。唯不帥天地之度，不順四時之序，不度民神之義，不儀生物之則，以殄滅無胤，至於今不祀。」在這裡，天地陰陽之氣又表現為一種客觀的自然秩序，是人所不能違背的。這樣，就在作為道德理性的天以外，出現了作為自然理性的天。

　　「天」的自然理性化，或者說，從自然現象運行變化的角度來理解「天道」，這在《左傳》和《國語》中比比可見。而這之中尤為值得注意的是「陰陽」、「五行」觀念的泛化。陰陽觀念與五行觀念，最

初不過是依據感性經驗對世間萬物及自然現象進行的粗樸分類，故其起源必定不會太晚。卜辭顯示在殷商時代已有陰陽觀念。而五行觀念的前身五方觀念，可能在商王朝時也已經形成[28]。在《尚書》、《詩經》中，有比較明顯的陰陽觀念，也有處於萌芽期的五行觀念。在《左傳》、《國語》中，「陰陽」、「五行」被廣泛用來解釋各種自然與人類現象。如《左傳》昭西元年記秦國的醫和解釋致病原因：「天有六氣，降生五味，發為五色，徵為五聲，淫生六疾。六氣曰陰、陽、風、雨、晦、明也。分為四時，序為五節，過則為災。」[29]《左傳》昭公三十二年記史墨向趙簡子分析魯君失政，季氏專權的原因，而稱：「物生有兩，有三，有五，有陪貳。故天有三辰，地有五行，體有左右，各有妃耦。王有公，諸侯有卿，皆有貳也。」《國語・周語（下）》記單襄公稱：「天六地五，數之常也」。韋昭注曰：「天有六氣，謂陰、陽、風、雨、晦、明也，地有五行，金、木、水、火、土也。」

　　陰陽、五行觀念，不論其離科學的世界觀多麼遙遠，它們總是立足於物質世界，立足於自然現象。用陰陽、五行來解釋天道運行與世事興替，便隱隱包含著對意志之「天」與德性之「天」的否定[30]。這種意義上的「天」，與人心無關，它自在運行，好象也並不在意民生疾苦。前面談到子產等春秋時期的一些「賢人」將天道與人事區割開來，不求知「天」，即因有這樣的認識基礎在。這種認識，繼承了西周晚期以來體現在《詩經》「變風變雅」中的懷疑主義精神，但擺脫

28 參見胡厚宣：《論五方觀念及中國稱謂之起源》，《甲骨學商史論叢初集》，第二冊，齊魯大學國學研究所1944年版。

29 《左傳》昭西元年。

30 此處對《左傳》、《國語》中的陰陽、五行觀念的討論，參考了侯外廬主編的《中國思想通史》中的一些說法和資料，詳見是書122-128頁。

了「怨天尤人」情緒，而發展成為不可知論。它是一種理智上的澄悟，也可以說是進步，它突破了西周以來的傳統天道觀，是對於西周初期的那種樂觀而又天真的歷史理性與道德理性合一的認知的否定。

西周晚期至春秋晚期，是一個長期動盪不寧的時代，自然災害頻發，王綱解紐，禮壞樂崩，夷狄交侵，諸侯力征。在這個時代，無論國家、還是個人，都必須經常面對各種偶發因素的挑戰，單憑信仰的虔誠或德行的無瑕，不足以應付繁難的現實局面。亂世容易摧毀人的夢想，但同時也迫使有為之士將注意力集中在現實問題和真切的、可以感知、把握和了解的物質世界上。《左傳》和《國語》中對「天」的看法所發生的變化，既承襲著周初以來的人文主義精神傳統而更趨理性和成熟，同時也反映了這個動盪時代中人們務實、功利的人生態度。一方面，是統治階層中的有識之士將縹緲難知的「天道」與人事區割開來，努力從人事領域，也就是現實的社會政治因素中去尋找治國的有效辦法。另一方面，是智識集團，其中主要是那些傳統上被賦予跟神打交道的職責的人，如史、卜、醫等，努力從現實的物質世界中去獲取關於「天」的有用知識。這兩種努力的結合，在促進了知識增長的同時也激發了作為「人」的自我意識。春秋時期的思想界，便這樣在積累中等待著突破。

3 《周易》

說到中國殷周之際至春秋時期的天道觀，還應該提到《周易》。這裡所說的《周易》是指《周易》古經，不包括後來添加進去的《易傳》。《周易》是一部筮書，傳統說法稱此書是周文王遭商紂王幽禁時所作，時在殷商末年。如司馬遷就認為「昔西伯拘羑里，演《周易》」[31]。《易‧繫辭下》稱：「《易》之興也，其於中古乎？作《易》

---

31 見《史記‧太史公自序》。

者，其有憂患乎？」似乎也暗示《周易》乃文王作於被拘之時。不過，作為一部擁有極高權威性的實用筮書，《周易》應該是在長期的占筮活動中逐漸形成的，當然可能曾有某位智者，或許就是文王，曾運用自己的智慧使各卦的排列和解釋最終定型。

《周易》占筮的基本原理，是通過「觀物取象」，將天地、日月、男女等相對立的事物概括為陽（—）和陰（--），進而由陰陽兩爻組成八卦：乾（天）、坤（地）、震（雷）、離（火）、巽（風）、兌（澤）、坎（水）、艮（山），再由這八個基本的卦兩兩組合，錯綜配合，便產生了六十四個卦和三百八十四個爻。筮占的結果，必然會得到某卦某爻。判斷吉凶的基本原則，是看上下兩卦與陰陽爻是否當位，當位則吉，不當位則凶。卦的當位，是指上下兩卦的位置符合其「象」在自然秩序中的應有位置，如天尊地卑，男尊女卑，山高澤低，火上水下等等。爻的當位，是指陽爻居陽位（從下往上數的單數位置），陰爻居陰位（雙數位置）。所以《周易》占筮的背後，有一個根深蒂固的自然秩序概念，這個自然秩序，是判斷一切人事吉凶的標準。《周易》六十四卦的排列順序，以《乾》、《坤》始，成於《既濟》而終於《未濟》，正是對天地肇始，萬物化生，往復運轉而不息的自然秩序的刻意模仿。

在《周易》中，各種人類事務因神秘的交感而從屬於自然秩序的運行法則，這反映了早期巫卜傳統對天人關係的認知：天人不分，民神雜糅。這種認知在春秋時期因實用理性的增長而遭遇挑戰：「一個方面是春秋時代開始有不少卜筮活動受到抵制和輕忽；另一個方面是，『筮』與『德』何者為優先的問題突出起來。」[32]

---

32 陳來：《古代思想文化的世界——春秋時代的宗教、倫理與社會思想》，生活・讀書・新知三聯書店2002年版，第29頁。

　　與《周易》作為筮書的權威性下降適成對照的是，在春秋時期，
《周易》的卦爻辭已經逐漸變成獨立於筮占行為的文本體系，出現了
稱引《周易》的卦爻辭，但與其占問分開，用以說明、證明某種哲理
或法則的做法，即將《周易》經典化。如《左傳》宣公六年，「鄭公
子曼滿與王子伯廖語，欲為卿，伯廖告人曰：『無德而貪，其在《周
易》豐（震上離下）之離（離上離下），弗過之矣。』間一歲，鄭人
殺之。」[33]春秋時代的詮釋者以其智慧成就了《周易》文本的獨立意
義。而《周易》古經所反映的自然秩序與生活智慧，也為後世提供了
豐富的詮釋資源。這其中最重要的，當是相信萬事萬物都將經歷生、
壯、老不同歷程的發展變化觀念，陰陽二極的對立及相互轉化是萬物
的基本構成形態和運動方式的矛盾觀念。

（二）中國春秋後期至戰國時期歷史理性的發展

　　西周晚期以來的混亂局面，經過兩百餘年的諸侯「相斫」，到春
秋後期演成對既定秩序的全面突破。沒落的周王室終於被棄置不顧，
強大的諸侯紛紛獨立，互相攻伐。之前那種以爭取扈從國為主要目
的，尚帶有一定程度的禮儀和表演性質的諸侯爭霸戰爭，至此演變成
以攻城掠地為唯一目的的列強兼併戰爭，「爭地以戰，殺人盈野；爭
城以戰，殺人盈城」[34]，各國為求戰勝，無所不用其極，戰爭之殘酷
血腥，亦開中國歷史上空前之例。戰爭成了新時代的主題。繼之而起
的這個時代，因此得名為「戰國時代」（西元前475-前221年）。在戰
國時代，除了現實的利害考量，再沒有任何權威、規範、信條能約束
國家行為。「務在強兵並敵，謀詐用而縱衡短長之說起。矯稱蜂出，

33　同上書，27-29頁。

34　《孟子‧離婁上》。

盟誓不信，雖置質剖符猶不能約束也」[35]。政治上徹底的現實主義一方面導致一系列基於客觀分析和精確核算的高效行政管理體制，如郡縣制、戶籍制、官僚制度、璽符制度、上計制度等的出臺，另一方面，則推動著人才使用上的不拘一格。戰國時代可以說是中國歷史上第一個「唯才是舉」的時代。各國統治者為求富國強兵，競相招賢納士，才智之士匹夫可至公卿，白身而為將相。而自西元前六世紀（春秋中期）左右因鐵器的傳入引發的技術革新和經濟開發浪潮，又極大地提升了時人應付自然的信心與能力。在這個時代，人的自覺意志和行動能力前所未有地受到重視，並得到展現，人之所能、人之可能，人性之善、人性之惡，都有淋漓盡致的發揮與體現。而這一切又激發了對人本身的關注和探究。

從春秋後期到戰國末年，與對舊秩序的全面突破相伴俱行的是對人的觀念的全面更新。一種新型的，超越了出身、地域、血緣、種族差別的「人」觀念——普遍的「人類」意識出現並迅速得到傳播。這種普遍的「人類」意識，即認為凡是人，不論其具有怎樣的先天或後天差別，都首先屬於「人」這個類別，具有作為人的某些屬性。普遍的「人類」意識的出現，意味著殷周之際凸顯的人文主義精神萌芽，在經過長期反覆的探尋之後，終於發展成為人類精神的全面覺醒。它突破了之前長期存在的關於人的種種藩籬、界限，使人能夠真正站在「人」的立場上反思人自身，思考人與自然、人與人等根本性問題，人的精神潛力遂得以充分展開。這個時期因此成為中國歷史上一個學術思想極為活躍，精神文化煥發異彩的時期，諸子蜂起，百家爭鳴，出現了多種對於自然、社會、歷史的全新解說，並互相爭鳴。其中影響最大的，有儒、道、法、墨、陰陽等幾家之說。

---

35 《史記・六國年表序》。

　　在這個變動激烈，秩序未定的時代，面對弱肉強食、兵革不休的社會現實，不同流派諸子在思想上對舊秩序、舊傳統的突破，便在很大程度上表現為對西周以來確立的那套禮治、德治觀念的突破。而其時政治上極端的現實主義、功利主義作派，也深深地影響到思想界關於社會、人生的根本判斷。道德理性到底還有多大價值？大概除了儒家以外，已經沒有多少人還看重了。在戰國時代，除了儒家仍堅守周公的理念外，道家、法家都不再相信天命，也不再相信人心。這個時期歷史理性的發展，在走向成熟的同時，亦因此呈現出兩大引人注目的特點；其一，歷史理性與道德理性的背離；其二，歷史理性與自然理性的比附。

1 孔子及儒家

　　孔子（550BC，一說551BC-479BC）名丘，字仲尼，春秋後期魯國人，先祖為宋國貴族。孔子自幼喪父，早年生活艱辛，在三十歲左右以熟知禮儀、博學多識聞名魯國，由是得以進入統治集團。不過孔子的政治生涯極不順利，他曾「去魯，斥乎齊，逐乎宋、衛，困於陳蔡之間」[36]，一生顛沛流離。孔子自青年時代即開門授徒，與政治上的坎坷失意相反，他的教育事業極為成功，據說「弟子三千，賢達七十二人」。在春秋後期，傳統的王官之學因王權式微、政權的逐級下移而解體，教育於是脫離官府的控制而演變成一種民間性、私人性的活動。在私學出現並取代官學這一歷史過程中，孔子無疑是一位得風氣之先的時代領袖，他具有極通達的教育理念：有教無類；高明的教學手段：因材施教；他對之前的歷史文獻作過系統整理，以《詩》、《書》、禮、樂等教授弟子，博之以文，約之以禮，故而培養出了一

36　《史記·孔子世家》。

大批才德兼備的卓異之士。孔門弟子及後學在春秋戰國之際幾十年間的學術文化界獨領風騷，並逐漸發展成以孔子為宗師的聲勢浩大的儒家學派，孔子本人的思想在這個過程中得到廣泛傳播。大約在戰國早期，一部以記錄孔子言行為主的語錄體著作——《論語》，由一些再傳弟子整理編成，這是研究孔子思想的最主要資料。

孔子思想的核心是「仁」、「禮」。孔子「仁」學說的根本原則，是把人當作人看待，以尊重、寬容、敬謹之心，視人如己，推己及人，「己欲立而立人，己欲達而達人」[37]，「己所不欲，勿施於人」[38]。孔子所說的「禮」是指個人應當遵守的各種儀節、規範、制度。孔子認為「禮」的核心內容不是「玉帛」之類物化象徵，甚至也不是揖讓周旋之類具體儀節，而是發自內心的愛、敬、遜讓[39]。在孔子看來，「仁」非「禮」不立，「仁」必須通過對「禮」的踐履來實現，「克己復禮為仁」[40]；同時，「禮」以「仁」為本，由己而人，由近而遠，由孝而忠，由父父子子而君君臣臣，「禮」的不同等差、層次實質上是「仁」依親疏遠近逐步外推的結果。故孔子的「仁」、「禮」學說中最核心、最具本質意義的部分是「仁」。孔子的「仁」、「禮」學說將守「仁」、行「禮」的源泉與動力，訴諸於人的理性精神與德性能力，而非外在力量的強制約束。他強調「為仁由己」，「我欲仁，斯仁至矣」。這可以說是孔子思想的最基本觀照點，具有非常深遠的歷史意

---

37 《論語・雍也》。

38 《論語・顏淵》。

39 如《論語・陽貨》記孔子曰：「禮云禮云，玉帛云乎哉？樂云樂云，鐘鼓云乎哉？」《八佾》：「林放問禮之本。子曰：『大哉問！禮，與其奢也，寧儉；喪，與其易也，寧戚。』」又《八佾》篇記孔子曰：「居上不寬，為禮不敬，臨喪不哀，吾何以觀之哉？」《先進》篇孔子向曾皙解釋為什麼會對子路的話發笑：「為國以禮，其言不讓，是故哂之。」

40 《論語・顏淵》。

義。周初統治集團確立的「德」治理念，在西周晚期至春秋時期的懷疑主義浪潮衝擊下早已岌岌可危，孔子的「仁」、「禮」學說，特別是孔子首倡的「仁」學說，通過對人的內在道德自覺的肯定和揄揚，從而在普遍人性的基礎上，重新確立了道德理性的地位和價值。

　　孔子的「仁」、「禮」學說首先是對個人的要求。對於具體的個人而言，「仁」、「禮」是需要終身踐履的實踐工夫，每個有志於斯的人，都可以而且應當在力所能及的範圍內守「仁」行「禮」。因而孔子的「仁」、「禮」學說，在一方面，因其內在的普世性要求而不可避免地構成了對具體歷史環境的超越和突破，另一方面，則因其立足於個人的立身行事而表現出對歷史變化，或者說對具體的時、勢的敏感。

　　孔子的歷史思想中存在著明顯的古今一體意識。他自稱「好古」。《論語・述而》篇記錄了兩處孔子關於「好古」的表白，「述而不作，信而好古，竊比於我老彭」，「我非生而知之者，好古，敏以求之者也」。孔子似乎相信通過人的努力，可以讓已經消逝的古代文化典制在現實中重現，如他一生致力於復興周道，還曾對其弟子表示：「如有用我者，吾其為東周乎！」[41]由於孔子所理解的「人」，是具有相同的人類本質的「人」，這樣的「人」不僅超越了現實中人的種種差別，也超越了人的歷史差別，因而以這樣的類本質相同的人為主體的人類歷史，便具有根本上的一致性，共同受制於普遍的人類法則。孟子曾引孔子之言曰：「道二，仁與不仁而已矣。」[42]即一切人類之事的處理辦法不外兩端，或仁，或不仁而已。孔子和他的弟子們多次討論某個歷史人物，如堯、舜、禹、湯、伯夷、管仲等是否可稱為「仁人」，正如他們樂於以此為標準衡量其當時之人一樣，這樣的討論本

---

41 見《論語・陽貨》。

42 《孟子・離婁上》。

身便意味著孔子及其弟子們是將「仁」視作貫通古今的不變的要求。

　　不過，孔子的歷史思想並非僅止於此。作為一位經受過晚周懷疑主義思潮洗禮，而其自身經歷又是一生困頓，「所如不合」[43]的思想家，孔子不可能象西周初年的周公那樣天真地相信，單單憑藉人的努力就可以塑造歷史，孔子深切地意識到，除了人的作用之外，還有別的因素在影響著歷史的走向與進程。孔子是在一個比「人」廣闊得多的視野裡看待歷史的，他注意到歷史在不斷的變化，而變化著的歷史又有其獨有的理路，遵循著一定的規律。弟子子張曾問：「十世可知也？」孔子的回答是：「殷因於夏禮，所損益，可知也；周因於殷禮，所損益，可知也。其或繼周者，雖百世，可知也。」[44]因，因襲、繼承，這是不變，是常。損益，刪減與增添，這是變。後世接替前世，既有因襲，也有損益，歷史便在這一代接一代的因襲損益中次第演進，歷史自身的變與常成了影響歷史走向的動因。孔子的這個看法，無疑是後世種種承衰救弊論的源頭。

　　那麼，那在人力之外影響著歷史的因素究竟是什麼？殷周之際，以周公為代表的周統治集團上層相信「天」是歷史上王權轉移背後的最終主宰者——當然「天」是根據統治者個人有德與否來定其去取。孔子也相信天命是左右歷史進程的決定力量，不過孔子對天命的理解，又明顯受到了西周晚期以來的懷疑主義思潮和將天道自然理性化的傾向影響。孔子所說的「天」，是有著「四時行焉，百物生焉」這樣外在於人的客觀必然性的「天」[45]，他談「天」談「命」，重在強調其必然性、不可抗拒性，對於「天」、「人」之間的關係，他也表現出了幾許猶疑。孔子對於西周時人崇信的賞善罰惡之「天」，以及與之

43　《史記‧孔子世家》。

44　《論語‧為政》。

45　《論語‧陽貨》。

相關的早期宗教信仰中的鬼、神等觀念都頗不重視，他曾經批評弟子子路對鬼神、死亡等的好奇心，「未能事人，焉能事鬼？」「未知生，焉知死？」[46]從這個角度看，孔子承襲了春秋時期智識階層重人事輕天命的思想傾向。孔子很少談論「天道」，他的弟子子貢曾說「夫子之言性與天道，不可得而聞也。」[47]對於那人力無法抗拒的冥冥中的決定力量，孔子似乎更願意採用「命」、「天命」這樣的稱呼。「命」字的本義，是發號施令，由此而衍生出「任命」、「受命」等義，「天命」就是「天」的命令，最初多指「天」對世間統治權的處置干預。兩周官方宗教視「天」為一切人類事務的最終主宰，個人的貧富、貴賤、壽夭也被認為是出自「天」之「命」，因此「命」又可指個人的遭際、命運。要言之，「命」觀念在古代中國起源甚早，不過「命」用來指人力所無可奈何者這個意義，應該是孔子所賦予的。孔子重視這種意義上的「命」，將是否知「命」畏「命」視為君子與小人的區別所在：「不知命，無以為君子也」[48]，「君子有三畏：畏天命、畏大人、畏聖人之言。小人不知天命而不畏也，狎大人，侮聖人之言」[49]。「天命」而需要「畏」，表面看來是承襲了《尚書》、《詩經》中「畏天之威」（《詩經·周頌·我將》）的傳統，所強調的則是對客觀必然性的承認和服從。

　　孔子對外在於人的客觀必然性和內在於心的道德能力都給予了高度的重視，他「與命與仁」（《論語·子罕》），主張君子以行「仁」作為終身使命，故對君子而言，知「命」畏「命」與行「仁」是統一的。不過，孔子所說的「命」或「天命」既然是人力無法抗拒的客觀

---

46 詳見《論語·先進》。

47 《論語·公冶長》。

48 《論語·堯曰》。

49 見《論語·季氏》。

力量，它與個人的意願、個人的自覺行動之間也就不免會存在矛盾，由「命」決定的歷史運程，也有可能失序、無道。《論語·憲問》篇記孔子言：「道之將行也與？命也。道之將廢也與？命也。」孔子雖以行「道」自任，但對於「道」在他那個時代能行與否，卻只能委之於「命」。對於此種「命」，他只能「知其不可而為之」（《論語·憲問》）。綜言之，孔子所說的「命」或「天命」，既是人（君子）道德自覺行為的根源和督促者而與人心合一，又因其外在於人的異己屬性而與人心疏離。後世儒者如孟子、荀子等對天人關係的理解，都可以從孔子對「命」（「天命」）的看法中找到源頭。

總的來看，孔子的歷史思想仍然承襲著《尚書》、《詩經》中天人合一的基本結構，不過孔子摒棄了西周時期那種簡單的模式化理解，而將此基本結構擴展成為天（外在於人的客觀必然性）與人（人的自由意志與自覺行動）之間既統一又矛盾的張力系統。

孔子之後，戰國儒家代表人物孟子、荀子，各有側重地繼承並發展了孔子的學說。

孟子（約390BC-305BC），名軻，戰國中期鄒（今山東省鄒城市）人，曾從學於孔子之孫子思的門人。在孟子所處的時代，「百家爭鳴」已經全面展開，不同流派的學者各執己說，互相論難。孟子一生以弘揚孔子思想為己任，他遊說魏、齊等大國的君主，與楊朱、墨翟、許行之徒辯論，在當時有「好辯」之名。孟子晚年與其弟子公孫丑、萬章等人合作完成的《孟子》一書，是研究孟子思想最主要的資料。

孟子看來很注重理論的清晰與徹底，他深入探討孔子不願多談的「性」與「天道」，從而給來自孔子的基本觀點提供了一整套成系統的理論說明。孔子倡言「仁」、「禮」，肯定人的理性精神與德性能力，但孔子並未對人何以能「守仁」、「行禮」，即人的理性精神與德

性能力從何而來的問題給出明確的解說。孟子則稱人性本善，人人皆
生而具有惻隱之心、羞惡之心、辭讓之心、是非之心，此四者是仁、
義、禮、智四種德行之「端」，這就將人類理性精神與德性能力的根
源推到人性本身，凡屬人就具有「守仁」、「行禮」的能力與可能性。
孟子重新引入並改造了兩周官方信仰中的「天」，去除其人格神特
徵，將其德性化、理性化，以之作為人性本善的最終根源與外在保
證。孟子稱：「盡其心者，知其性也。知其性，則知天矣。存其心，
養其性，所以事天也。」[50]孟子認為「心之官則思」，心在人體各器官
中專門負責思考、判斷之職，心發揮功能，乃是人性正常顯現，而人
性之顯現，即是天道的自然體現。這樣，心之志，人之行，天之理，
便構成一個層層呼應，密切相關的統一體。

　　在孟子看來，由心、性、理構成的這個統一體是人的本質的決定
者，因而是人類社會組織運轉方式，即治國之道的決定者，也是人類
歷史變化，即王朝興衰輪替的最終決定者。「桀紂之失天下也，失其
民也。失其民者，失其心也。得天下有道：得其民，斯得天下矣。得
其民有道：得其心，斯得民矣。得其心有道：所欲與之聚之，所惡勿
施爾也。」[51]孟子和西周初年的周公一樣，用天意的取予來解釋人間
王朝的更替，不過孟子所說的「天」不會直接跟人打交道，而是「以
行與事示之而已矣」[52]，這「行與事」具體說來就是民心的向背，故
天的取予實等同於人的選擇。孟子以此否定了主宰者「天」的人格神
特徵，他所說的「天」毋寧是人間正義與公理的象徵，「天」的法則
就是人的法則，歷史的運程因而就是人的法則的消長隱顯。關於這一
點，孟子說得極明確：「三代之得天下也以仁，其失天下也以不仁。

50　《孟子・盡心上》。
51　《孟子・離婁上》。
52　詳見《孟子・萬章上》。

國之所以廢興存亡者亦然。天子不仁，不保四海；諸侯不仁，不保社稷；卿大夫不仁，不保宗廟；士庶人不仁，不保四體。」[53]「仁」是貫通天人古今的根本原則。

不過，「天」的範疇畢竟不同於「人」的範疇。孟子雖然極力確立主宰者「天」的地位，但他對「天」的理解仍然沿襲著孔子的思考方向：將「天」歸入人力不能決定的範圍。「天」既屬人力所不能決定者，則「天」必然會具有一些不同於「人」的特點，「天」、「人」之間又如何能夠吻合無間呢？為了解決這個問題，孟子對「天」與「命」做了區分，正如他對「生」與「性」進行了區分一樣。孟子所說的「天」與「命」都屬於人力所不能決定者，「莫之為而為者，天也；莫之致而至者，命也」[54]，其中，「天」是客觀力量中與人心相對應的部分，即助長、體現人道之德性、理性的部分，而「命」則是客觀力量中與人心無關，不相對應的部分，故「天」與「命」的區分即對應著「性」與「命」的區分。孟子曰：「口之於味也，目之於色也，耳之於聲也，鼻之於臭也，四肢之於安佚也，性也，有命焉，君子不謂性也。仁之於父子也，義之於君臣也，禮之於賓主也，知之於賢者也，聖人之於天道也，命也，有性焉，君子不謂命也。」[55]人類歷史，正如個體的人一樣，既受成於「天」，亦受制於「命」。與孔子對「天」、「命」存而不論的做法不一樣，孟子力圖明確解說「天」、「命」，對「天」「命」影響下的歷史運程，他也試圖給出確切的說明。「五百年必有王者興，其間必有名世者。由周而來，七百有餘歲矣。以其數，則過矣；以其時考之，則可矣。」[56]「五百年必有王者

---

53 《孟子・離婁上》。

54 《孟子・萬章上》。

55 《孟子・盡心下》。

56 《孟子・公孫丑下》。

興」，歷史上的王朝興衰以五百年為一個週期。雖然孟子並不認為這個週期是絕對的，即不多不少恰好五百年的時候王者便會應運而生，但他力圖將歷史的紛紜變化歸納為某種確定的時間週期的意圖是非常明顯的，這種判斷裡所表現出的歷史循環論及命定論色彩，也是顯而易見的。

荀子曾經批評孟子及其師從的子思之說「略法先王而不知其統，猶然而材劇志大，聞見雜博」，「甚僻違而無類，幽隱而無說，閉約而無解」[57]。就《孟子》一書看，孟子對他那個時代新發展的知識有廣泛的了解和強烈的興趣，比如，他用「養氣」來解說「成德」的工夫，對天文曆法做過一些研究，精通《詩》、《書》等典籍，熟知歷代史事掌故，孟子可能還是戰國時期較早引入並系統闡述「五行」理論的學者。從這些方面來看，孟子確實「聞見雜博」，而且孟子的知識興趣使他跟流行於東方齊燕等地的神秘主義思潮之間表現出微妙的關聯，並因而使他的學說染上了些許神秘主義色彩。荀子對孟子學說的這個批評，雖然遠遠不能稱作中肯，但絕非無地放矢。

孟子學說可以看作是在戰國中期的學術背景下，對孔子思想進行的體系化改造。故勞思光稱在中國儒學發展史上，「孔子思想對儒學有定向之作用」，「孟子方是建立較完整之儒學體系之哲人」[58]。孔、孟思想在根本精神上是一致的，孔子在後世被奉為「至聖」，孟子則被尊為「亞聖」，共同構成中國傳統思想的中堅。不過，孟子對明晰徹底的理論體系的興趣，使他的思想在一定程度上喪失了孔子的平和中庸，而表現出一些絕對化的傾向。孔子歷史思想中最富創見的部分，是他提出歷史是在其自身的損益因革中不斷演進，因而不但歷史

57　《荀子·非十二子》。

58　勞思光：《新編中國哲學史》，第一卷，廣西師範大學出版社2005年版，第117頁。

可知，未來也可預知。孔子並未斷言未來必是歷史的重複，他的損益因革論在古今一體、變常統一的基本框架下仍蘊含著開放、突破的可能空間。孟子極力要將歷史的可知性明白地揭示出來，結果把歷史塑造成了一個治世、亂世週期性反覆出現的封閉系統。他的歷史思想因此表現出強烈的循環論色彩。

　　荀子，名況，又稱孫卿，戰國晚期趙國人，生卒年不詳，主要活動時間在西元前二九八年至前二三八年之間。荀子一生遊歷甚廣，他曾是齊都稷下學宮裡年望最尊的老師，曾與臨武君議兵於趙孝成王前，曾西入秦與秦昭王及秦相范睢論秦風俗之美與無儒之弊，後任楚蘭陵令，並終老蘭陵。在荀子所處的時代，列國爭戰已進入白熱化階段，天下一統之勢日漸明朗，學術思想則呈現衰竭之勢，學者們的意見越來越武斷、極端、脫離實際，學術爭鳴往往淪為門戶之戰或意氣之爭。荀子有感於當時政治、思想方面的混亂狀況，力圖斥「邪說」，退「奸言」，在思想上、認識上正本清源。荀子本人的著述，以及其弟子做的一些筆記，在荀子死後被彙集整理成《荀子》一書，這是研究荀子思想最主要的資料。

　　荀子以孔子思想的正宗傳人自居，致力於捍衛、闡發他所理解的「仲尼之義」。而同樣是對孔子思想的繼承和發展，荀子的思考方向、關注重點明顯有別於孟子。孟子學說以性善論為背景，其運行方向基本上是由內向外的，孟子對孔子思想的發展，著重在「仁」上，「禮」僅被看成「仁」的一個不可缺少的附件。荀子則稱：「人之性惡，其善者偽也。」[59]即人的本性是惡的，善是後天人為的結果。荀子學說的運行方向基本上是由外至內的，而荀子對孔子思想的發展，也著重在外部規範——「禮」上。荀子批評孟子的性善論根本就沒弄

---

59 《荀子‧性惡》。

清「善」、「惡」的涵義，且無從證實，不可施行。荀子認為人「性惡」，因為人生而「有好利」，「有疾惡」，「有耳目之欲，有好聲色焉」[60]，故就人的本性來看，人與動物並無多大不同。人與動物的根本區別，在荀子看來，全在於人之「能群」：即人能結成有秩序之群體，群體之內人人各守其職份，不相擾亂，以此擺脫自然狀態下人與人之間無休止的互相爭鬥，而得以盡其天年[61]。善惡的判斷，因此全要看是否有益於「群」：「凡古今天下之所謂善者，正理平治也；所謂惡者，偏險悖亂也。是善惡之分也矣」[62]，合乎禮義，有助於群體穩定和睦的行為，就是善；而偏激悖謬，一意孤行的做法，則會擾亂群體秩序，使其陷入混亂，這樣的行為就是惡。因為人的本性是動物般的只知逐欲求利，是自私自利的，故善的根源，絕對不在人性之中，而在人性之外，放縱人的本性，其結果只會是惡的蔓延，「從（縱）人之性，順人之情，必出於爭奪，合於犯分亂理而歸於暴」[63]，因此必須從外部對人性加以約束矯正，人才可能棄惡就善。這約束矯正人性的外部規範，荀子認為是「師法之化，禮義之道」，其核心則是「禮」[64]。

　　既然「禮」是用來約束、矯正人性，使人「能群」的外在規範，它並不產自人性本身，那麼，「禮」從何而來？荀子解釋說「禮」出自聖人的「化性起偽」，「偽起而生禮義」[65]。那麼，作為人的聖人又何以能克服其本性之惡，而「化性起偽」呢？荀子沒有給出明確解答，不過他在《解蔽》等篇中討論過聖人如何用其「心」，與這個問

60　見《荀子‧性惡》。

61　詳見《荀子‧性惡》。

62　《荀子‧性惡》。

63　《荀子‧性惡》。

64　《荀子‧性惡》。

65　《荀子‧性惡》。

題有一定關係。荀子認為「人心譬如盤水」，可以如實反映萬物，而聖人「無欲無惡，無始無終，無近無遠，無博無淺，無古無今，兼陳萬物而中縣衡焉」[66]，聖人擺脫了一切主觀因素的干擾，故能如實認識萬物之理，把握中正之道，即「禮」。可見荀子性惡論是將心、性分離，人的自然本性中固然不包含任何「禮」的可能性，但人有「心」，「心有徵知」[67]，正是「心」的認知能力才導致了「禮」的出現，所以人自身之中仍然潛藏著「禮」的可能。荀子的這種看法與孟子將心、性合一的理解截然相反。由此亦可見性善性惡之爭，其實說不上是對人的本質的爭論，因為在客觀上，孟、荀都無法否認人的本質具有二重性，性善性惡之爭的關鍵，仍然是當年孟子努力解決的人之善從何而來的問題。孟子將這個問題引向人心深處，引向天道。荀子的解答，則更多地指向了人類社會（「群」）內部的組織協調方式。在這方面，荀子明顯接受了戰國道家的一些基本理念，如注重事物自身的「道」、「理」，認為人「心」不過如盤水鑑影般消極、被動地反映所觀照的事物，故「禮」雖由聖人制定，「禮」的根源、本質，乃是人類社會（「群」）賴以存在的不得不然之「理」。當然，這樣一來，「禮」也就成了不可違背的人類社會的必然法則，是「人道之極也」[68]。荀子還接受了道家將「天」、「人」分立的基本觀點，他將「天」理解為純粹的自然，這裡面也有道家的影響，不過他不贊成道家以「天」統「人」的做法，而是提出「天」、「人」相分，主張「天」不與人事，人應當盡力於人事，這又回到了儒家的人本立場。荀子認為：「天行有常，不為堯存，不為桀亡。」[69]「天有其時，地有

66　《荀子・解蔽》。
67　《荀子・正名》。
68　《荀子・禮論》。
69　《荀子・天論》。

其財，人有其治，夫是之謂能參。舍其所以參而願其所參，則惑矣。
列星隨旋，日月遞照，四時代御，陰陽大化，風雨博施，萬物各得其
和以生，各得其養以成，不見其事而見其功，夫是之謂神。皆知其所
以成，莫知其無形，夫是之謂天。唯聖人為不求知天。」[70]荀子還指
出人可以積極主動地根據「天」的特性、規律「制天命而用之」，但
不能「錯人而思天」，如此「則失萬物之情。」[71]

　　綜言之，荀子是將人視作社會的動物（「能群」），荀子注意到人
作為社會動物所承擔的社會性要求與其生理本能之間存在著深刻的矛
盾，故主張對人的生理本能進行矯正限制以維持「群」的穩固，確保
「群」的最大利益。這樣的理解跟站在個體立場上看待人、人類社會
歷史的孟子學說比較起來，應該說要深刻得多。不過，荀子學說的困
難在於，他把人之善歸結為「偽」，即按照「禮」的要求對人的自然
本性進行的矯飾改造，而「禮」的實質乃是「群」之「理」，是一種
外在的、客觀的法則，這種外在的、客觀的法則儘管可以被人認識，
卻不可能被人改造，這就是說，人對於人之所善毫無影響力。荀子雖
然很重視修身、積學，並認為人人都具有發展為聖人的可能性，「塗
（途）之人可以為禹」[72]，但他關於修身、積學的具體主張，則是對
自然之性的改造。「木受繩則直，金就礪則利，君子博學而日參省乎
己，則知明而行無過矣。」[73]人之修身不過如同木材、金屬被製成器
用一樣，是外力塑造的結果，在這裡看不出任何主體能動性的存在。
而荀子對人作為社會動物的理解，又與他對統治方式的理解緊密相
關，他認為人的本質特徵在於人「能群」，而君主角色的根本要求，

---

70 《荀子・天論》。
71 《荀子・天論》。
72 見《荀子・性惡》。
73 《荀子・勸學》。

正在於君「能群」[74]，故而君本身即成為「群」的法則。「君者，儀也，儀正而景正；君者，盤也，盤圓而水圓；君者，盂也，盂方而水方。」[75]君主本人即是規範，民與國則只能以君主為規範。荀子的社會思想最後歸結到權威主義。簡言之，由於荀子以人性為惡，將人之善完全歸結為外在力量的強制約束，並將這種強制力量絕對化、普遍化，因而取消了人自身發展的可能性而淪為學理上的機械主義與政治上的權威主義。

歷史，在荀子看來，就是人的自然本性與約束、改造這種自然本性的外在強制力量之間不斷的消長變化而已，歷史上的治亂盛衰，關鍵就在於其時的統治者是否認識到人類社會（「群」）的不得不然之理並將其布之為政，成功的統治意味著「群」之理的充分實現，不同時代的聖王明君的統治方式在根本上來說是一致的。「天下之道管是矣，百王之道一是矣。」[76]「百王之無變，足以為道貫。一廢一起，應之以貫，理貫不亂。不知貫，不知應變，貫之大體未嘗亡也。亂生其差，治盡其詳。故道之所善，中則可從，畸則不可為，匿則大惑。水行者表深，表不明則陷；治民者表道，表不明則亂。禮者，表也。非禮，昏世也。昏世，大亂也。故道無不明，外內異表，隱顯有常，民陷乃去。」[77]歷經百代都沒有改變的東西，就足以成為始終一貫的基本原則，即「道」，治理國家就是將此「道」標識出來，讓老百姓遵守，以免其遭受災難，「禮」即是「道」的標識。荀子因此反對那種認為古今有別，治國之道亦應進行相應調整的說法，稱持此說者為「妄人」，因為他們迷惑於虛妄的變化之象而看不到古今在根本上的

---

74 《荀子‧君道》。
75 《荀子‧君道》。
76 《荀子‧儒效》。
77 《荀子‧天論》。

一致[78]。本此認識，荀子提出「法後王」主張：「天地始者，今日是也；百王之道，後王是也。」[79]「欲觀千歲則數今日；欲知億萬則審一二；欲知上世則審周道。」[80]「欲觀聖王之跡，則於其粲然者矣，後王是也。」古今雖然在根本上是一致的，但畢竟早晚有別，時代較早的先王的治國舉措，有許多已隨時間的流逝而消散了，只有距今最近的「後王」，其禮儀典制保存完好，粲然大觀，可以取法。荀子甚至聲稱最好的統治就是全面的復古，「王者之制：道不過三代，法不二後王；道過三代謂之蕩，法二後王謂之不雅。衣服有制，宮室有度，人徒有數，喪祭械用皆有等宜，聲則凡非雅聲者舉廢，色則凡非舊文者舉息，械用則凡非舊器者舉毀，夫是之謂復古。是王者之制也。」[81]這樣的看法顯然太過偏激了。荀子的社會歷史觀本來有較多的合理因素，但由於荀子把本來是在歷史中形成的「禮」普遍化、絕對化，將「禮」等同於歷世不變的「理」、「道」，這就取消了歷史的變化，表達了一種非歷史的觀點。

　　孔子、孟子、荀子的歷史思考，涉及到歷史中的古與今、變與常、天與人、性與習等多重重要關係，三人間前後相繼、一脈相承的思想發展線索十分清晰：孔子提出了基本看法，為後來的思考確定了方向，孟子正面闡發孔子思想並將其發展為一套理論系統，荀子則針對孟子理論的薄弱環節，從相反的方向重新發展出一套理論系統。雖然三位對許多問題的看法不盡相同，但其歷史思想的一致性更為突出：他們都把作為歷史主體的人看作類本質相同的人，他們都看到了人的本質的二重性，並將其視為歷史之起伏變化的內在根源，他們也

78　《荀子・非相》。

79　《荀子・不苟》。

80　《荀子・不苟》。

81　《荀子・王制》。

都推崇堯舜禹湯文武等古代聖人，尊重周道，堅信歷史的改善依賴於人的改善。總的說來，以孔子、孟子、荀子為代表的先秦儒家的歷史思考，在普遍人性的基礎上重新確立了道德理性的終極意義，他們看到了歷史理性與道德理性之間的矛盾，但堅信二者在根本上的一致。

2 道家

先秦道家學派的創始人據傳是老子，但老子的生平事蹟杳不可考。根據現存各種資料推斷，以老莊學說為主體的先秦道家，其興盛和發生影響是在戰國中期以後。

老子，據《史記・老子韓非列傳》記載，為春秋晚期楚國苦縣（今河南鹿邑東）厲鄉曲仁里人，名耳，字聃，姓李氏，曾為周守藏室史，後西出函穀歸隱，不知所終。不過司馬遷也指明此說只是關於老子生平的眾多傳說中的一種，他還記載了另外兩種較流行的關於老子生平的說法：一說老子即秦獻公時入秦的周太史儋，一說老子即楚人老萊子，但「世莫知其然否」，而司馬遷本人能斷定的只是「老子，隱君子也」。簡言之，老子是春秋戰國時期一位其生平已失考的隱士，他被認為是《老子》這部書的作者，而《老子》是道家學派最重要的經典。因老子生年不詳，故關於《老子》的成書年代亦眾說紛紜，近幾十年裡，由於在馬王堆漢墓帛書、郭店楚墓竹簡，上海博物館所藏戰國楚竹書中都發現了《老子》的早期寫本，學界普遍認為此書之寫成不會晚於戰國早期。此處依學術界多數意見，將老子思想的產生定在春秋戰國之際。

《老子》又稱《道德經》，全書形象地闡說了「道」、「德」這兩個概念，並以「道」概念為中心建立了一整套包括本體論、知識論、人生觀、社會歷史觀在內的理論體系。

《老子》中的「道」既沿襲春秋時期就已出現的習慣用法，指普

遍性的規律、法則等，更重要的是，它被解釋為一種先天地而生的根本性存在：

> 有物混成，先天地生，寂兮寥兮，獨立而不改，周行而不殆，
> 可以為天地母，吾不知其名，字之曰道，強為之名曰大。大曰
> 逝，逝曰遠，遠曰反。[82]

「道」先天地而生，混混沌沌，聽之寂然無聲，視之虛廓無形，亙古至今，不改其性，獨立長存，循環往復而不息，為天地萬物化生的根本。

「道」貫通有無，既是現象，又是本質：「道可道，非常道；名可名，非常名。無名天地之始；有名萬物之母。故常無，欲以觀其妙；常有，欲以觀其徼。此兩者同出而異名，同謂之玄，玄之又玄，眾妙之門。」[83]

「道」生生不息，天地萬物由「道」而生：「道生一，一生二，二生三，三生萬物。」[84]

《老子》的「道」觀念消解了傳統的「天」觀念。「道」是根本，是規律，是世界的本原，而「天」不過是「道」所化生之物，是「道」在「天」這類事象上的體現，「人法地，地法天，天法道，道法自然」[85]。這樣一來，「天」就擺脫了傳統信仰中賦予它的種種神秘屬性，恢復為自然的天，進而代指一切自然而生，非人為之物。這樣的「天」當然不可能有什麼仁民愛物之舉了，「天地不仁，以萬物為

---

82 《老子》第25章。
83 《老子》第1章。
84 《老子》第42章。
85 《老子》第25章。

芻狗；聖人不仁，以百姓為芻狗。」[86]天地本無所謂仁慈，萬物不過是道的敷演而已。聖人效法天地，不過是讓百姓各遂其生，亦無所用其仁慈。

老子改造了《尚書》、《詩經》中的「德」概念，突破了對「德」的道德化理解，他利用「德」字的原初涵義，將「德」解說為萬物生而具有的本性。「德」是「道」的體現，「道」的殊相。「道生之，德畜之，物形之，勢成之。是以萬物莫不尊道而貴德。道之尊，德之貴，夫莫之命而常自然。」[87]「道」是萬物發生的原因，萬物之生成、發育、成熟，及其終結，莫不有「道」在發生作用。「道」之所以尊，「德」之所以貴，不是因為「道」、「德」會對萬物發號施令，而是出自萬物的本性，是自然而然的。真正的「德」是本性的自然流露，故而一切有心行德，刻意為善的行為便在根本上與「德」的精神背道而馳。「上德不德，是以有德；下德不失德，是以無德。上德無為而無以為，下德無為而有以為。上仁為之而無以為，上義為之而有以為。上禮為之而莫之應，則攘臂而仍之。」[88]《尚書‧周書》所提倡、後世儒家所推崇的德，在老子看來只不過是下德，或者根本就不是德。

老子據說出身史官，《漢書‧藝文志》稱「道家者流」出於古之史官，「歷記成敗存亡禍福古今之道，然後知秉要執本，清虛以自守，卑弱以自持」，這些說法雖難以證實，不過《老子》思想確實滲透著一種深邃的歷史感。「道」之化生萬物的過程，便是一個邏輯展開的歷史過程，「道生一，一生二，二生三，三生萬物」，[89]從生生不

---

86 《老子》第5章。
87 《老子》第51章。
88 《老子》第38章。
89 《老子》第42章。

息的自然界，到動盪不寧的人類社會，整個世界都處在不斷的變化、發展之中，任何事物都是相對立而存在的，而任何變化都處於對立面的轉化過程中，「反者道之動」，「弱者道之用」，這就是事物變化、發展的規律。

而正是這種深邃歷史感的反觀，令現實的人類社會顯示出令人詫異的荒謬性。「天之道，其猶張弓與？高者抑之，下者舉之，有餘者損之，不足者與之。天之道，損有餘補不足。人道則不然，損不足以奉有餘。」[90]天道運行猶如拉弓射箭，會根據目標的高低、遠近調整箭的位置、勁力的大小。天道減損有餘的，彌補不足的，故在天道的作用下，萬物總是保持著平衡、和諧，而人類社會則往往是盤剝本已不足者，去供奉那些早已富足有餘的人，因而人類社會充斥著饑荒、戰爭、夭殤、敗亡等無盡的問題。

人道為什麼喪失了天道那樣的自發調節能力，人類社會為什麼不能象自然界那樣總是保持和諧與平衡呢？老子認為這是因為人用「智」的緣故。「智」產生「偽」，「偽」蒙蔽了人的自然本性，故人之智日進，人之偽日重，則人之德日退，人道對道的背棄，也就越嚴重。「大道廢，有仁義；智慧出，有大偽；六親不和，有孝慈；國家昏亂，有忠臣。」[91]人類刻意而為，自我標榜的仁義忠孝，究其實乃出於本性的迷失，大道的淪喪。在《老子》看來，人類的智識越發達，統治越嚴密，繁文縟節越多，也就意味著對「道」的背棄越嚴重。「失道而後德，失德而後仁，失仁而後義，失義而後禮。夫禮者，忠信之薄，而亂之首。前識者，道之華，而愚之始。」[92]「德」

90　《老子》第77章。

91　《老子》第18章。

92　王弼注《老子道德經》第38章，國學整理社編：《諸子集成》。馬王堆帛書甲乙本《老子》皆以此章居首，傳世本則以此章為下篇之首。

是本性的自然流露,而「智」或「前識」則是對本性的扭曲矯飾,故「智」的發達就是「德」的迷失,「德」的迷失就是「道」的背離。人類「智(知識)」的進步,導致了道德本身的退步。歷史進程既然與人之智俱進,那麼歷史進程就必然成為道德倒退的過程。於是,歷史理性便與道德理性形成為一種反比的函數關係。故云:「不上賢,使民不爭;不貴難得之貨,使民不為盜;不見可欲,使民心不亂。」[93]「絕聖棄智,民利百倍;絕仁棄義,民複孝慈;絕巧棄利,盜賊無有。」[94]人類社會如果要回到理想的道德狀態,就要棄絕聖智、仁義、巧利這些「智」的成果,回復淳樸、真誠、安寧的自然狀態。「小國寡民,使有什佰之器而不用,使人重死而不遠徙。雖有舟輿,無所乘之;雖有甲兵,無所陳之。使民復結繩而用之。甘其食,美其服,安其居,樂其俗,鄰國相望,雞狗之聲相聞,民至老死,不相往來。」[95]如果說歷史理性的運行方向是向前(由古而今或化樸為智)的,那麼,在老子看來,歷史理性與道德理性正好背道而馳;不然,歷史理性自身就必須轉向其反面(由今而古或去智歸樸),從而使其自身形成矛盾。

老子的這種歷史倒退論,看到了文明社會自身所包含的內在矛盾,本身是很深刻的。但他試圖用取消人為、回復天然的辦法來解決這個矛盾,則只能是不切實際的空想。

老子的歷史思想在《莊子》中有更為充分的展開論述。而莊子思想中濃厚的相對主義色彩又在一定程度上把老子的歷史倒退論引向了因物隨化的歷史因變觀。

莊子,名周,宋國蒙(今河南商丘東北)人,大體與孟子同時,

---

93 王弼注《老子道德經》第3章,國學整理社編:《諸子集成》。

94 王弼注《老子道德經》第19章,國學整理社編:《諸子集成》。

95 《老子》第80章。

近人馬敘倫考定莊子生卒年在西元前三六九至前二八六年之間。莊子做過管理漆園的小吏，衣食不繼，曾與魏相惠施交遊，拒絕過楚王的禮聘。今本《莊子》三十三篇，一般認為內篇七篇為莊周本人所著，外、雜篇則可能摻有其門徒或後學的作品。

　　莊子承繼老子，以「道」解釋宇宙緣起，事物變化。莊子認為「道」流轉不息，變化萬端，作為自然的造物，人生不過是轉瞬即逝的幻象。「死生、存亡，窮達、貧富，賢與不肖、毀譽，饑渴、寒暑，是事之變，命之行也。」[96]莊子承襲老子天人對立的思想框架，不過他將天人之間的對立絕對化了，否定任何人類自主行為的意義，取消了人道的獨立性，從而抹煞了天人之間的區別，完全以天統人。在莊子看來，人的理想狀態是齊死生、忘物我，與物混同，與時俱仰，「不知說（悅）生，不知惡死，其出不訢，其入不距，翛然而往，翛然而來而已矣。不忘其所始，不求其所終；受而喜之，忘而複之，是之謂不以心損道，不以人助天。是之謂真人。」[97]理想的人類社會，即「至德之世」，「同與禽獸居，族與萬物並，惡乎知君子小人哉」[98]。這就不僅否定了人類文明，也否定了人類社會本身。

　　莊子和老子一樣，認為既往人類歷史是人之智日進，而德日退，道日虧的過程。他說：「古之人，其知有所至矣。惡乎至？有以為未始有物者，至矣，盡矣，不可以加矣。其次以為有物矣，而未始有封也。其次以為有封焉，而未始有是非也。是非之彰也，道之所以虧也。」[99]最初人們物我不分，保持了德的純粹，道的完整，後來人們學會區分物我、進而知道劃分界限、更進而懂得分辨是非，道因為人

96　《莊子‧德充符》。
97　《莊子‧大宗師》。
98　《莊子‧馬蹄》。
99　《莊子‧齊物論》。

的智識的增進而愈益虧損。理想的境界，當然是拋棄一切既有的文明成果，退回到無知無識的古老生存狀態。

不過莊子與老子不一樣的地方，是老子更重視「道」的客觀性、本原性，相信「道」有確定的運行模式和發展方向，莊子則強調「道」的普遍性，「道」變化莫測，超越了空間、時間的限制，也沒有發展方向可言。「夫道，有情有信，無為無形；可傳而不可受，可得而不可見；自本自根，未有天地，自古以固存；神鬼神帝，生天生地；在太極之先而不為高，在六極之下而不為深，先天地生而不為久，長於上古而不為老。……莫知其始，莫知其終。」[100]「夫道未始有封，言未始有常。……孰知不言之辯，不道之道？若有能知，此之謂天府。」[101]「道」是沒有歷史性的，由「道」主宰的人類社會的歷史演進因此不過是轉瞬即逝的幻象。「道」在不斷的變化，人的自然本性──性情也相應變化，萬物都在不斷的變化，變化不可抗拒，人只能適應萬物的性情，順從自然之命。理想的聖人是「達於情而遂於命」[102]的人，故能「與時俱化」[103]，「與世偕行而不替」[104]。《莊子·天運》篇假託師金與孔子弟子顏淵問答，批評孔子汲汲於復興周道的做法是「勞而無功，身必有殃」：「夫水行莫如用舟，而陸行莫如用車。以舟之可行於水也，而求推之於陸，則沒世不行尋常。古今非水陸與？周魯非舟車與？今蘄（求）行周於魯，是猶推舟行於陸也。……故禮義法度者，應時而變者也。今取猨狙而衣以周公之服，彼必齕齧挽裂，盡去而後慊。觀古今之異，猶猨狙之異乎周公也。」[105]古今不

---

100 《莊子·大宗師》。
101 《莊子·齊物論》。
102 《莊子·天運》。
103 《莊子·山木》。
104 《莊子·則陽》。
105 《莊子·天運》。

同，猶如水陸有別；古人與今人不同，猶如周公與猨狙之異，所以禮義法度要「應時而變」，不可拘執。這樣的看法雖說誇大了古與今的差別，但它強調應根據不同時期歷史的具體表現來進行相應的調整，不以治道相同為高，只以效果最好為尚，這樣的歷史認識，已經突破了對「至德之世」的緬懷，與老子「小國寡民」的歷史倒退論比較起來，更加貼近現實。

與儒家珍視傳統並力圖復興周道不同，道家是兩周傳統的顛覆者。西周晚期以來對「天」的普遍懷疑，因老子「道」論的提出而被推向了徹底的否定。道家營建了一個以「道」為中心的理論體系，以「道」的終極性和自然性，否定了「天」的終極性和人格性，將「天」恢復為自然之天，同時又用「天」的客觀性和必然性，否定了「人」的主觀性和偶然性，一切人為都被視作對天性的戕害，古往今來，人事變化，也根本沒有以天或聖人為代表的道德理性在起作用。道家的歷史思考疏遠了人心，不過卻為歷史理性的直接呈現和獨立發展打開了一個突破口。

3 法家

法家流派的興起，與發生在戰國前期的變法運動密不可分。比如被後世認為是法家始祖，編撰了中國第一部完整法典《法經》的李悝（約西元前455-前395年），曾為魏文侯相，在魏國主持變法。戰國法家中重法一派的代表人物商鞅（（約西元前395-前338年），執掌秦國國政約二十年，厲行改革，全面變法。在春秋戰國各思想流派中，法家是居於政治舞臺中心，引領歷史走向的一派。而法家之獲得此種地位，則在於其完全著眼於列國角逐的現實環境，完全根據此種客觀形勢和富國強兵的現實需要來定去取。法家理論是在戰國前期的變法運動中逐漸成熟的。戰國前期變法運動所致力於革除的，主要就是那些

自西周沿襲下來的舊的統治制度、統治方式：親親、貴貴、賢賢、德政、禮教等等。故而要對變法主張進行理論上的說明，首先便意味著要對古今關係給出新的解說，即說明舊制為何不可行於今日。關於這一點，《商君書・更法》篇有生動的記述。《更法》篇記主張變法的商鞅與反對變法的甘龍、杜摯三位大臣在秦孝公面前爭論是否應該變法，商鞅稱：「前世不同教何古之法？帝王不相複何禮之循？伏羲、神農，教而不誅；黃帝、堯、舜，誅而不怒；及至文、武，各當時而立法，因事而制禮。禮、法以時而定；制、令各順其宜；兵甲器備，各便其用。臣故曰：治世不一道，便國不必法古。」這番話又見於《戰國策・趙策》二《武靈王平晝閒居》章，為準備推行胡服騎射的趙武靈王對反對變革的大臣所言，僅個別字句小異。當然，同樣的一番話被記載成處於不同歷史場境中的兩個不同的人所說，這其間肯定存在著孰先孰後，誰影響誰，甚或孰真孰假的問題，不過這番話在《商君書》、《戰國策》中都被當作主張變法者的理論依據提出來，也正表明這在當時是被廣為接受的變法理論：時代變了，統治制度、統治方式也得跟著變，一味法古是沒有意義的，因為古與今不同，古與古也不同，黃帝、堯、舜的統治不同於伏羲、神農，周文王、武王的統治又不同於黃帝、堯、舜。

由上述可知，歷史變化觀是法家理論不可或缺的組成部分。而法家本著其徹底的現實主義精神及客觀主義作風，摒棄了所有關於過去時代的美好緬懷與虛幻想像，因而能夠深入到歷史本身，讓歷史理性在歷史上第一次獨立地呈現出來。

法家著作，《漢書・藝文志》記載共十家，二一七篇，其中傳承至今，基本完整的為《商君書》、《韓非子》。商鞅的思想主要保留在《商君書》中。《韓非子》則成於戰國末年法家代表人物韓非之手。

韓非（約西元前280-前233年），戰國末年韓國一位庶出的公子，

曾受學於荀子，但終於自居為儒、墨的對立面，他吸收了在他之前的法家人物商鞅重「法」、慎到任「勢」、申不害用「術」的思想，而將其陶冶鑄成法、術、勢綜合互補的理論體系。韓非因此成為法家學說的集大成者，其歷史思想也達到了戰國法家的巔峰。

韓非認為，歷史是發展變化的，「古今異俗，新故異備」[106]，古代與當今風俗、情況各不相同，在新、舊不同的情況下要採取不同的應對方法，「世異則事異」，「事異則備變」[107]，如果拘泥於古制，則猶如「無轡策而御悍馬，此不知之患也。」

韓非和商鞅一樣，將歷史的發展變化看作進化的過程：「上古之世，人民少而禽獸眾，人民不勝禽獸蟲蛇，有聖人作，構木為巢，以避群害，而民悅之，使王天下，號之曰有巢氏。民食果蓏蚌蛤，腥臊惡臭而傷害腹胃，民多疾病，有聖人作，鑽燧取火以化腥臊，而民說之，使王天下，號之曰燧人氏。中古之世，天下大水，而鯀、禹決瀆。近古之世，桀、紂暴亂，而湯、武征伐。今有構木鑽燧於夏后氏之世者，必為鯀、禹笑矣。有決瀆於殷、周之世者，必為湯、武笑矣。然則今有美堯、舜、湯、武、禹之道於當今之世者，必為新聖笑矣。」[108]從最初只為簡單地解決棲止、食物問題，到後來的治水，征伐，歷史的內容隨著人的智慧的進步而日益複雜。

在韓非看來，歷史的發展表現為人的智慧的進步及物質文明的提高上，而這樣的進步只會加劇人類社會的生存競爭，所以歷史的發展過程同時又是人與人之間從和睦相處到展開爭鬥，爭鬥越來越激烈的過程。人類的道德狀況隨歷史的發展每況愈下。韓非認為，在古老的時代，人口很少，單憑自然界的出產已足夠解決所有人的衣食之需，

106　《韓非子·五蠹》。

107　同上。

108　王先慎《韓非子集解》，見國學整理社編：《諸子集成》。

那時的人不會互相爭鬥。「古者丈夫不耕，草木之實足食也；婦人不織，禽獸之皮足衣也。不事力而養足，人民少而財有餘，故民不爭。」[109]生活在這種環境裡的人因此也不會具有對於物質財富和奢華享受的需求。比如堯、禹貴為天子，同樣生活清苦，勞作辛勤。「堯之王天下也，茅茨不翦，采椽不斲，糲粢之食，藜藿之羹，冬日麑裘，夏日葛衣，雖監門之服養，不虧於此矣。禹之王天下也，身執耒臿以為民先，股無胈，脛不生毛，雖臣虜之勞不苦於此矣。」[110]而隨著歷史的發展，一方面，由於人的自然增殖導致人口越來越多，於是財富相對不足，因而引發激烈的生存競爭。「今人有五子不為多，子又有五子，大父未死而有二十五孫，是以人民眾而貨財寡，事力勞而供養薄，故民爭，雖倍賞累罰而不免於亂。」[111]另一方面，由於物質文明的進步導致享樂生活的流行，因而引發對物欲、權位的無盡追逐。「今之縣令，一日身死，子孫累世絜駕，故人重之。」[112]歷史發展過程中這兩種內在趨勢都必然會帶來人類道德的退化。韓非認為人類歷史的發展過程就是人類道德狀況不斷惡化的過程，「上古競於道德，中世逐於智謀，當今爭於氣力。」[113]歷史理性與道德理性剛好背道而馳。

　　韓非將歷史的發展變化理解為人口的自然增殖與物質文明的進步，這樣的理解摒棄了對歷史的虛幻想像以及關於它的形而上期許，使歷史理性第一次獨立地呈現出來了。

　　韓非認為人類歷史的發展過程是人之智日進而人之德日退的過

109　《韓非子・五蠹》。

110　同上注。

111　同上注。

112　同上注。

113　同上注。

程，這跟老子對歷史的認識一致。不過韓非並不像老子那樣主張「絕聖棄智」，退回到樸未散淳未銷的遠古。在韓非看來，歷史理性是必須遵守的，人類道德狀況的每況愈下既然是歷史進化過程中必然出現的現象，那麼，人無法改變，只能接受。韓非並不像老、莊那樣承認並試圖確立道德理性，韓非只承認歷史理性的獨立地位，他認為歷史理性是不能違背的，道德理性則從屬於歷史理性，並無獨立之價值。「上古競於道德，中世逐於智謀，當今爭於氣力。」[114]時代不同，人們的行為方式亦異，道德只是在歷史發展的某個特定階段才具有重要意義，道德本身也不過是一個歷史的產物，因而絕不具有任何超越於具體的歷史場境之上的普遍性意義。在韓非看來，所謂道德不過是優裕生活下的正常舉動，正如所謂惡行也不過是在生存壓力驅迫下的無奈選擇而已，其間並無高下之別。「夫山居而谷汲者，膢臘而相遺以水；澤居苦水者，買庸而決竇。故饑歲之春，幼弟不饟；穰歲之秋，疏客必食；非疏骨肉愛過客也，多少之心異也。是以古之易財，非仁也，財多也；今之爭奪，非鄙也，財寡也；輕辭天子，非高也，勢薄也；重爭土橐，非下也，權重也。」[115]總之，韓非的歷史觀有純粹歷史理性的特徵，把人看作是簡單追求欲望滿足的動物，把社會看作是欲望的激勵與壓制相統一的人類群體，把歷史看作是由欲望驅動的時間中的社會活動。這種理論的實質就是歷史理性與道德理性的徹底背離。

　　在戰國法家理論的形成過程中，道家學說起到了非常大的作用。如果說早期法家人物如李悝、商鞅等所重之「法」還主要著眼於制度革新，與道家學說的關係尚不明顯的話，那麼，戰國中晚期的法家則

---

114 同上注。

115 同上注。

積極吸收老、莊關於「道」的學說，以此構建、完善法家理論。申不害所倡之「術」，慎到首揭之「勢」，都帶有老子「道」論的明顯影響，是「無為而無不為」的老子之「道」在政治學領域的運用。韓非本人甚為推重老子學說，他曾專心揣摩《老子》文意，寫成《解老》、《喻老》等篇，試圖從中提煉出若干治國用民的根本原則。《韓非子》一書中有很多關於「道」的論述，其思想中的道家影響顯而易見。故後來司馬遷作《史記》，將老子、莊子、申不害、韓非四人合為一傳，認為此四子之說雖各有所重，但推其根本，『皆原於道德之意』[116]。慎到之學，司馬遷也認為出自「黃老道德之術」[117]。總的來看，道家營建的以「道」為中心的理論系統，顛覆了傳統的天命鬼神信仰，並且在思想界激起了一種根據事物自身特點來如實認識事物，把握其內在規律的潮流，這正好滿足了致力於革除西周舊傳統的法家的理論需求，故而法家人物紛紛採用道家式的概念、命題、斷言來為己說張目。

　　不過，法家畢竟不同於道家，二者間最根本的區別，在於法家只關心統治策略、統治效果問題，而道家則對全人類直至整個宇宙都抱有深切的關懷。或許正是因為這種終極關懷的缺失，造成法家雖然在看待單個的、具體的「事」上慧眼獨具，卻往往無視那貫通不同事物的內在的「道」。即以歷史思想而論，法家（韓非）看到了人類社會的變化、發展，強調統治者要根據變化發展了的情況來制定具體的統治措施，但他沒有看到當今之世與以往社會所存在的聯繫的一面，這樣的歷史觀就不能說是真正科學的了。

　　《韓非子・解老》篇對老子之「道」的解釋，可以看作其歷史思

116 《史記・老莊申韓列傳》。

117 參見《史記・孟子荀卿列傳》。

想的形上依據：

> 道者，萬物之所然也，萬理之所稽也。理者，成物之文也；道
> 者，萬物之所以成也。故曰：「道，理之者也。」物有理，不
> 可以相薄。物有理，不可以相薄，故理之為物之制，萬物各異
> 理。萬物各異理，而道盡稽萬物之理，故不得不化；不得不
> 化，故無常操。無常操，是以死生氣稟焉，萬智斟酌焉，萬事
> 廢興焉。

萬物各異理，道因此「無常操」，因此「不得不化」，沒有固定的
格式，隨著事物的理而變化，這實際上是用「理」的多樣性取代了
「道」的統一性，故韓非論歷史，也就只注意揭示不同的歷史發展階
段各自不同之「理」，而忽略了貫通人類既有歷史的共通之「道」。

4 墨家

在戰國時期，墨家學派是與儒家學派並稱的兩大「顯學」。墨家
學說的創始人墨子（約西元前468-前376年），名翟，戰國早期宋國
人，或說魯國人。《淮南子·要略》篇說墨子早年曾接受儒家教育，
因不滿意儒家的種種說教而自創新說[118]。此說雖難以確考，不過墨家
學說在其興起之初，確實是作為儒家的對立面出現的，《墨子》中有
大量的攻擊、醜化儒家人物、儒家學說的文字，如《非儒》、《公孟》
篇等。墨家學說在長期流傳過程中，其關注重心、研究旨趣也在發生
變化，比如一些墨家對名辯問題發生濃厚興趣，更重視信義然諾等

---

[118] 《淮南子·要略》：「墨子學儒者之業，受孔子之術，以為其禮煩擾而不說，厚葬靡
財而貧民，久服傷生而害事，故背周道而用夏政。」

等。今天能夠看到的《墨子》一書，是墨家學派的著作彙編。原書據《漢書・藝文志》記載共七十一篇，現存五十三篇，其中《兼愛》、《非攻》、《尚賢》、《尚同》、《天志》、《明鬼》、《節用》、《節葬》、《非儒》、《非樂》諸篇，一般認為是墨子及初期墨家思想的記錄，墨家學派的社會政治學說，基本薈萃其中。

「興天下之利，除天下之害」是墨子立說的目的和他一生的行動指南。墨子認為在他所處的時代，「民有三患」，是為「饑者不得食，寒者不得衣，勞者不得息」[119]。如何除此「三患」？墨子提出的解決辦法包括如下幾方面：（1）改善人與人之間的關係，人和人應該「兼相愛，交相利」，絕不能「別相惡，交相賊」（《兼愛》）。（2）建立上下有序的賢人政治，國家由選舉出來的賢人治理，在下位者應積極主動地與其上司保持一致（《尚賢》、《尚同》）。（3）節制用費，杜絕一切奢侈消費與不必要的開支（《節用》、《節葬》、《非樂》、《非攻》）。為了確保上述主張被人接受，得到貫徹，墨子重新引入了傳統宗教中的「天」、「鬼」信仰，聲稱「天」、「鬼」會監督世人的行為，賞善罰惡（《天命》、《明鬼》）。同時，墨子對儒家學者所持的「命」觀念進行了猛烈抨擊，認為「命」根本不存在，所謂「命」不過是安於怠惰或胡作非為的藉口，是「暴王之道」、「窮人之術」，不足為訓（《非命》）。從個人的態度、認識到統治機構的確立運轉再到財富的使用分配，墨子把人類社會政治中方方面面的問題都考慮到了，而且還有超人類力量的保障，墨子的學說可謂系統、精緻。

不過，墨子學說有一個根本上的弱點，或許也可以說是墨子本人的優點，這就是他對人的精神（心性）問題的完全漠視。墨子對他提出的任何主張，都只在「有利」與否的層面上進行論證。為何要「兼

---

119 《墨子・非樂上》。

愛」，因為「兼愛」則「交相利」；為何「尚同」？因為「尚同」「中國家百姓之利」[120]；為何「非攻」？因為攻戰「上不中天之利」，「中不中鬼之利」，「下不中人之利」[121]……墨子孳孳以「利」為計，他所謂民之「三患」，也完全著眼於物質需要的短缺與身體方面的不適。這樣的立場、思路使墨子對人類個體本身的頑固、盲目，人類社會的複雜多變缺乏足夠的認識，並因而導致他的許多主張經不起推究，無法在現實中推行。墨子本人具有宗教家般的救世熱忱，他自奉極薄，為利民則不惜赴湯蹈火。楚將攻宋，墨子聽說後，「裂裳裹足，日夜不休，十日十夜而至於郢」[122]，不顧自身安危，傾力往救。孟子稱墨子「摩頂放踵利天下」[123]，一心利民，忘卻己身。不過，正如《莊子・天下》篇所指出的，墨子之道「其生也勤，其死也薄，其道大觳」，「反天下之心，天下不堪」，「墨子雖獨能任，奈天下何！」完全漠視人的精神需求的墨子學說，對人的理解是片面的，它的理性思索是不徹底的。

　　墨子重視人的社會屬性，他認為人只有處在集中統一的社會政治系統之中，其個人利益才能真正得到保障，因為自然狀態下的人必然會陷入無休止的混爭殘殺。「古者民始生、未有刑政之時，蓋其語，人異義。是以一人則一義，二人則二義，十人則十義。其人茲眾，其所謂義者亦茲眾。是以人是其義，以非人之義，故交相非也。是以內者父子、兄弟作怨惡，離散不能相和合。天下之百姓，皆以水火、毒藥相虧害。至有餘力，不能以相勞；腐朽餘財，不以相分；隱匿良

120　《墨子・尚同下》。
121　《墨子・非攻下》。
122　《呂氏春秋・愛類》。
123　《孟子・盡心上》。

道，不以相教。天下之亂，若禽獸然。」[124]因此人必須「舉公義，辟私怨」[125]，選賢舉能，建立強有力的統治秩序，用國家的力量來強制規範個人的行為，以此確保每個個體根本利益的實現。但是，本來各有其主張，意見不能一致，以致爭鬥不休的人，如何就能夠做到「舉公義，辟私怨」？原本「別相惡，交相賊」的人，又如何可能「兼相愛，交相利」？單單用「利」做號召，是不能對這個問題給出滿意解答的。墨家的理想秩序既然不能在人的領域裡找到其合理性根源，便只能將此根源訴諸於非人的權威。墨子宣稱，「天欲人相愛相利，而不欲人相惡相賊」[126]，「天」之志乃「愛人」、「利人」[127]，且冥冥中有鬼神「賞賢而罰暴」[128]。在傳統的「天」、「鬼」信仰遭到普遍懷疑的時代，墨子重申「天志」，力辨鬼神之有，其實不過是以天、鬼來恐嚇人，以此誘導人改變自私自利的做法。墨家學說因為未給人類自主精神留下足夠空間，最終不得不屈服於非理性的虛幻力量來完成其理論系統。墨家雖然注重現實，有極深刻的社會政治思想，但他們對籠罩在天鬼權威下的人類歷史的解說則頗為僵硬且表面化，在歷史思想這方面，墨家無可稱道。

5 陰陽五行家

道家老子、莊子認為人類社會的歷史是一個智日進、德日退的過程，歷史的發展意味著道德的退步。在他們看來，歷史理性與道德理性是背道而馳的，解決的辦法是用自然理性 —— 即用道家所謂的

---

124 《墨子・尚同上》。

125 《墨子・尚賢上》。

126 《墨子・法儀》。

127 《墨子・天志中》。

128 《墨子・明鬼下》。

「道」、「德」來統攝二者，復歸於樸，回到無知無識、賢愚不分、人獸莫辨的遠古，這實際上是既取消了歷史，也取消了道德。法家對既往歷史走向的認識與道家相似，他們也認為隨著歷史的發展，人類的道德狀況每況愈下。不過法家認為歷史的發展以及隨之而來的道德的惡化是不可改變的客觀趨勢，由人類社會本身的矛盾所決定，只能順應，不可逆轉。法家和道家對於歷史理性的理解雖然不盡一致，但他們都認為歷史的發展有其必然性，是不以人的意志為轉移的。這樣的認識擺脫了傳統天命史觀的影響，深入到了歷史演變的自身理路。不過，不管是道家、還是法家，都沒能真正證明歷史理性所應具有的必然性。道家不用說，老莊的歷史倒退論實際上取消了歷史理性的獨立地位。法家如韓非對「競於道德」、「逐於智謀」、「爭於氣力」的歷史發展各階段的論證，只說明了不同階段歷史表現之所以然，並沒能揭示出貫穿歷史不同發展階段，決定歷史走向的內在理據。稍後於孟子、商鞅的齊國人鄒衍，在廣泛吸收當時自然科學最新成就的基礎之上，對這個問題給出了在當時看來最具說服力的解釋。

　　鄒衍，約西元前三〇五至前二四〇年，戰國中晚期齊國人。他曾遊歷齊、魏、趙、燕等國，所在都得到極高的尊崇禮遇：「重於齊。適梁，惠王郊迎，執賓主之禮。適趙，平原君側行撇席。如燕，昭王擁彗先驅，請列弟子之座而受業，築碣石宮，身親往師之。」[129]聲名極一時之盛。鄒衍號稱「談天衍」，其說重在用其時關於「天」的知識來解說人事。據司馬遷，鄒衍的學說是「深觀陰陽消息而作怪迂之變」[130]，其立說的特點是「必先驗小物，推而大之，至於無垠」[131]，即鄒衍學說是以「陰陽消息」——陰陽二氣的此消彼長，矛盾變化為

129　《史記・孟子荀卿列傳》。
130　《史記・孟子荀卿列傳》。
131　《史記・孟子荀卿列傳》。

理論基礎，且「先驗小物」，用普遍接受的一些常識性道理為出發點推導而成的一個無所不包，「至於無垠」的解釋系統。由鄒衍發展構建的這套解釋系統，被稱為陰陽五行學說。

上文已經談到，在西周晚期和春秋時期，用陰陽兩氣的矛盾變化，或者用金、木、水、火、土五種物質的特性及其相互作用，來解釋自然現象及一些人類事務的生成變化，正發展成一種頗具代表性的思潮。要而言之，中國古代的陰陽學說與五行學說，其最初不過是起源於先民們對自然界的素樸理解，在西周晚期以來強烈的懷疑主義氛圍影響下，一些智識階層的成員嘗試利用陰陽、五行觀念，從現實的物質世界，在經驗事實的基礎之上探索「天道」。這種探索在積累了有關自然界、人類社會的知識的同時，也促使陰陽、五行觀念走向融合。

陰陽五行學說在戰國時期的出現跟其時天文、曆法、氣象、地理、生物、醫學等自然科學的發展有密切的關係。在某種意義上可以這樣說：陰陽五行學說剛好提供了一整套能夠完美解釋戰國時期自然科學最新進展的理論。不過，就此說在歷史上的影響來看，陰陽五行學說中最具特色，在當時及後世影響最大的的方面，是它主張一切人事活動也都遵循著自然運行的法則，人事活動與自然現象間存在著息息相通的神秘聯繫，陰陽的矛盾變化，五行的相生相剋，不僅決定著天地萬物的運行演變，也是主宰人類事務的根本法則。

鄒衍著作甚豐，《漢書・藝文志》著錄有《鄒子》四十九篇、《鄒子終始》五十六篇，不過都已失傳。據《史記・孟子荀卿列傳》，鄒衍學說可分為三大部分：其一是禨祥災異之說，其二是「大九州說」，其三「五德終始說」。禨祥災異之說是關於天人關係的，其根本出發點是將人視作自然的一分子，人的飲食居處服色、喜怒哀樂、政令行事，無不對應著某種自然物或自然現象，並按照神秘的「類固相

召，氣同則合，聲比則應」[132]法則互相影響，人的吉凶禍福會由與之相應的自然物或自然現象的表現、變化反映出來。「大九州說」可稱之為地理理論。鄒衍「以為儒者所謂中國者，於天下乃八十一分居其一分耳。中國名曰赤縣神州。赤縣神州內自有九州，禹之序九州是也，不得為州數。中國外如赤縣神州者九，乃所謂九州也。於是有裨海環之，人民禽獸莫能相通者，如一區中者，乃為一州。如此者九，乃有大瀛海環其外，天地之際焉。」[133]鄒衍是齊國人，且長期生活在東方沿海的齊國、燕國，而沿渤海、黃海至東海沿岸的海上交通在春秋時期就已發展起來，其間可能會有一些海上行船者見到或到過外海的島嶼，戰國後期流行的「海上神山」傳說，應當就是此種海上經歷的反映，而這恐怕也正是導致「大九州說」出臺的現實誘因。鄒衍「大九州說」看似誇誕，其實反映了戰國時期人們地理視界的拓展，並非沒有一點根據。「五德終始說」是鄒衍的歷史理論。《史記》稱鄒衍「稱引天地剖判以來，五德轉移，治各有宜，而符應若茲」[134]。《漢書·藝文志》所載《鄒子終始》五十六篇大約都是這方面的討論。可惜原書失傳已久，今人已經沒辦法去一一析清鄒衍如何「稱引」「天地剖判以來」的「五德轉移」。不過，「天地剖判以來」一語，則透露鄒衍所理解的歷史的起點，即是自然界、宇宙的起點。

　　如上所述，鄒衍學說所討論的，是關於天道、地道、人道及它們之間的關係問題，而且鄒衍對每個問題都給出了明確的解說。這確實是一個「閎大」、「無垠」[135]的體系。《史記》稱「王公大人初見其術，懼然顧化」，此說對人心靈的震撼力。

---

132 見《呂氏春秋·應同》。

133 《史記·孟子荀卿列傳》。

134 《史記·孟子荀卿列傳》。

135 司馬遷評鄒衍學說語，見《史記·孟子荀卿列傳》。

鄒衍「五德終始說」大意，見於《呂氏春秋・應同》篇，其文為：

> 凡帝王之將興也，天必先見祥乎下民。黃帝之時，天先見大螾
> 大螻，黃帝曰：「土氣勝。」土氣勝，故其色尚黃，其事則
> 土。及禹之時，天先見草木秋冬不殺，禹曰：「木氣勝。」木
> 氣勝，故其色尚青，其事則木。及湯之時，天先見金刃生於
> 水，湯曰：「金氣勝。」金氣勝，故其色尚白，其事則金。及
> 文王之時，天先見火赤烏銜丹書集於周社，文王曰：「火氣
> 勝。」火氣勝，故其色尚赤，其事則火。代火者必將水，天且
> 先見水氣勝，水氣勝，故其色尚黑，其事則水。

黃帝得土德而興，色尚土之黃，做事取法於土；禹得木德而興，
色尚木之青，做事取法於木；湯得金德而興，色尚金之白，做事取法
於金；文王得火德而興，色尚火之赤，做事取法於火；接下來的新王
朝必為代火之水德。按五行生剋之理，木剋土、金剋木、火剋金、水
剋火、土剋水，故鄒衍提出的這個王朝更迭次序是按五行相剋的順序
排列的，這就是五行相勝說。這樣一來，歷史上的王朝更迭全出於所
依附的「德」之盛衰，某種「德」盛，便有帝王應時而起，肇基立
國。但「德」盛極必衰，於是不得不讓位於下一德，於是舊王朝便被
新王朝取代。

「德」的流轉不僅決定了歷史上王朝的興衰更替，還決定了不同
時期歷史面貌的方方面面。如黃帝以土德王，那麼由黃帝開創的這個
土德王朝就必須「其色尚黃，其事則土」，王朝各項事務要力求與其
所得之「德」的特性保持一致，如此方能長治久安。五「德」各自的
特性是：

木，色青，數用七，時為春，「其德喜贏，而發出節」；

火，色赤，數用九，時為夏，「其德施捨修樂」；

土，色黃，數用五，「其德和平用均，中正無私」；

金，色白，數用八，時為秋，「其德憂哀靜正嚴順」；

水，色黑，數用六，時為冬，「其德淳越溫（王引之讀『溫』為『慍』）怒周密」。[136]

後來秦始皇攻滅六國，建立統一政權後，「推終始五德之傳，以為周得火德，秦代周德，從所不勝。方今水德之始，改年始，朝賀皆自十月朔。衣服旄旌節旗皆上黑。數以六為紀，符、法冠皆六寸，而輿六尺，六尺為步，乘六馬。更名河曰德水，以為水德之始。剛毅戾深，事皆決於法，刻削毋仁恩和義，然後合五德之數。於是急法，久者不赦」。[137]從秦始皇對水德之治的理解與實踐，可以見出鄒衍此說的深入人心。

如上所述，按照鄒衍五德終始說的解說，歷史上的王朝興替，統治方式的變更，甚至不同的時代風貌，都是由土、木、金、火、水這五種物質所代表的自然力量的運行法則決定的，人類的法則統一於自然的法則，人類歷史的奧妙潛藏於「德」的依次運轉，歷史理性便這樣與自然理性達成了高度的統一。

鄒衍究竟是如何論證五德終始說的，由於文獻不足征，難究其詳，不過從鄒衍對五德之治的解說來看，這套學說和他的其他學說一樣先有「小物」為「驗」，有一些經驗事實為證。比如他說商得金德，色尚白，而就古文獻記載和出土文字及實物資料來看，殷商王室可能確實在某些場合，某些物件上存在著「尚白」的風尚。《禮記·檀弓上》有「殷人尚白」，「牲用白」之語。《史記·殷本紀》稱孔子

言曰：「殷路車為善，其色尚白。」殷墟卜辭中多有特別使用白色犧牲的記錄。又如鄒衍稱周得火德之兆是文王時「火赤烏銜丹書集於周社」，而《國語‧周語上》有「周之興也，鸑鷟鳴於岐山」之說，大約即是鄒說所本。有一些歷史的根據在，無疑會使五德終始說在時人眼裡顯得真實可信，而這應該就是五德終始說甫出之後便廣為傳播並被許多人奉為至理的重要原因。戰國末年秦相呂不韋集賓客編成的《呂氏春秋》一書，不僅採納了鄒衍五德終始理論，還據此宣稱「天且先見水氣勝」[138]。秦始皇統一天下後，即根據五德終始說改正朔、易服色，將此說用於政治實踐。而自秦之後，繼起的兩漢、魏、晉、南北朝、隋、唐等王朝，都曾根據「五德之傳」，宣稱得到了某「德」。利用種種「祥瑞」證明「德」運在茲，這在很長時間裡都是野心勃勃者標榜正統，證明政權合法性的一個必不可少且頗有效的手段。

　　不過，鄒衍五德終始說的歷史根據，只是一些零散不成系統的歷史上的事象。人類社會複雜多變，在眾多的歷史事象中總能找出一些符合某種物質的所謂德性的東西來，鄒衍把這些東西無限地放大，用來作為一個朝代的標誌，但卻對大量的與此德特性不相符合的歷史事象棄置不顧，他對歷史資料的選擇、處理是極主觀且牽強附會的。根據一個演繹框架去挑選歷史證據是容易的，但若另建一套演繹框架，同樣可以很輕易地找到他想要的歷史證據。在鄒衍之後，三統說、關於歷史演進的五德相生序列相繼問世，這些學說也都羅列了一些歷史事象作為證據，同樣信服者眾。總之，不考慮各種歷史事象間的相互關係，只用簡單枚舉的辦法在歷史上尋找證據，是不可能真正掌握歷史的總體面貌及演進趨勢的。鄒衍的五德終始說雖然包含了一些歷史事實，但這些歷史事實只不過是附麗於其龐大的自然法則框架上的一

---

138 語見《呂氏春秋‧應同》。

點皮毛，此說雖然有其先後相代的歷史順序，但並不是歷史理性的自身。拿「五德從所不勝，相次轉用事」這種自然理性作為歷史理性的比方，似乎有些道理，但總不是歷史本身的內在的必然性或理性，而僅僅是一種比附，所以在本質上是沒有根據的。

6 《易傳》

　　《易傳》，「傳」者傳授、解釋，《易傳》包括十篇解釋《周易》古經的著作：「彖」上、「彖」下、「象」上、「象」下、《繫辭》上、《繫辭》下、《文言》、《說卦》、《序卦》、《雜卦》，通稱之為「十翼」。在漢代，《易傳》已被視為經典，兩漢時期的學者相信《易傳》出自孔子手筆，如《漢書・藝文志》云：「孔氏為之《彖》、《象》、《繫辭》、《文言》、《序卦》之屬十篇。」因《易傳》中明顯帶有一些道家、法家、陰陽家思想的影響，非春秋時期所能有，且其不同部分的思想頗有參差，故後世的研究者普遍認為《易傳》並非出自一人一地，而是在《易經》的長期傳授過程中陸續出現，並經反覆修改潤飾而成。《易傳》篇目、文字的最終定型應該不會晚於西漢晚期。其時劉向、劉歆父子《七略》中著錄的《易》，已包括《周易》古經和《易傳》，對於《易》已有「人更三聖，世歷三古」的說法[139]。

　　《易傳》對《周易》古經的占筮原理作了哲理性的提升闡釋。《易傳》並不重視吉凶的占斷，而是力圖解說人事變遷的一般規律，尤其是其中的《繫辭傳》，提出了一系列關於自然和人類社會發展的

---

139 《漢書・藝文志》在記述「易」類著作議論道：「《易》曰：『宓戲氏仰觀象於天，俯觀法於地，觀鳥獸之文，與地之宜，近取諸身，遠取諸物，於是始作八卦，以通神明之德，以類萬物之情。』至於殷、周之際，紂在上位，逆天暴物，文王以諸侯順命而行道，天人之占可得而效，於是重《易》六爻，作上下篇。孔氏為之《彖》、《象》、《繫辭》、《文言》、《序卦》之屬十篇。故曰《易》道深矣，人更三聖，世歷三古。」

基本原則，包含著豐富的歷史辯證法思想。本文前面在討論殷周之際至春秋時期的天道觀時已經談到，在春秋時期，傳統的天道觀受到普遍的懷疑，巫卜傳統因實用理性的增強而受到挑戰，故《周易》作為筮書的權威性在那個時代急劇下降，但與此同時，又出現了將《周易》文本作為經典加以援引、解說的做法。這種做法，可以說正是《易傳》思想的最初源頭。從這個角度看，作為哲學理論著作的《易傳》，其實是對作為筮書的《周易》的背棄。正如勞思光所言，「《易傳》決非真解釋《易》卦、爻辭者」，「《易傳》之文為托《易經》以另立說者。」[140]總的來看，《易傳》所另立之說，是一套貫通天、地、人的根本法則。《繫辭上》第十章云：「《易》之為書也，廣大悉備，有天道焉，有人道焉，有地道焉。」天、地、人之道都由「易」一以貫之。而《易傳》所依託以立論的《易經》中的思想資源，一是運動變化觀念，一是陰陽對立轉化觀念，這兩點也構成了《易傳》理論的基礎和起點。

《易傳》將運動視為事物存在的基本狀態，它認為一切事物，包括自然界、人類社會都處在經久不息的運動之中，但此運動不是沿著某一既定方向的勻速行進，而是有起有落，有通達有阻滯，必須不斷地進行調整。「易窮則變，變則通，通則久」[141]，事物發展到一定程度，必有窮盡之時，當事物發展到極端，窮盡之後，就要對之進行調整、改變，事物改變之後，就會重新達到通達無礙的狀態，事物總是不斷地處於通達無礙的狀態，就會生生不已，長久存在。

窮則變，變則通，通則久，這是事物運動變化的一般狀態，也可以說是事物存在、發展的根本規律。在自然界，「日往則月來，月往

---

140 勞思光：《新編中國哲學史》，第二卷，第71頁。

141 《易‧繫辭下》。

則日來，日月相推而明生焉。寒往則暑來，暑往則寒來，寒暑相推而
歲成焉。」[142]日月遞炤，寒暑代謝方能成就歲時亙古長在的運行。在
人類社會，聖人依據《易》而效法天地，「化而裁之謂之變，推而行
之謂之通，舉而措之天下之民，謂之事業。」[143]聖人應用「通」、
「變」原則治理天下，故能成就「崇德」、「廣業「的人類「事業」。
《易·繫辭下》稱：

> 上古穴居而野處，後世聖人易之以宮室，上棟下宇，以待風
> 雨……
> 古之葬者，厚衣之以薪，葬之中野，不封不樹，喪期無數。後
> 世聖人易之以棺槨……
> 上古結繩而治，後世聖人易之以書契，百官以治，萬民以
> 察……

「後世聖人」對上古粗陋不便的用具進行改造，製作出了便利實
用的新用具，從而改善了人們的生活，使人類社會進入更文明的層次。
　　如上所述，《易傳》具有鮮明的歷史進化觀，它將人類歷史上的變
易理解為用新的更便利精巧實用的東西取代舊的粗笨落後之物，變易
帶來的是文明層次的提升。變易打破了人類歷史發展過程中的僵局，
故變則通；歷史因打破僵局而獲得再次向上發展的動力，即通則久。
　　《易傳》認為自然界、人類社會存在的基本狀態就是運動，而
變、通則是事物運動發展的根本規律。這就是說，事物的運動發展，
是在不斷地對其自身的否定中實現的。那麼，導致事物否定自身且因

142　《易·繫辭下》。

143　《易·繫辭下》。

此恆久存在的動力何在？《易傳》提出「一陰一陽之謂道」，將事物
運動變化的根本原因及其動力指向了事物自身。

《易・繫辭上》稱：「一陰一陽之謂道，繼之者善也，成之者性
也。」[144]何謂「一陰一陽」？《周易折中》於此句下加案語曰：「一
陰一陽，兼對立與迭運二義。對立者，天地日月之類是也，即前章所
謂剛柔也；迭運者，寒來暑往之類也，即前章所謂變化也。」「一陰
一陽」為宇宙萬物共通之道，道迭運不窮，是為善，「道」（大一）運
成物（小一或具體的一），即成為此物之性。陰與陽既是矛盾著的兩
個對立面，又是可以且必然互相轉化的。任何事物，從天地自然到人
類社會，都是由陰陽這兩個矛盾著的對立面構成的統一體。在事物內
部，陰陽因互相矛盾而一直處於角力狀態，此消彼長，此消彼長積聚
到一定程度，就會導致事物外觀發生顯著改變，此即「變」之所以發
生。故事物運動變化的根本原因，在於事物自身，在於事物內部。事
物由一陰一陽構成的本性決定了事物會不斷地運動變化，陰陽的對立
轉化永無終止，事物的運動變化也永不衰竭。

《易傳》將事物內部陰與陽的對立轉化視為事物運動變化的原因
與動力，這樣一來，運動變化就成了事物自然具有的能力，是事物存
在的基本狀態，它的發生，不需要一個來自外部的力量的推動或策
應。——當然，在事物之間也存在著陰與陽的區分，也存在著矛盾雙
方的對立轉化，但這在理論上同樣無需仰賴一個更高的動力系統便可
自行發生。《繫辭上》說：「一陰一陽之謂道」，就是將陰陽的對立轉
化看作貫通萬事萬物的根本法則。故《易傳》對人類歷史的解釋，便
完全著眼於人類歷史自身的「變」、「通」，並因此而使歷史理性獨立
地呈現了出來。《易傳》所理解的人類歷史是一個生機勃勃，能夠自

---

144 孔穎達：《周易正義》，見阮元校刻：《十三經注疏》。

我調整、自我修復的開放系統，人類社會雖然具有與自然界同樣的構成原理和運動規律，但人類社會並不完全受制於自然界。決定人類社會與自然界的，首先是其自身內部的辨證運動，而非強制性的外部力量。

《易傳》認為人憑藉智慧可以理解、掌握有關萬物的知識、法則，並在此基礎上制器用，興文明。在《易傳》中，天、地、人的關係基本上是並列的，合稱為「三材」，取象於《易》之六爻，而「天地設位，聖人成能」[145]，作為「三材」之中的人，較之天、地，發揮著更加能動積極的作用。重視人的力量，頌揚人所創造的物質、精神成就，這應該是《易傳》能夠深入「人道」本身，而形成一種素樸自然的進化史觀的思想前提。

《易傳》對歷史的理解，與中國傳統史學之通變思想若和符節。這自然首先是因為它們都是盡量就「人道」本身來思考歷史，而《易傳》思想對中國傳統史學思想的影響，恐怕也不容小覷。中國傳統史學思想中的一些核心概念，如「通」、「變」、「圓神」、「方智」、「體」、「勢」等或出自《易傳》，或沿用《易傳》中的用法。中國傳統史學的靈魂人物司馬遷，自述撰著《史記》之緣由，稱乃是秉承其父遺命「正《易傳》，繼春秋，本詩書禮樂之際。」[146]著史而稱「正《易傳》」，至少說明太史公父子對《易傳》中的歷史思想是莫逆於心且推崇備至的。

春秋後期至戰國時期，是中國歷史上的「哲學突破」時代，諸子蜂起，百家爭鳴，學術文化煥發異彩。這個時期出現的一些學說，提出的一些話題、概念、思考方向，深深地影響著——甚至可以說是規範著以後幾千年中國的思想文化。

145　《易·繫辭下》。

146　見《史記·太史公自序》。

一種文化的早期探索決定了其思想史開端時的「元問題」。自《尚書》、《詩經》直至《左傳》、《國語》，古代中國思想在其萌生階段所關注的核心問題，一直是如何立身治國。這種面向社會政治，不離生民日用的思考興趣，強烈體現在春秋戰國諸子學說中，成為古代中國思想的獨有個性。如果說古希臘哲學的核心命題是 being（「是」），是「是什麼」的問題，那麼春秋戰國諸子孜孜以求的根本問題，則可以歸結為「道」，他們最關心的，不是「是什麼」，而是「怎麼做」。對社會、人生問題的濃厚興趣使古代中國思想家們研究的物件、素材、方法等都與古希臘有別。古代希臘哲學家致力於探求永恆不變的知識。變動不居的歷史，在他們看來，只能形成意見，而不能提供知識。古代中國的思想家則將歷史視為真知的來源，他們認為歷史上的更替興亡中蘊含著「道」的真諦，因而樂於以歷史為研究素材和論證手段。概言之，春秋戰國諸子致力於研詰的「道」，是潛藏於歷史之中，並可以通過歷史的運動表現出來，這些「道」因此在很大程度上表現為「歷史過程的所以然或道理」，即歷史理性。

（三）中國秦漢時期通史精神的形成與歷史哲學的產生

西元前二二一年，秦始皇統一中國。自西周晚期以來長達五百餘年的戰亂紛爭至此告一段落，中國歷史上第一個真正意義上的「大一統」帝國由此誕生。帝國之內，書同文，車同軌，疆域悉劃為郡縣，法令一統於中樞。這是亙古未有的盛事，昭告了新的歷史時期的來臨。秦短祚而亡。漢興之初，承秦制度。雖然在西漢時期出現過關於任法、任儒或任道的爭論，但這些爭論只涉及抽象的執政方式，秦帝國實行的那套大一統制度，在兩漢時期基本因循未改。而秦帝國實行的大一統制度，在很大程度上可以看作春秋戰國時期種種社會、政治變革的最終歸宿，且這一制度的主幹部分在布於天下之前已經歷了較

長時期的發展、改進過程，堪稱完善、實用、高效，能夠充分適應戰國後期及秦漢時期的社會經濟狀況，故反秦起家的西漢王朝欣然接受了秦帝國的大一統之制。兩漢四百年間，由秦開創的這套統治制度，作為一種根本性的人類社會組織管理模式，被普遍接受，深入人心。

　　時代面貌的巨大改變，往往令人產生身處歷史巔峰的錯覺。秦始皇和他的朝臣們因為「自上古以來未嘗有」[147]的巨大成功而激起了開創新紀元的豪情：議尊號，改度制，號令天下，以水德為新帝國的德運所在。秦始皇相信他建立的這個水德帝國將會「二世三世至於萬世，傳之無窮」[148]。漢替秦祚後，從思考「秦之所以失，漢之所以興」開始，展開了對歷史的探索反思，而反思所關切的核心問題，就是漢王朝為什麼會出現？歷史經過了怎樣的發展才最終造就了漢王朝？漢王朝在歷史上的定位等等。漢朝上下對歷史的反思，與秦廷君臣創造歷史的豪情，都出自對於「新的歷史時期已經來臨」的切身體驗。不言而喻，這樣的歷史體驗正是根植於，同時也強化著對「大一統」制度的普遍認同。而這種普遍的認同一經形成，即意味著有關「政道」與「治道」的學理探究不再合乎時宜。春秋戰國諸子熱鬧的「百家爭鳴」，因秦漢帝國的建立而遽告終止，其原因應在此。不過，在另一方面，身處歷史巔峰的體驗又刺激出了解釋歷史之由來的學術興趣。秦漢時期出現了好幾種影響很大的歷史解說體系，如三統說、五德相生說、張三世說等。如與春秋戰國諸子學說比較，這些歷史解說體系明顯缺乏思想深度，原創力量不夠，大多不過是一些修補、改造既有歷史理論之作。但是，它們那種強烈的「通古今之變」的精神，對歷史的熟稔程度，又足以令大多數先秦諸子甘拜下風。秦

147　《史記·秦始皇本紀》。

148　《史記·秦始皇本紀》。

漢時期，以司馬遷《史記》的撰著為標誌，中國傳統史學正式形成。兩漢數百年，出現了不少專門的歷史著作，並因此而使新興的史學很快發展成為僅次於儒家經學的龐大學科門類。到這一時期結束時，古代中國的圖書分類系統便正式由「六藝」、「諸子」、「詩賦」、「兵書」、「數術」、「方技」等「七略」轉為「經」、「史」、「子」、「集」四部。

1 《呂氏春秋》

《呂氏春秋》，戰國末年秦相呂不韋召集賓客編撰的一部旨在統一諸子治道之作。呂不韋（約西元前295年-前235年），初為富商，成功運用資財操作，幫助前景暗淡，處境堪憂的秦國庶出公子異人順利繼承王位，是為秦莊襄王。在莊襄王統治時期（西元前249年-前247年）及秦始皇在位的最初十年（西元前246年-前237年），呂不韋一直擔任秦相，權傾一時。據《史記‧呂不韋列傳》，呂不韋為相期間，效仿關東六國流行的「養士」之風，「亦招致士，厚遇之，至食客三千人」，《呂氏春秋》這部書，即為呂不韋使門下賓客「人人著所聞」，「集論而成」。

《呂氏春秋》的編撰宗旨，據其《序意》篇的說法是：「上揆之天，下驗之地，中審之人，若此則是非可不可無所遁矣。」即根據天之道、地之理、人之性情，來析清所有的是非可否。書中廣採儒、道、陰陽、墨、法、縱橫、農等各家成說，加以調停取捨，然後按照一定的思路，分類納入設計好的八覽、六論、十二紀這樣一個框架體系之中，故是書形式極為嚴整，內容則頗顯雜亂，篇第之間往往缺乏有機聯繫。《呂氏春秋》試圖用此方法融匯百家之長，以確立一套最為根本的治道體系。這個治道體系，簡言之就是君制令、臣守職、士盡節義，其根本原則是賢人為政，順生為本。在《呂氏春秋》中，這個治道體系又是與一套更為根本的宇宙論體系一一對應並為其包裹覆

蓋的，比如，君對應天，法天道之圓；臣對應地，法地道之方。《呂
氏春秋》認為天道按四時輪替、五行相生次第依次運轉，萬物（包括
人）都遵循此根本法則並按天賦本性在這個以四時五行為基幹的終極
系統中居於相應位置，發揮相應作用。《呂氏春秋》的宇宙論體系兼
採陰陽五行結構和道家之說，而力求在經驗、常識的基礎上把二者統
一起來。它對治道的討論多採用戰國後期道法家的理論、術語，而最
後歸結則是儒家式的君臣相友、任用賢才，同時也能與墨家的「尚
賢」、「尚同」、「兼愛」主張統一起來。

　　《呂氏春秋》以「春秋」為名，號稱「備天地萬物古今之事」[149]，
歷史上的治亂興亡、成敗是非，本就是它的用心所在。書中記述了大
量的歷史人物、歷史故事，從黃帝、堯舜禹等古帝先王直到齊湣王、
孟嘗君等當世君臣，《史記》紀傳部份所收錄的秦始皇繼位之前的重
要歷史人物，《呂氏春秋》大都有所涉及。全書表現出鮮明的借事立
言，以史資政風格。而此書成於秦統一前夕，意欲順應歷史潮流，為
即將出世的新天子創制立法，更因而表現出對歷史變遷及其未來走向
的深切關懷。在《應同》篇中，《呂氏春秋》吸收了鄒衍五德終始學
說，並據此宣稱「代火者必將水，天且先見水氣勝」，水德之治的特
點是「其色尚黑，其事則水」。此論無疑是後來秦始皇水德之治的先
聲。不過，《應同》篇又稱：「水氣至而不知數備，將徙於土。」似意
味著五德之治的實現，除了客觀的「天數」在發生作用外，還需人事
方面的積極配合。且水德不當位便可能自然轉移到土德，又暗示五德
的運轉，是有著一定的時間週期的。這種說法，應當視作《呂氏春
秋》對鄒衍五德終始說的改造，它在強調五德轉運這個根本的天道不
可改易的前提之下，突出了「時」的重要性。

---

149 《史記·呂不韋列傳》。

　　《呂氏春秋》中有《察今》一篇，討論「先王之法」是否可以取法的問題，關係到對古今關係的理解，可視為《呂氏春秋》歷史思想的集中表達。是篇認為具體的「先王之法」不可法。所舉出的理由有二：其一、「先王之法，經乎上世而來者也，人或益之，人或損之，胡可得而法？」即先王之法在流傳過程中遭到了後人的竄改，已失其真，故不可取法，這正是荀子主張「法後王」的理由。其二、「凡先王之法，有要於時也。時不與法俱至，法雖今而至，猶若不可法。」即先王之法是先王針對其所處的具體時勢制定的，即使先王之法能夠完整地流傳下來，但因為時勢已經不同於先王之時，故仍然不可取法。文章更進而提出：「世易時移，變法宜矣」，這顯然沿用了商鞅、韓非等法家的變法理論。《察今》篇認為，雖然具體的先王法令不可取法，但先王製作法令的動機、原則應該效法。「釋先王之成法，而法其所以為法。」「先王之所以為法者，何也？先王之所以為法者，人也，而己亦人也。故察己則可以知人，察今則可以知古。古今一也，人與我同耳。」這就回到荀子「以人度人」。「古今一也」的古今觀上了。綜上可知，《察今》篇是將古今關係區分為兩個層面，一個是具體的歷史表象即時勢的層面，另一個是抽象的法之所以然即道的層面。在具體的時勢層面，古今有別，不能混同。在抽象的道的層面，古今一致，因為人性古今無別。而通過將古今關係區分為這樣兩個不同的層面，《察今》將本來尖銳對立的儒家、法家式歷史觀成功地統一起來了。

　　《呂氏春秋》既強調時勢變更的必然性，又以先王之道為貫通古今的絕對真理，這種思路，頗能切合戰國後期道法家關於道「稽萬物之理」，而「萬物各異理」的理解[150]。上文在討論韓非子的歷史思想

---

150 見《韓非子‧喻老》。

時談到，以韓非子為代表的戰國後期道法家在用「道」、「理」論解說
人類歷史時，只注意到人類歷史在不同階段的「理」之別，而忽略了
貫穿人類既有歷史的「道」之通。《呂氏春秋》採用儒家荀子的學
說，用人性的一致性來解說人類歷史在「道」層面上的一致性，從而
成功地避免了道法家式歷史觀的片面。不過，《呂氏春秋》未能將這
兩個層面的歷史真正統一起來。照《呂氏春秋》的解說，人類歷史中
的「道」亙古長在，不會改變，因為人性亙古不變，而人類歷史不同
階段的「理」，即時勢，則如流水一般不斷改變，那麼，變和不變之
間存在著什麼樣的聯繫？人性既然不因時勢的改變而改變，那麼人與
時勢之間又是什麼樣的關係？這些問題，關係到歷史的演變是否具有
規律、方向，歷史演變的動力何在等根本認識。但《呂氏春秋》中沒
有關於這些問題的明確解說。《呂氏春秋》中有一個宏大的歷史框
架，即《應同》中極力渲染的五德終始說。用五德終始似乎可以解釋
歷史演變中的變與不變、歷史演變的動力何在等問題。但正如前面在
討論鄒衍學說時已指出的，五德終始說是一個外在於人的宇宙論框
架，它只是對歷史理性的比附，並不是歷史理性本身。在這個框架
下，支配歷史運動的是所謂氣的流動轉移，而非人的活動。《呂氏春
秋》儘管對此框架進行了修正，突出了「時」的重要性，但並未改變
此框架外在於人，與人心疏離的性質。

　　總的來看，《呂氏春秋》的歷史思想和它的整個結構體系一樣，
頗嫌生硬，不夠徹底。

　　《呂氏春秋》編撰於大一統帝國出現前夕，為配合政治上的統一
趨勢，而嘗試在思想上網羅百家，融匯諸子，以確立統一的治道。受
戰國後期思想界追尋終極秩序之風的影響，《呂氏春秋》用一個先驗
的宇宙論框架來包裹容納有關治道的各種討論，試圖以此表示書中所
言已窮盡治道的方方面面，巨細靡遺，各當其位，但恰恰正是這種體

例設計妨害了思想的自由表達，以內容屈就形式，說理難以連貫。乍看之下，頗讓人覺得它只是一部關於各種學說、知識的分類彙編。《呂氏春秋》是戰國秦漢之際出現的第一部以「整齊百家雜語」[151]為職志的著作，在這事上，它的優點和缺點都同樣突出。在《呂氏春秋》編成一百餘年後，另有一位實權人物召集賓客編撰了一部出於同樣職志的大型著作，這就是西漢前期淮南王劉安主持編撰的《淮南子》。

劉安，漢高帝劉邦之孫，淮南厲王劉長之子，在漢文帝時襲父封為淮南王，歷文帝、景帝、武帝三朝，於漢武帝元狩元年（西元前122年）因陷入謀反罪自殺。劉安「為人好讀書鼓琴」[152]，又廣攬人才，「招致賓客方術之士數千人」[153]。《淮南子》一書，初稱《淮南內篇》，是劉安與其賓客著作中最重要，也是唯一完整流傳至今的一種。此書內容相當系統和全面，人類社會生活各重要領域差不多都涉及到了，全書共二十篇專論，分別討論宇宙、天地、四時、社會、人生、形神、政治、軍事、經濟、察辨等問題，另有《要略》一篇，介紹全書主旨和各篇大意，可視為序言。《要略》篇稱此書的編撰宗旨是：「夫作為書論者，所以紀綱道德，經緯人事，上考之天，下揆之地，中通諸理。」這與《呂氏春秋》「上揆之天，下驗之地，中審之人」[154]的說法如出一轍。書中大量採擷道、儒、法、墨、陰陽、雜家成說，分類組合進各專論之中，也與《呂氏春秋》擇取百家之說的做法相近。牟鍾鑒認為「《淮南子》是《呂氏春秋》在新的歷史條件下的再現，兩書是極為相似的姊妹篇」[155]，確為的論。在劉安所處的時

---

151 《史記・太史公自序》。
152 《史記・淮南衡山列傳》。
153 《漢書・淮南衡山濟北王傳》。
154 《呂氏春秋・序意》語。
155 牟鍾鑒：《〈呂氏春秋〉與〈淮南子〉思想研究》，齊魯書社1987年版，第168頁。

代，政治上的大一統已成定局，但在統治思想上仍然是諸說頡頏，特別是儒、道長期爭勝，互相詆毀。《淮南子》以包容百家的開放態度，汲取眾說，而加以融會貫通，並試圖以此作為漢帝國的為政指南，其看待不同學派的態度，整合百家言的方式，都與《呂氏春秋》極為接近。可以想見在《淮南子》的編撰過程中，《呂氏春秋》發揮了非常重要的影響。而就整合的效果來看，後起的《淮南子》無疑大大優於《呂氏春秋》。《淮南子》將人類社會的種種事象分解為二十個論題，以問題為中心，便於討論深入，避免了《呂氏春秋》以內容屈就形式的毛病，它以老莊哲學為基礎，融冶儒、法、陰陽、墨各家之說，故其論說能形成一定之系統，在理論上也較徹底。

2 董仲舒

戰國秦漢之際，思想的匯流既表現為《呂氏春秋》、《淮南子》這樣的超然於學術紛爭之外，力圖平等看待並儘量包容百家之說的做法，也表現為董仲舒式的堅持一家之說，而旁擇、兼通別家學理的做法。儘管前一種做法無疑更切合大一統帝國政治統治和文化發展的需要，但最終被官方接受並塑造為思想正統的，是後一種做法。這主要是因為百家爭鳴自始至終都不僅僅限於學術上的論爭，同時又是有關治國理念、統治方式的論戰。特別是秦始皇將法家學說樹立為統治思想，而禁絕《詩》、《書》、百家言之後，百家之說更無可避免地捲入了政治角逐。政治角逐製造且強化了不同學派間的矛盾對立，並因此導致平等看待、包容百家之說的做法，在事實上難以施行。

另外，自戰國後期以來，無論政治、還是學術，都在由分裂走向一統。學術上，建立在新的知識基礎上的宇宙論體系，即陰陽五行體系，在戰國後期正式形成，並以其強大的解釋力而為不同學派紛紛採用。政治上，則以秦漢大一統帝國的建立為其最後標誌。而隨著秦漢

大一統帝國的建立，時人對於政治統治的探討與期望，其實已相對達成了一致。政治目的既達成一致，學術畛域自然容易突破。西漢前期看似激烈的儒、道之爭，所爭論的，並不是有關統治制度、統治方式的根本問題，而是是否需要由官方開展種種美化新王朝的活動，昭示新王朝的正統地位，並營構一種「順乎天而應乎人」的王朝文化而已。這個時候的儒家、道家學說，在政治主張方面已無根本衝突，在深層次的學理方面，更是你中有我，我中有你，難以截然分開了。而在西漢前期，還能夠保持學派特色並發揮影響的學說，嚴格說來只剩儒、道二家，其他各家之說，或者因為不適合時代需要而被淘汰，退出了歷史舞臺，如名家、墨家學說；或者已被整合進更具系統的其他學說體系之中，如法家學說在學理上對道家的依附；或者因為其學說被廣泛接受，成為共識而失去了學派獨立性，如陰陽五行學說。西漢前期學派融合最鮮明的例證，就是後人對於西漢前期許多思想家，如陸賈、賈誼、晁錯、司馬遷等人的學派歸屬問題，長期爭論，疑而難決。從這個角度來看，無論是《呂氏春秋》式的融匯眾說，還是董仲舒式的堅守一家，其實是殊途而同歸，最後都導向了百家之言的綜合與統一。

董仲舒，生卒年約在西元前一七九至前一〇四年，以治《公羊春秋》聞名，景帝時出為博士，武帝時以舉賢良對策，即著名的「天人三策」名聞天下，當時目為「大儒」。董氏一生勤學，著述甚豐。《漢書‧董仲舒傳》記其著作，稱：「仲舒所著，皆明經術之意，及上疏條教，凡百二十三篇。而說《春秋》事得失，《聞舉》、《玉杯》、《蕃露》、《清明》、《竹林》之屬，復數十篇，十餘萬言。」今天能看到的，只有《春秋繁露》一書及其本傳中收錄的三篇《舉賢良對策》，這是研究董仲舒思想的基本資料。

董仲舒的思想，可以用兩個核心概念標識出來：一是宇宙觀方面

的「天人相應」，一是政治觀方面的「大一統」。董仲舒的宇宙觀，在
他應賢良舉時回答武帝策問的「天人三策」中有集中表述。武帝三策
提出的三個問題，都是關於治亂盛衰之理，第一策問「三代受命，其
符安在？災異之變，何緣而起？」第二策問如何培養任用賢才，第三
策則專問「天人之應」。從武帝所提問題，可見陰陽五行及災異圖讖
之類，已成為當時的普遍觀念。董仲舒的回答，則為此種普遍觀念提
供了一套嚴密的解釋體系。董仲舒稱：「天者，群物之祖也。故遍覆
包函而無所殊，建日月風雨以和之，經陰陽寒暑以成之。」[156]天是萬
物之祖，萬物由天而生，受天之和，因天而成。故王者治理天下，應
該順承天意，效法天道。「王者欲有所為，宜求其端於天。天道之大
者在陰陽。陽為德，陰為刑。刑主殺而德主生。是故陽常居大夏，而
以生育養長為事；陰常居大冬，而積於空虛不用之處，以此見天之任
德不任刑也。……王者承天意以從事，故任德教而不任刑。」[157]董仲
舒以「陰陽」配「刑德」，以天道為重陽輕陰，由此推定人道應重德
輕刑，這顯然是將人道包容在天道之內。董仲舒進而聲稱，天不僅以
其道垂示人間，令王者知所取法，還無時無刻不在監管著人事，若國
家的統治出了差失，天就會降下災異以示警戒，若在位者不知悛改，
天就會把小災異升級為大災荒進行懲戒。「國家將有失道之敗，而天
乃先出災害以譴告之；不知自省，又出怪異以警懼之；尚不知變，而
傷敗乃至。」[158]董仲舒認為《春秋》一經，就是關於上天降災異以
警、懲失政的記錄，並稱這就是孔子作《春秋》的用心所在：「孔子
作《春秋》，上揆之天道，下質諸人情，參之於古，考之於今。故
《春秋》之所譏，災害之所加也；《春秋》之所惡，怪異之所施也。

---

156 《漢書‧董仲舒傳》。

157 同上。

158 同上。

書邦家之過,兼災異之變;以此見人之所為,其美惡之極乃與天地流通而往來相應,此亦言天之一端也。」[159]

與宇宙觀方面將天塑造為終極權威相應,在政治觀方面,董仲舒極力主張「大一統」,認為:「大一統者,天地之常經,古今之通誼也。」[160]董仲舒認為當時諸說並存的狀況嚴重阻礙了一統之制的推行,「今師異道,人異論,百家殊方,指意不同,是以上亡以持一統;法制數變,下不知所守」,建議「諸不在六藝之科孔子之術者,皆絕其道,勿使並進。」據說漢武帝聽了董仲舒的建議,遂「罷黜百家,獨尊儒術」。

如上所述,可見董仲舒雖然以儒者自居,以發揚孔子學說為己任,他對孔子學說的解說,其實已距孔子原意甚遠,他的思想是相當駁雜的。唐君毅先生曾指出:「董仲舒主罷黜百家獨尊孔子,然其思想實以儒為主,而兼統諸家。其陽德陰刑德刑相輔之說則以儒統法,其言陰陽五行則陰陽家說,言天多墨家天志之義。」[161]

董仲舒的思想一直被認為是兩漢思想的真正代表。在兩漢時期儒學陰陽化、宗教化、孔子教主化的潮流中,董仲舒是至關重要的關鍵人物。董仲舒在兩漢思想史上的作用,不是開創儒學的新方向,而是為已經轉向的儒學,設計了一整套天人感應的神學目的論理論體系,從而使儒學完成了從子家之學到官方哲學——經學的蛻變,蛻變後的儒學也因此成為維護大一統帝國統治的最得力的思想利器。

董仲舒的歷史理論,以三統說最為知名。「三統」就是「三正」,指三種統領萬物、端正天下的治道,以夏、商、周三代的忠、敬、文

---

159 同上。

160 同上。

161 唐君毅:《略論作中國哲學史應持之態度及其分期》,《中國哲學研究之一新方向》1965年號;載《唐君毅全集》,卷十一,臺灣學生書局1988年版,第390頁。

三德為標誌，三統構成歷史的一個循環週期。三統說，在董仲舒上武帝賢良對策第三策中曾談到，稱「夏上忠，殷上敬，周上文」[162]。對策中引孔子語：「殷因於夏禮，所損益可知也；周因於殷禮，所損益可知也；其或繼周者，雖百世可知也」，用以解釋三代治道不統一的原因，表明董氏此說乃是承孔子損益因革論發展而來。董氏關於三統說的比較系統的理論見於其著《三代改制質文》，其文為：

> 三正以黑統初，正日月朔於營室，斗建寅，天統氣始通化物，物見萌達，其色黑，故朝正服黑，首服藻黑，正路輿質黑，馬黑，大節綬幘尚黑，旗黑，大寶玉黑，郊牲黑，犧牲角卵，冠於阼，昏禮逆於庭，喪禮殯於東階之上，祭牲黑牡，薦尚肝，樂器黑質，法不刑有懷任新產，是月不殺，聽朔廢刑發德，具存二王之後也，親赤統，故日分平明，平明朝正。……正白統者，曆正日月朔於虛，斗建丑，天統氣始蛻化物，物初芽，其色白，故朝正服白，首服藻白，正路輿質白，馬白，大節綬幘尚白，旗白，大寶玉白，郊牲白，犧牲角繭，冠於堂，昏禮逆於堂，喪事殯於楹柱之間，祭牲白牡，薦尚肺，樂器白質，法不刑有身懷任，是月不殺，聽朔廢刑發德，具存二王之後也，親黑統，故日分鳴晨，鳴晨朝正。……正赤統者，曆正日月朔於牽牛，斗建子，天統氣始施化物，物始動，其色赤，故朝正服赤，首服藻赤，正路輿質赤，馬赤，大節綬幘尚赤，旗赤，大寶玉赤，郊牲騂，犧牲角栗，冠於房，昏禮逆於戶，喪禮殯於西階之上，祭牲騂牡，薦尚心，樂器赤質，法不刑有身，重懷藏以養微，是月不殺，聽朔廢刑發德，具存二王之後也，親

162　《漢書・董仲舒傳》。

白統，故日分夜半，夜半朝正。」[163]

　　董仲舒將確定正月視為王朝開創一統的首要事務。正月為一年十二月之首月，確定了正月，其他十一個月也就確定了，一年的節儀安排、歲時活動也就跟著確定了。在古代曆法不統一的情況下，中央王朝頒正朔，定正月，要求治下各地在時間安排上與中央王朝保持一致，正是宣示王權的重要途徑。董仲舒三統說的提出，有這樣一個傳統文化背景。董氏說夏正建寅，商正建丑，周正建子，這也是歷史事實，甚至他說夏尚黑、商尚白、周尚赤，也能在歷史上找到一些可做依據的材料。不過，歷史資料在董氏三統說中只起輔助作用，董仲舒認為，歷史運動之所以以三統為週期，起決定作用的因素，不是人，而是天，是上天之氣的化行。董仲舒認為，充溢宇內的上天之氣具有時間性變化，在某個特定的歷史時期，上天積聚起某種特定的氣，萬物都順應此氣並隨之端正自己，人間的統治者也必須根據此氣而對統治形式、策略等進行相應的調整。董仲舒稱每一統之始，在確立了正月之後，就要徙居處（遷都），更稱號（改換制度、國號），改正朔（確定正月及每月的第一天），易服色（更換衣服旗幟的顏色）。這是王者改制的慣例，為的是順應天地之氣，達致天人和諧。

　　三統說的黑（夏，其德為忠）、白（商，其德為敬）、赤（周，其德為文）三色，是比附植物根部在子丑寅三個月裡的顏色而來的。三統說用陽氣在寅、丑、子三月裡的變化，及植物生長過程中的延續來解釋三統的相續。黑統「天統氣始通化物，物見萌達，其色黑」，白統「天統氣始蛻化物，物初芽，其色白」，赤統「天統氣始施化物，物始動，其色赤」董仲舒認為，一年十二個月中，只有建子之月（夏

---

163 蘇興注：《春秋繁露義證》，第191-195頁。

曆十一月)、建丑之月(夏曆十二月)、建寅之月(夏曆正月)可以設
為正月,作為一年之始。後來《白虎通德論》在董仲舒此論的基礎
上,解釋了正月只能建於這三個月的原因,「不以二月後為正者,萬
物不齊,莫適所統,故必以三微之月也。」[164]夏曆二月以後,十一月
之前,萬物的生長進度不能統一,沒辦法形成「一統」,故不能將這
九個月中的任何一個建為正月。建正月必在子丑寅這「三微」之月,
其時萬物都處於開始萌芽或破土的階段,進度基本一致,可以形成
「一統」。《白虎通德論》的解釋充分證明三統說乃是「大一統」政治
觀觀照下的歷史理論。

　　如上所述,可見董仲舒三統說是一個以天統人的歷史解釋系統,
這跟鄒衍的五德終始說是一樣的。二者的區別,主要體現在兩個方面:

　　其一、三統說中三統的相續是生長過程中的延續,而五德終始說
中五德的轉換則通過戰勝或消滅來實現。三統說中,後代之繼前代不
是為了克服或戰勝前者,而是為了舉偏救弊,把偏離於道之弊糾正並
返回於道上來,故三統之輪替並無礙於大道的貫通。「先王之道必有
偏而不起之處,故政有眊而不行,舉其偏者以補其弊而已矣。三王之
道所祖不同,非其相反,將以救溢扶衰,所遭之變然也。……王者有
改制之名,亡變道之實。然夏上忠,殷上敬,周上文者,所繼之救,
當用此也。」[165]既然後一統取代前一統並不是徹底地變其道,而只是
舉其偏救其弊,則後一統之於前一統,自然是以延續繼承為主,後一
統對待前一統,自然懷有尊重親愛之意。董仲舒稱王者親其所繼之
統,如「正黑統者」「親赤統」,「正白統者」「親黑統」,且「具存二
王之後」。本來,夏商周三代的更迭,表現為歷史的斷裂,而王者親

164　《白虎通德論・三正》。

165　《漢書・董仲舒傳》。

其所繼之統，且「具存二王之後」，又昭示了歷史的連續。董仲舒「三統說」兼顧了歷史的斷裂性和連續性的貫通。而五德終始說下的完全取代模式，則明顯偏重於歷史的斷裂。

其二、三統說引用孔子對於三代的反思，用夏、商、周三代的忠、敬、文三德為三統的標誌，取代了五行說以自然界五種物質為標誌的辦法，使歷史理性離開自然理性而與道德理性靠近一步。

董仲舒似不認為歷史的演變只有「三統」這一種模式，他在《三代改制質文》中稱：「故王者有不易者，有再而複者，有三而複者，有四而複者，有五而複者，有九而複者。」所謂「不易者」，指「天」和「道」。董氏認為：「道之大原出於天，天不變，道亦不變。」所謂「再而複者」，指「文」、「質」相代[166]。「三而複者」指三統。「四而複者」指一商一夏一質一文。這裡的商和夏代表商、夏兩個王朝的統治方式：「主天法商而王，其道佚陽，親親而多仁樸」，「主地法夏而王，其道進陰，尊尊而多義節」。[167]「五而複者」指五帝。董仲舒以「帝」為王者之「紬」，他稱每當新王稱制，則「下存二王之後以大國」，同時將距其時代最遠的王降為小國，不得稱王而稱帝，帝號必定維持在五個。「九而複者」指九皇，皇為帝者之紬，皇號必須保存九個。再往後退，則降為「民」。董氏的這一段文字頗嫌混亂，他在這裡列舉的各種「複」——循環週期，顯然並不在同一個層面上，它們的運行方式也並不統一，它們之間的相互關係，董氏也沒有給出全面的解說。董氏這種含混的說法，給後世的追隨者、研究者都帶來了無盡的麻煩。然而，這段文字有一個極值得注意之點，就是董氏認為隨著歷史的發展，曾經的三王會依次紬為五帝，五帝則依次紬為九皇，九皇依次紬為民。這種說法，雖然難以得到歷史的證

---

166 《春秋繁露‧玉杯》。

167 《春秋繁露‧三代改制質文》。

實，但是它反映了一種新的歷史認識的眼界：三王──五帝──九皇
的框架沒有構成歷史的循環論，而是提供了一種歷史按照週期螺旋式
進展的思維模式。

　　總的來看，董仲舒的歷史解說，可以看作是在大一統局面形成以
後的歷史條件下，對於先秦儒家關於夏商周三代反思成果的發展。因
為刻意要跟自然現象進行比附，要用天道來統領人事，董氏的歷史解
說中充斥著天人合一的神秘、附會成分，頗多「非常異義可怪之
論」，在這些「非常異義可怪之論」中，也有對於歷史的理性思維的
有意義的進展。

3　劉向、劉歆

　　兩漢時期，最有影響的歷史解說系統是五德終始說。漢武帝雖然
很欣賞董仲舒的「天人三策」，但未採用其三統說。武帝太初元年，
「夏五月，正曆，以正月為歲首。色尚黃，數用五，定官名，協音
律。」[168]武帝所定正月為建寅之月，即夏曆正月，但色尚黃，數用
五，則是以繼秦水德的土德自居，採用的是五德相勝說。

　　五行輪轉本有兩種序列，五行相生和五行相勝。鄒衍五德終始說
採用的是相勝序列，後來秦始皇據此推定秦得水德，漢武帝也因此定
漢為土德。自戰國晚期至西漢前期，五德相勝序列是被普遍接受的歷
史解說框架。但隨著這一時期歷史面貌的巨大改觀，五行相勝說逐漸
變得不適合新的歷史條件。在西漢後期，劉向、劉歆父子對五德終始
說進行了改造，變相勝序列為相生序列，滿足了大一統政治的需要。

　　劉向，生卒年約在西元前七七至前六年，為漢宗室。劉歆為劉向
之子，約西元前四六年至西元後二三年中人。向、歆二人都以博學著

168　《漢書・武帝紀》。

稱，曾先後受命校理皇家藏書，並以藏書登記為基礎完成了中國歷史上第一部目錄學著作——《別錄》。劉向治《春秋穀梁傳》，著有《新序》、《說苑》、《列女傳》等，他重視道德教化，尤其看重個人立身行事之名節，一直以來被認為是一位純粹的儒者。劉歆最喜《左傳》，曾極力推動《左傳》等古文經典列為學官，不過未能成功。劉歆跟王莽是朋友，在新莽代漢後曾為國師，並因此在歷史上飽受詬病。

據《漢書・律曆志》記載，在漢成帝之世，「劉向總六曆，列是非，作《五紀論》。」後來「向子歆究其微眇，作《三統曆》及《譜》以說《春秋》，推法密要。」三統曆在曆法內容上沿襲太初曆，但並沒有沿襲當初漢武帝定太初曆時所採用的五行相勝說，而是改用了五行相生說。劉歆還特地作《世經》，依五行相生次序排列古來帝王德的更迭。《世經》已佚，大意記載在《漢書・律曆志》中。根據《漢書・律曆志》，劉歆所排古來帝王德運次第為：

太昊帝（炮羲氏），「為百王先，首德始於木」；

炎帝「神農氏」，「以火承木」；

黃帝（軒轅氏），「火生土，故為土德」；

少昊帝（金天氏），「土生金，故為金德」；

顓頊帝（高陽氏），「金生水，故為水德」；

帝嚳（高辛氏），「水生木，故為木德」；

唐帝堯（陶唐氏），「木生火，故為火德」；

虞帝舜（有虞氏），「火生土，故為土德」；

禹（夏後氏），「土生金，故為金德」；

湯（商），「金生水，故為水德」；

周武王，「水生木，故為木德」；

漢高祖皇帝，「伐秦繼周。木生火，故為火德」。

　　五行相生序在兩漢被看作「天次之序」[169]。按五行相生說，木火土金水各德之間便不是革命性的取代而是生長過程中的自然轉換。前面在談《呂氏春秋》時已經說到，《呂氏春秋》十二紀紀首採用的是五行相生序列，而《有始覽‧應同》篇中採錄的五德終始說則是五行相勝序列。十二紀紀首所談為天道，五德終始說則無疑是關於人道（歷史演變屬於人道）的學說，這樣一來，天道與人道剛好相反，天道生生，人道則是相剋，是你死我活之爭。這樣的理解，反映了戰國時期列強爭戰的現實。但到漢代，特別是武帝獨尊儒術之後，德化觀念占了上風，暴力革命說便很難得到認同。再則，兩漢思想的特點，是濃厚的天人合一、天人相應觀念，五德相勝說使人道與天道背道而馳，這無疑是一個缺陷。劉向、歆父子將終始五德之序由相剋改為相生，正好彌補了這個缺陷，解決了上述問題。而且，按照劉歆所排的《世經》，極令士人反感的秦王朝被摒除在終始五德的系統之外，成為閏位元，這就為漢建立以來持續上百年的關於繼秦還是繼周的爭論，劃上了一個完美的休止符。

　　自劉向、歆父子用五行相生來解說歷史上的終始五德之傳後，後世的王朝都採用此序列推算其所得之德。於是那些本來明明是通過殘酷的武力行動，推翻前朝才得以上臺的新王朝，在立國之初都會舉行「登壇受禪，告類上帝」之類儀式，以美化其統治，表示由其主導的改朝換代不是生死相剋，而是生生不息。

4 王充、桓譚

　　王充、桓譚是兩漢思想界最著名的兩個異端，他們反對籠罩著當

---

169 董仲舒《春秋繁露‧五行之義》篇曰：「天有五行：一曰木，二曰火，三曰土，四曰金，五曰水。木，五行之始也，水，五行之終也，土，五行之中也，此其天次之序也。」

時學術文化的神學體系及經師習氣，力圖破除充斥兩漢主流思想的種種神秘比附，讓判斷回歸理性、常識。

王充（西元27年-約97年），字仲任，會稽上虞人。王充出自「孤門細族」，家境貧寒，靠逛洛陽書肆讀所賣書而精通了百家之言，曾遊太學，拜扶風班彪為師。王充不喜交遊，且仕途不暢，一生大部分時間，都在家讀書、著述。他的主要著作《論衡》，大約完成於漢章帝元和三年（西元86年），現存文章八十五篇，這是研究王充思想的基本資料。

衡，天平，論衡意為評定當時各種言論的價值的天平。《論衡》之命名即表現了王充欲破除俗見謬說的強烈意圖。王充自稱《論衡》一書的主旨是「疾虛妄」：「《論衡》篇以十數，亦一言也：曰：疾虛妄。」[170]王充認為立說著文最重要的是「考論虛實」。至於「考論虛實」的方法，《論衡》很多篇裡都曾經談到，大略可以歸結為這樣兩條：

第一、要看效驗。「凡論事者，違實不引效驗，則雖甘義繁說，眾不見信。……事有證驗，以效實然。」[171]

第二、要有實證。「事莫明於有效，論莫定於有證。空言虛語，雖得道心，人猶不信。」[172]

效驗與實證，都屬於常識、經驗的領域。常識、經驗確實能有效破除一切先驗的、神學的思想體系的「虛」、「妄」。正是基於常識、經驗，王充提出天地萬物都是無意志的自然的物質實體，「天地合氣，萬物自生」[173]，而人亦不過是自然的產物，「人，物也；物，亦

---

170 《論衡・佚文》。

171 《論衡・知實》。

172 《論衡・薄葬》。

173 《論衡・自然》。

物也」,除了人生於天地之間這個事實以外,天與人之間並不存在任何特別的關係,天時之寒溫,無關於政治之刑賞,亦無關於人行為的屬或溫,「寒溫天地節氣,非人所為」[174],而天有災異,亦不過緣於「風氣不和」[175],並非以此譴告人君的失政。既然天與人之間並不存在神秘的感應,人在世上的窮通貧富,就並非由於什麼「天命之性」,或上天的嘉獎、貶斥,而是由於自然形成的種種不可抗因素,「命與時也」[176]。相應地,王充認為人之生同於物之生,物死不為鬼,人死亦不可能為鬼[177];今人與古人稟氣相同,古今不異,沒有理由頌古非今[178]。總的來看,王充思想具有鮮明的唯物論色彩,他對兩漢那套先驗的神學思想體系的批駁,在很多方面都堪稱切中肯綮。不過,有無效驗、實證,只可以用來判斷一說之「虛」與「實」,即是否能用感官經驗證實,還不足以成為裁斷是非的標準。王充專本效驗、實證立論,思想既欠嚴格,亦無系統,《論衡》一書,雖不乏超邁特出之見,但亦雜有一些囿於耳目聞見的淺陋粗鄙之言,且不同說法間往往有自相矛盾之處,如他反對天人相應,卻又相信符瑞。要而言之,王充在破除舊的天人相應的神學思想體系方面成績卓著,但在創建新的思想體系方面則建樹甚微,他的思想,對於當時流行的那套舊的思想體系,有破壞、清理之功,但乏糾正、取代之力。

　　王充在思想上受桓譚影響很大。桓譚(西元前23年-西元50年),字君山,沛國相(今安徽宿縣西北)人,兩漢之際的著名學者,史稱其「好音律,善鼓琴。博學多通,遍習《五經》」[179]。桓譚厭惡繁瑣

---

174 《論衡・寒溫》。
175 《論衡・譴告》。
176 《論衡・命祿》。
177 《論衡・論死》。
178 《論衡・宣漢》。
179 《後漢書・桓譚馮衍列傳》。

的章句之學，他治學的特點是只求「訓詁大義，不為章句」，喜好古文經學，常與劉歆、揚雄「辨析疑異」[180]。桓譚個性簡易，「憙非毀俗儒，由是多見排抵」[181]，他尤其反對當時盛行的讖緯神學，曾因在光武帝面前非議讖緯，而激怒了這位頗善於利用讖緯美化統治的皇帝，差點被砍了頭。桓譚著有《新論》一書，「言當世行事」，大多為批駁其時流行的種種神學論調之作。如《形神篇》駁斥「長生不老」之說：「生之有長，長之有老，老之有死，若四時之代謝矣。而欲變易其性，求為異道，惑之不解者也。」針對當時流行的精神可脫離形體而存在，精神決定形體的觀點，桓譚提出：「精神居形體，猶火之燃燭矣，……燭無，火亦不能獨行於虛空」[182]，明確表示精神依賴形體。《新論》原書早佚，今存皆係後人輯本，其中以清人嚴可均輯本最佳。

先秦儒家本有不語怪力亂神的傳統。兩漢時期，儒學官學化、經學化，經傳解說流於瑣碎，不同師說間壁壘森嚴，讀經成了利祿之門，這種現象逐漸引起一些飽學之士的反感。西漢末年興起的古文經學運動，即是學術界內部出現的對陰陽五行化的神學儒學的反抗，對支離破碎的經師說教的抗爭。古文經學之「古文」指秦代「書同文」以前行用於東方六國的文字，古文經學以「古文」為號召，用意正在於向先秦時期的原始儒學的回歸。劉歆是古文經學運動的中堅人物。兩漢之際的學問大家，除劉歆外，揚雄、桓譚、班彪、班固等也都與古文經學有著密切關係。儘管由於官方壓制，古文經學最終並沒能列為學官，成為官方正統，但它對整個東漢時期的學術傾向、解經方式都產生了深刻的影響。與西漢相比，東漢時期的學風顯得敦厚樸實，

---

180 同上。

181 同上。

182 《新論・形神》。

注重證據，不尚虛言。故清代學者盛稱的漢學，嚴格說來應是東漢之
學。在東漢時期，那種天馬行空，冥思苦索個別文句微言大義的解經
方式被越來越多的學者排斥，而淹貫群經，努力從文字源流、史事沿
革等方面細緻辨析經典本義的做法，則為眾多學者服膺且身體力行。
東漢時期的解經大家，特別是被後世目為古文經學家的馬融、服虔、
鄭玄、許慎等人，都是兼治群經，注重名物訓詁，就事論事，不輕易
引申議論。學術傾向反映並預示著思想的走向，東漢時期，這種學術
上求真、求實的傾向進入到思想領域，便成了王充、桓譚式的「疾虛
妄」、「考論虛實」。

5 何休

　　何休（西元129-182年），字邵公，任城樊（今山東濟寧）人，東
漢末年公羊學大師，史稱其「為人質樸訥口，而雅有心思，精研《六
經》，世儒無及者」[183]。何休曾遭黨錮之禁，閉門不出十餘年，作
《春秋公羊傳解詁》，又曾注《孝經》、《論語》等，一生著述甚豐。
何休著作後來大都散佚，只有《春秋公羊傳解詁》至今保存。

　　春秋公羊學在西漢曾是盛極一時的顯學。兩漢之際，公羊學遭到
《穀梁春秋》、《左傳》的強勁挑戰，獨尊地位發生動搖。到東漢末
年，主要由於古文經學的蓬勃發展，公羊學的權威地位也受到挑戰。
何休為此曾著書三部，分別名為《公羊墨守》、《左氏膏肓》、《穀梁廢
疾》，意為公羊家的春秋說，如墨翟守城不能攻破；《左傳》問題很
多，如人已病入膏肓，不可救治；《穀梁春秋》也有問題，如人得了
癱瘓廢疾，難於復起，試圖挽回公羊學的傾頹之勢。當時的古文經學
大師鄭玄針鋒相對，作《發墨守》、《針膏肓》、《起廢疾》以相駁難。

---

183 見《後漢書·儒林列傳下》。

大致說來，在東漢末年，至少在經傳解說方面頗有百家爭鳴的勢頭，群經並立，諸說爭雄，沒有一家一說能獨擅勝場。何休《春秋公羊傳解詁》之所以在當時、後世都受到推重，靠的是剖析精微，周密系統。何休總結了幾百年來公羊學先師對《春秋》義例的解說，自出機杼，加以貫通，他的經說依託春秋二百四十二年史事，但又超越了具體的歷史，形成一部關於公羊學所理解的儒家之道與儒家歷史理論的系統論說。

何休將《春秋》義例總結為「三科九旨」，此論見於其著《文謚例》，今佚，《公羊傳》徐彥疏引，其文為：「三科九旨者，新周、故宋、以春秋當新王，此一科三旨也；又云，所見異辭、所聞異辭、所傳聞異辭，二科六旨也；又內其國而外諸夏，內諸夏而外夷狄，是三科九旨也。」[184]「三科九旨」之說，並非何休首創，大約是公羊家總結「《春秋》義例」的一個慣用說法，這從徐彥疏同時引用了何休和宋衷的「三科九旨」說可以得知。何休列舉的「三科九旨」條目，基本出自《公羊傳》成文，如「新周」說出自宣公十六年傳文，「所見異辭、所聞異辭、所傳聞異辭」見隱西元年、桓公二年、哀公十四年傳文，「內其國而外諸夏，內諸夏而外夷狄」見成公十五年傳文。故關於這些條例，在何休之前的公羊學經師已有一定闡發。清末今文經學家皮錫瑞就指出「存三統明見於董子書，並不始於何休。」[185]但是，把這些本來針對不同層次、類型的問題的條例統一起來，並貫通到對春秋二百四十二年史事的解說中去，則是何休的獨創。徐彥疏說何休「三科九旨」之意云：「何氏之意以為，三科九旨正是一物。若總言之，謂之三科；科者，段也。若析而言之，謂之九旨；旨者，意

---

184 《春秋公羊傳注疏》，見阮元校刻：《十三經注疏》。

185 見皮錫瑞《經學通論・春秋》「論存三統明見於董子書，並不始於何休」條。

也。言三個科段之內，有此九種之意。」[186]何休《春秋》說的特點，
也是他極高明處，正是將「三科九旨」結合成了一個統一體，將公羊
學中的「通三統」、「張三世」、「異內外」結合起來，從而給僵硬的條
例賦予了生動的歷史內容，把具體的春秋歷史抽象成縮小了的人類歷
史模型。這在《公羊傳》隱西元年「所見異辭，所聞異辭，所傳聞異
辭」句下何注中有集中闡述。

　　《公羊傳》隱西元年「所見異辭，所聞異辭，所傳聞異辭」句
下，何休注云：「於所傳聞之世，見治起於衰亂之中，用心尚粗觕，
故內其國而外諸夏；先詳內而後治外，錄大略小，內小惡書，外小惡
不書，大國有大夫，小國略稱人，內離會書，外離會不書，是也。於
所傳聞之世，見治昇平，內諸夏而外夷狄，書外離會，小國有大夫；
宣十一年秋，晉侯會狄於攢函，襄二十三年，邾婁劓我來奔，是也。
至所見之世，著治太平，夷狄進至於爵，天下遠近大小若一，用心尤
深而詳；故崇仁義，譏二名，晉魏曼多、仲孫何忌，是也。所以三世
者，禮，為父母三年，為祖父母期，為曾祖父母齊衰三月，立愛自親
始。故《春秋》據哀錄隱，上治祖禰。」

　　何休的這段論述，根據《公羊傳》，將《春秋》經所記歷史分為
「所見世」、「所聞世」、「所傳聞世」三個階段，這應該是公羊家成
說，董仲舒在《春秋繁露・楚莊王》篇已做過這樣的劃分。同時，何
休將《公羊傳》「異內外」之義與春秋三世結合起來，將春秋時期的
「異內外」也分成了前後相繼的三個階段，於「所見世」，「內其國而
外諸夏」；於「所傳世」，「內諸夏而外夷狄」；於「所傳聞世」，「夷狄
進至於爵，天下遠近大小若一」。由一「國」而「諸夏」而「天下遠
近大小若一」，空間中的內外層次在時間中逐次突破、擴展並最終歸

186　《春秋公羊傳注疏》，見阮元校刻：《十三經注疏》。

於一統，何休就這樣將「異內外」改造成了一個由分裂走向一統的歷程。

何休「衰亂世」、「昇平世」、「太平世」三世說，最初源頭當是孔子的「齊一變，至於魯；魯一變，至於道」[187]。對此，朱熹解釋說：「孔子之時，齊俗急功利，喜誇詐，乃霸政之餘習」，「魯則重禮教，崇信義，猶有先王之遺風焉，但人亡政息，不能無廢墜爾」，「道，則先王之道也」[188]。另外，董仲舒的「三統說」，應該也是何休此論重要的理論來源。何休所舉「三科九旨」，第一科三旨即為「通三統」：「新周，故宋，以《春秋》當新王」。「三統」之說，在《公羊傳》中並無直接的根據，關於「三統說」的系統闡說見董仲舒的《春秋繁露・三代改制質文》篇，這點在前面關於董仲舒思想的討論中已經充分說明。董仲舒將「三統」解釋為歷史的循環週期，但他對夏、商、周三統的具體解釋，又隱隱表示在「三統」之內，存在著一個由低到高的發展過程。如黑統對應著「天統氣始通化物，物見萌達」，是時陽氣開始流通，萬物出現萌動。白統對應著「天統氣始蛻化物，物初芽」，是時陽氣開始蛻去萬物的皮殼，萬物發芽。赤統對應著「天統氣始施化物，物始動」，是時陽氣散布化生於萬物之中，萬物欲動。自黑統經白統至赤統，陽氣越來越茂盛，萬物的生機也越來越蓬勃。東漢初成書的《白虎通德論》對董仲舒「三統說」作了進一步的闡釋和說明，即把此意挑明，提出赤為盛陽之色，天乃陽氣積聚而成，故「赤統」代表天之正。這樣一來，「赤統」（即周道）就代表了歷史發展的最為階段或理想模式。這種見解，跟儒家一貫推崇周道的立場是一致的。不過，何休並不像董仲舒那樣脫離了春秋歷史專講「三

---

187 《論語・雍也》。

188 朱熹：《四書章句集注》，中華書局1983年版，第90頁。

統」，且用自然現象比附歷史，何休汲取了孔子齊魯道三「變」說與董仲舒「三統說」中關於歷史發展三個階段的思想，而將其與《春秋》三世結合起來，從「《春秋》之文」、「《春秋》之化」的角度，將春秋二百四十二年的歷史解說成由「衰亂世」至「昇平世」再至「太平世」的發展歷程，這樣，《春秋》「三世」也就代表著歷史「三統」。

　　何休對春秋歷史的解說，初看頗顯荒唐，比如他把「所傳聞世」看作衰亂世，把「所聞世」看作「昇平世」，把「所見世」看作「太平世」，這就和春秋時期的歷史情況不能相符。春秋時期的歷史，一般印象是每況愈下，越來越亂，孔子都曾為此而浩歎。但是，如果循著何休的思路，從「《春秋》之文」、「《春秋》之化」的角度來考察，何休的解說似乎還稱得上圓通。其實，即使單從歷史的角度考察，何休的解說也很難說就沒有一點歷史真實性。春秋時期，小國寡民的城邦制國家開始向人多地廣的領土制國家發展。原先被視為夷狄的楚、吳等邦，這時逐漸實現了華夏化；而原先自以為華夏的諸邦，在此過程中也大量汲取了所謂夷狄的文化。至春秋之末，楚、吳諸邦與中原諸夏已經無別，這就是「夷狄進至於爵」。雖然說這時「天下遠近大小若一」是不合事實的誇大，但也還能找到一點點歷史的影子。所以，何休看似荒唐的三世說，實則蘊含著孤明卓識。

　　不僅如此，何休三世說是純粹以人倫的道德理性的展開作為歷史理性的展開的說明。何休解釋《春秋》三世異辭的原因是「禮，為父母三年，為祖父母期，為曾祖父母齊衰三月，立愛自親始」。三世之別根源在於所愛程度之別。儒家之仁愛由近而及遠，推己以及人，故對父母、祖父母、曾祖父母的愛有等差，相應地禮有厚薄，體現在歷史的書寫上，就是詳近略遠，親近疏遠。

　　要而言之，何休三世說具有如下精彩獨到之處：

其一、它不像五行相勝說或五行相生說那樣假自然理性的環節以為歷史理性的環節，也不像董仲舒那樣假三代三正之說（其中仍然沒有完全超脫自然理性）的環節以為歷史理性的環節，是純粹以人倫的道德理性的展開作為歷史理性的展開的說明。

其二、何休三世說與鄒衍五行相勝說、劉歆五行相生說、董仲舒三統說具有一個很大的不同之點，即前三者都以為歷史理性的展開是循環的，而何休三世說則擺脫了這種循環，作為體系是開放的。

其三、何休三世說的內容具有可放大性，它以春秋二百四十二年歷史作為立論之憑依，實際是為人類的歷史提供了一個縮小了的模型。

憑此三點，可以肯定地說何休三世說已站到了中國古代歷史哲學的最高峰。

二 古代西方歷史理論概論

（一）古希臘前蘇格拉底時期的本體論哲學

1 米利都學派

西元前六世紀，在小亞細亞的米利都產生了西方歷史上最早的一批哲學家，泰勒斯、阿那克西曼德和阿那克西美尼是其中的代表人物。雖然對他們之間是否存在師承關係還存在爭議，但由於他們都以探究世界萬物的本原為己任，並且都把萬物的本原歸之於一種物質性的元素，所以稱之為「米利都學派」。

泰勒斯（約西元前624-約前546年）是希臘「七賢」之一，以最早從事天文學的研究而聞名，被認為是古希臘第一位自然哲學家，因為他是第一個用哲學的語言提出萬物的本原問題並給予解答的人。亞里斯多德在《形而上學》中這樣記載：

那些從事哲學研究的人，大多數隻把物質性的東西當作萬物的唯一本原。萬物都由它構成，開始由它產生，最後又化為它（本體常存不變，只是變換它的屬性），他們認為這就是萬物的元素，也就是萬物的本原（arche）。他們認為，既然有一種實體是常存的，也就沒有什麼東西產生和消滅了……至於本原的數目有多少，性質是什麼，他們的意見並不一致。這一派哲學的創始人泰勒斯認為水是本原，所以他宣稱地浮在水上。[189]

　　對於萬物根源的探討，希臘人在神話中就已經開始了。泰勒斯是第一個把它當作哲學問題來探討的人。亞里斯多德文中講到的「本原」是希臘哲學中第一個範疇，也是最重要的範疇之一。儘管泰勒斯可能並不是第一個使用這個範疇的人，但他提出了水是萬物的本原是沒有疑義的。更加重要的是，從泰勒斯提出本原問題以後，大多數希臘哲學家都對這個問題做出過自己的回答，這個範疇的含義也就隨人們認識的深入而變得越來越複雜。

　　「本原」（arche）舊譯「始基」，其本義是「開端」、「開始」、「起源」的意思，在米利都學派那裡，含義比較單純，他們都把萬物的本原是歸結於某種具體的物質性的東西，所以，用亞里斯多德的「四因說」來解釋，就是屬於「質料因」。到了恩培多克勒提出「元素」，仍然保留在早期的質料因的範圍。但是，到了畢達哥拉斯把抽象的「數」作為萬物的本原，就加入了「本質因」或「形式因」的因素，到柏拉圖提出的「理念」，就更是與米利都學派作為「質料因」的本原相距甚遠了。

189　〔古希臘〕亞里斯多德：《形而上學》983b 6-22。引自汪子嵩等著：《希臘哲學史》，第1卷，人民出版社1997年版，第152頁。

　　作為質料因的本原旨在強調：萬物最初從它那裡產生，由它組成，最後又復歸於它。值得注意的是，「本原」問題的提出奠定了希臘哲學的基調，從此，追求變動不居的世界中的不變的東西成為哲學們不斷探究的主題，這種趨向不斷得到強化的結果就是不變的「本體」思想的提出。但是，以米利都學派為代表的早期哲學家並沒有明確的「本體」思想，相反，他們仍然將世界看作是不斷變化的，本原也是不斷變化的，只有這樣它才能產生萬物。

　　按照亞里斯多德的解釋，泰勒斯之所以把水看成是萬物的本原，是因為萬物的種子都是以濕的東西作為滋養，而水就是這種潮濕本性的來源。在我們今天看來，除了這樣一種樸素的自然觀之外，米利都所處的地中海的海洋生活環境也是這種思想產生不可缺少的一個外部條件。儘管泰勒斯提出的作為萬物本原的水仍然是一種具體的和有固定形態的物質，但已經不是某條河或地中海裡的水，而是從各種具體的水中抽象出來了具有一般意義的水。這樣，水在這裡就兼具了可以感覺到的物質的水和作為思維的產物的一般的水的雙重含義。至於水是如何產生萬物，萬物又如何復歸於水，限於材料，泰勒斯並沒有給予具體的說明。水是「變」中的「不變」，「變」表現為世界萬物的運動變化，「不變」表現為萬物最終都統一作為世界的本原的一種物質，兩者是相互依存的，這時候還沒有提出世界是運動還是靜止的問題。

　　那麼，運動的動力是什麼呢？泰勒斯提出「靈魂（psyche，原意「生命」、「呼吸」）是一種引起運動的能力。」[190]泰勒斯認為，不但有生命的生物有靈魂，沒有生命的磁鐵之類的東西也有靈魂。這說明作為最早從宗教神話向哲學方法解釋世界的哲學家，他的思想中不可避免地帶有宗教的痕跡。

---

190 〔古希臘〕亞里斯多德：《論靈魂》405a 19-20。引自汪子嵩等著：《希臘哲學史》，
　　第1卷，第170頁。

　　泰勒斯的學生阿那克西曼尼（約西元前610-約前546年）據說是第一個從巴比倫引進了日晷的人，繪製過希臘人所知的世界的第一張地圖，撰寫過《論自然》等著作。阿那克西曼尼認為，萬物的本原是「阿派朗」（απειρον，apeiron），其中 α 是一個表示否定的首碼，意思是「無」、「沒有」，πειρον 的意思是「限定」，「界限」或「規定」，因此，過去常譯作「無限」、「無定」或「無定形」。雖然在在著作中多次提到作為萬物本原的「阿派朗」，但亞里斯多德卻沒有提到阿那克西曼德本人，可能是由於阿那克西曼德提出的作為萬物本原的「無限」被後來的很多自然哲學家廣為接受的緣故。從此，「有限」和「無限」成為希臘哲學中一對重要的範疇。那麼，阿那克西曼尼為什麼要提出「阿派朗」替代泰勒斯的「水」作為萬物本原，「阿派朗」又是什麼意思呢？

　　關於阿那克西曼德提出「阿派朗」的記載記載主要見於辛普里丘的《物理學注釋》：

　　　　在那些認為本原是唯一的、能動的和無限的人中，米利都的阿
　　　　那克西曼德是普拉克西亞德的兒子，泰勒斯的學生和繼承人。
　　　　他說一切存在物的本原和元素是阿派朗，他是第一個提出這個
　　　　本原的名稱的。他說本原並不是水，也不是任何別的被稱為元
　　　　素的東西，而是某種本性是無限的東西。從其中產生出所有的
　　　　天以及一切世界。「各種存在物由它產生，毀滅後又復歸於
　　　　它，都是按照必然性而產生的，它們是按照時間的程式，為其
　　　　不正義受到懲罰並且相互補償。」這是他用帶有詩意的話語說
　　　　出來的。顯然，他是由於觀察四種元素的互相轉化，因而想到
　　　　不以其中某一元素，而以這些元素以外的某種東西為基質才最
　　　　合適。他不認為元素的變化為「產生」，而認為永恆的運動所
　　　　造成的對立的分離才是「產生」。因此亞里斯多德將他的看法

和阿那克薩戈拉相比。[191]

　　有學者指出，阿那克西曼尼不僅是第一個提出「阿派朗」的人，也是第一個使用「本原」概念的人。正如引文中所言，阿那克西曼尼之所以不使用水、火、土、氣這些元素作為萬物的本原，是因為它們都有明確的規定性，因而是「有限」的，更重要的是，通過觀察，他看到這些元素之間是可以互相轉化的，如果以其中的某種元素作為本原，就不能解釋對立元素的產生和存在。因此，只有提出這些元素之外的「阿派朗」作為萬物的本原才能避免這種解釋上的困境。但阿派朗的提出又帶來了新的問題，那就是這種沒有任何規定性的東西是一種與水一樣的物質性的實體呢，還是一種精神的本原，後世的哲學家對此也有完全不同的看法。實際上，阿那克西曼尼當時還沒有明確精神和物質的區分，他提出的阿派朗仍然是像水一樣的感性物體，只是看不見、摸不著、聽不到，是一種比水更具一般性和普遍性的物質（因為一般的水總還是可以感覺到的）。從個別的水到一般的水，從一般的水再到一般的物質，都體現了人類抽象思維的飛躍。

　　至於阿派朗是如何產生萬物的，阿那克西曼尼也採取了與泰勒斯不同的思路。泰勒斯認為萬物是由水轉化而成的，而阿那克西曼尼認為，萬物的生成並不是由於元素的轉化，而是在本原（阿派朗）中就包含著對立物，當這些對立物從阿派朗中分離出來的時候，萬物就產生了，這裡的對立物是指冷和熱、幹和濕等。由於它不是冷，所以有可能成為熱，這樣就解決了泰勒斯的困難。這樣，阿那克西曼德開始從哲學上觸及對立的問題。但對對立統一學說的系統闡述還是由赫拉克利特做出的。

---

191 〔古希臘〕新普裡丘《〈物理學〉注釋》第24頁第13行起。引自汪子嵩等著：《希臘哲學史》，第1卷，第187頁。

　　米利都學派的第三代哲學家是阿那克西美尼（約西元前585-約前525年）。很多古代哲學家的記載都一致認為，他提出萬物的本原是「無限的氣」。乍看起來，與阿那克西曼尼的高於具體元素的「阿派朗」相比，阿那克西美尼似乎又回到了一種具體元素，是一種「倒退」。實際上並非如此。

　　首先，阿那克西美尼所說的氣與泰勒斯提出的水表面上具有相似的性質，一方面，是一種可以感覺得到的物質性的東西；另一方面，他們又都不是某種具體的東西，而是一種經過抽象的具有普遍性和一般性的東西。但與水相比，氣一般是不能直接看見的，把這樣一種無形的東西作為萬物的本原，還是體現了認識上的進步。同時，氣雖然是一種具體物質，但由於其自身的性質避免了水作為萬物本原所產生的矛盾，因為水是冷的、濕的，它是如何產生熱的和乾的呢？而氣則沒有這種規定性，既可以是冷的、濕的，也可以成為熱的和乾的。第二，阿那克西美尼並沒有完全拋棄「阿派朗」，正是由於氣不同於水、土和火所具有的無形的特性，所以不能說出其界限，自然具有了「無限」或「無定型」的特點，因此，與「阿派朗」相比，「無限的氣」克服了它的無所適從的抽象性，從抽象回到了具體，從而完成了一個從立到破、再從破到立的一個認識過程。

　　為了說明從「無限的氣」中如何產萬物，阿那克西美尼提出了「稀散」和「凝聚」的理論。氣由於熱而稀散成為火，氣由於冷而凝聚成為水和土。與此前的兩說相比，這種理論把四大元素有機的統一起來，形態可以發生變化，但萬變不離宗，從而第一次對萬物從本原產生又復歸本原的具體過程做出了說明。值得注意的是，阿那克西美尼的「無限的氣」向運動變化背後常駐不變的「本體」的概念又邁進了一步，但還存在著相當的距離，因為「氣」本身並不是停止不動的，雖然性質不變，但在數量上（稀疏和凝聚）卻在不斷變化。

在轉化的動因上，與阿那克西曼尼相似，阿那克西美尼也認為氣具有生命，其本身就是「靈魂」和「神」。

綜上所述，米利都學派開始從神話向哲學方式解釋自然轉變，透過紛繁和多變的世間萬物，他們試圖探究萬物的本原，尋求世界的統一性，作為第一個哲學範疇，「本原」概念的提出透露出「變中之不變」的「本體」概念的最初萌芽。同時，他們又都傾向於從可以感覺到的物質層面尋求事物的本原，肯定世界萬物的不斷變化，普遍持有萬物有靈的物活論，這些都說明他們仍然處於神話向哲學轉化的最初階段，「對立統一」、「品質互變」等規律性的認識正在醞釀之中。

2 赫拉克利特

哲學史家普遍認為，早期希臘哲學大體上可以分為兩支，一支是從東方伊奧尼亞地區的米利都學派開始，經過赫拉克利特、恩培多克勒和阿那克薩戈拉，一直到留基伯和德謨克利特的原子論，以尋求世界的物質本原為特色，開創了古代希臘的唯物論哲學，可以稱為「伊奧尼亞傳統」；另一支則出現在西部的義大利，以畢達哥拉斯學派和愛利亞學派為代表，力圖尋求世界的抽象本原，具有強烈的唯心論色彩，可以稱為「義大利傳統」。希臘哲學後來的發展正是沿著這兩種傳統或兩條路線而展開的。

從時間上看，畢達哥拉斯學派最早產生在西元前六世紀的義大利，其創始人是薩莫斯島的畢達哥拉斯（約西元前571-約前497年），從時間上看，正處於米利都學派和赫拉克利特之間。雖然受到過米利都學派的影響，但從一開始就表現出一些與愛奧尼亞傳統不同的特色。與米利都學派不同，畢達哥拉斯盟會首先是一個宗教團體，信奉靈魂不朽、輪迴轉世的學說，恪守一套嚴格而古怪的教規。在哲學上，畢達哥拉斯學派提出將抽象的「數」作為萬物的本原，認為世界

萬物的存在都可以由一定的數量關係而得到根本性的解釋。這樣一種不可感知、沒有形體、不能運動的「數」比米利都學派提出的水、氣等元素更具有本質的特徵。如果說米利都學派所說的本原本身是運動變化的，只不過它們都來源於並回歸於某種不變的元素，那麼畢達哥拉斯學派提出的作為世界本原的「數」從本身來講就是不變的，成為一種可以與一般的具體事物相分離並且高於一般事物的獨立的存在，這一從有形向無形、從物質向精神（思維）、由運動變化中的不變到靜止的不變的轉化代表了不同於愛奧尼亞哲學傳統的一個新的發展方向，啟發了後來的愛利亞學派和柏拉圖哲學，從而向希臘哲學中不變的「本體」概念又邁進了一大步。黑格爾對畢達哥拉斯學派在希臘哲學史上的這種承上啟下的作用做出了精闢的闡述：

> 我們在將宇宙解釋為數的嘗試裡，發現了到形而上學的第一步。畢達哥拉斯在哲學史上，人人都知道，站在伊奧尼亞哲學家和愛利亞學派哲學家之間。前者，有如亞里斯多德所指出的，仍然停留在認事物的本質為物質的學說裡，而後者，特別是巴曼尼得斯，則已進展到以「存在」為「形式」的純思階段，所以正是畢達哥拉斯哲學的原則，在感官事物與超感官事物之間，仿佛構成一座橋梁。[192]

繼米利都學派和畢達哥拉斯學派之後，仍然屬於愛奧尼亞哲學傳統但也吸收了畢達哥拉斯學派的思想的哲學家赫拉克利特（約西元前540-約前475年）使希臘哲學，尤其是辯證法思想得到了巨大的推進。赫拉克利特以文風晦澀而著稱，喜歡使用模糊的隱喻方式表達他

---

192 〔德〕黑格爾：《小邏輯》，賀麟譯，第230頁。

的思想。赫拉克利特的思想之所以難於理解，除了文字方面的原因，更重要的是他的思想深度已經遠遠超出了當時一般哲學家的水準，超出了當時的文字所能夠表達的思想的限度。

從總的情況來看，赫拉克利特還是繼承了米利都學派開創的愛奧尼亞哲學傳統。從亞里斯多德到近代的大多數哲學家都把赫拉克利特與米利都學派相提並論，他所提出的火是萬物的本原的學說是早期自然哲學尋求萬物的物質本原的繼續發展。但不可否認的是，赫拉克利特還是與早期的自然哲學家存在很大的差異，有著自己獨特的創造和發展。有學者認為，他所提出的永恆變化中的世界常駐不變的「邏各斯」、對立面的結合與分離促成了發展等思想還是受到了畢達哥拉斯學派的深刻影響。[193]

赫拉克利特認為火是萬物的本原，這個觀點見其著名的殘篇：

> 這個世界的一切存在物都是同一的，它不是任何神所創造的，也不是任何人所創造的；它過去、現在和未來永遠是一團永恆的活火，按一定的分寸上燃燒，在一定的分寸上熄滅。[194]

在這段話中，他所強調的萬物的運動變化和對神創造世界的否定無疑集中地體現了米利都學派的唯物論傳統，但也出現了一些新的變化。首先，為什麼選擇火作為萬物的本原，是因為與水、土等元素相比，火更加活躍，更富於運動和變化，更為重要的是，火並不是一種實體，它必須借助於一種實體才能存在。也就是說，水、土是物質，而火卻是物質的運動狀態。對於這一點，亞里斯多德在《論靈魂》中

---

193 汪子嵩等著：《希臘哲學史》，第1卷，第413頁。

194 赫拉克利特著作殘篇D30，見北京大學哲學系外國哲學教研室編譯：《古希臘羅馬哲學》，讀書・生活・新知三聯書店1957年版，第21頁。

就已經有了明晰的說明，他指出，火是最接近沒有形體的東西，而且，火不但自身是運動的，而且又是能使別的事物運動，火不但是運動，而且又是運動的原因。[195]所以火的這一特性使之區別於和高於水、土等物質性的實體，因而更加深刻和抽象。

赫拉克利特認為，既然火是萬物的本原，那麼火和萬物之間是可以相互轉化的。但是，在火、土、水和氣之間到底如何轉換，卻存在不同的說法和不能自圓其說的困難。這就要說到上面這段話的第二層重要的含義，那就是雖然世界（火）的本質特徵是永恆的運動，但其燃燒和熄滅也必須按照一定的尺度（必然的邏各斯）進行，後者則是不變的，以一定的數量關係表現為宇宙的秩序（cosmos），這一點不能不說是受到了早期畢達哥拉斯學派的深刻影響。

下面我們來看一看赫拉克利特的另一個著名的哲學命題：

> 人不能兩次踏進同一條河流，所以它分散又團聚，接近又分離。[196]

毫無疑問，赫拉克利特在這裡首先表述了一個人所共知的事實，那就是萬物的不斷變化。由此推演到人的生命，那就是我們又生又死，既存在又不存在。本來，在赫拉克利特的這一命題中既沒有否認運動中的相對靜止，更沒有貶低運動中的世界（即感觀世界）的意思。因為「同一個人」和「同一條河流」正是體現了運動中的相對靜止，但是，在赫拉克利特第一次對動與靜（即變與不變）做出了深刻

---

195 〔古希臘〕亞里斯多德：《論靈魂》405a6-8。見汪子嵩等著：《希臘哲學史》，第1卷，第421頁。

196 赫拉克利特著作殘篇D91，見北京大學哲學系外國哲學教研室編譯：《古希臘羅馬哲學》，第27頁。

的哲學解釋之後出現了兩種截然相反的引申，透過這個問題的不同認識，希臘哲學中的不變的「存在」或「本體」概念逐漸凸現出來。

對於赫拉克利特的命題，克拉底魯首先做出了極端的推演，認為人即使踏進同一條河流也是不可能的，正因為世界萬物的運動是如此的瞬息萬變，不可把握，所以「人根本不能說什麼，而只能簡單地動動他的手指」，因為在你說它的時候，它已經不是原來的它了。這種誇大運動的絕對性的說法只能導致不可知論，也是一種形式的形而上學。與克拉底魯相反，愛利亞學派則根本否認運動變化，這樣才有「飛矢不動」之說。這兩種推演雖然方向相反，但性質相同，都違背了赫拉克利特的辯證法思想，倒向形而上學。但是這些爭論對後來的哲學家產生了深刻的影響。克拉底魯用巴門尼德的思想對赫拉克利特的學說進行了引申，認為通過一切可以感覺到的事物是不能產生真正的知識的，而柏拉圖正是通過克拉底魯了解到赫拉克利特的學說，並接受了克拉底魯的思想，認為現實的具體世界是變動不居的，對它只能有感覺，不能有知識，知識只能來自於另外一個世界，即永恆不變的理念世界。

赫拉克利特的命題的第二層含義就是萬事萬物的運動變化是按照一定的尺度和規律進行的，這就是「邏各斯」，具體的講，邏各斯表現為事物內部兩種相反力量的對立統一。對立的雙方以對方的存在為條件，這種對立中的統一性就是「和諧」，也就是中國哲學中所講的「和而不同」，即有差別的統一。在這一點上，赫拉克利特顯然受到了早期畢達哥拉斯學派的影響，但二者在傾向上存在著很大的差異，應該說，赫拉克利特繼承並發展了畢達哥拉斯的對立思想，從而創立了完備的對立統一學說。例如，與畢達哥拉斯更重視對立面的和諧不同，赫拉克利特更強調對立面之間的鬥爭，如果說畢達哥拉斯看待萬物的落腳點是靜止的話，那麼赫拉克利特則堅信永恆的運動變化是萬

物產生的根源，這正體現了義大利哲學與愛奧尼亞哲學的不同特點。

最後，赫拉克利特還被認為是第一個提出認識論問題的哲學家，他最早提出了感覺是否可靠的問題。雖然深刻地看到了萬物運動變化背後具有普遍性和必然性的邏各斯，但赫拉克利特還並沒有把感覺（經驗）和理性分開，所以不可能得出理性高於經驗的認識。將這兩者完全分開，進而得出重視理性、蔑視經驗的說法，最早是從巴門尼德才開始的，柏拉圖接納過來並進行了更為系統的闡發，最終使這種理論成為希臘哲學的主流。

3 原子論者

赫拉克利特之後，希臘哲學發展的兩支——愛奧尼亞哲學和義大利哲學——又出現了新的發展。

先說義大利哲學。繼畢達哥拉斯之後，在南部義大利的愛利亞城邦形成了一個新的哲學學派，即著名的「愛利亞學派」，其代表人物包括塞諾芬尼、巴門尼德、芝諾和麥里梭，其中，巴門尼德又是愛利亞學派最重要的哲學家。從總的傾向上看，愛利亞學派對愛奧尼亞哲學進行了全面的批判，提出了一個永恆不變的「存在」概念，將早期希臘的自然哲學引向本體論，對古希臘哲學的走向產生了十分深刻的影響。下面我們就結合「存在」概念的形成過程看一看愛利亞學派的主要哲學觀點。

塞諾芬尼（約西元前580-約前485年）首先提出了萬物是「一」的說法，亞里斯多德注意到，他所提出的這個「一」是與泰勒斯自然哲學家等人提出的作為萬物質料的「一」是不同的，因為後者是運動的，萬物從中產生，最後復歸於它，但塞諾芬尼提出的「一」卻是不變的，所以無所謂生滅。而且，出於對早期希臘神話中擬人化的多神論的反對，塞諾芬尼提出「神是一」的觀點，這個神不再具有人的形

體和思想，是無生無滅的，不動的和唯一的，這個神不僅成為巴門尼德的不變的「存在」的來源，也是後來柏拉圖提出的「創造者」、亞里斯多德的「第一推動力」乃至基督教時代的宗教哲學的理論起點。

雖然塞諾芬尼是第一個說出「一」的，但他沒有做出清楚的說明。後來，他的學生巴門尼德（約西元前540-卒年不祥）進行了進一步的闡釋，這個「一」就是「存在」。在早期希臘哲學發展中，巴門尼德是一個重要的轉捩點。與此前的所有哲學家（包括米利都學派，畢達哥拉斯學派和赫拉克利特等）不同，巴門尼德不再將哲學思考的主題停留在萬物的本原是什麼和萬物如何生滅的問題上，因為他認為人們從變動不居的世界是得不到永恆不變的真理的，就像赫拉克利特講的，它們既存在又不存在，只能得到凡人的意見，因此，哲學研究的任務應該是尋求更高一級的真理，那就是唯一的、真實的和不變的「存在」。

請看巴門尼德的殘篇中關於「存在」問題的兩個著名的命題：

> 存在物是存在的，是不可能不存在的……存在物是不存在的，非存在必然存在。[197]

雖然關於這兩個命題在翻譯和文意上還存在很多爭議，但有一點是可以肯定的，巴門尼德所謂的存在物是不生不滅的、唯一的、不動的和完整的（即不可再分的），這與愛奧尼亞哲學將世界看作是運動變化的截然不同，畢達哥拉斯學派雖然看到了數的不變性，但沒有還是否認世界是運動變化的。巴門尼德提出的這個真實的「存在」則第

---

197 巴門尼德著作殘篇D4，見北京大學哲學系外國哲學教研室編譯：《古希臘羅馬哲學》，第51頁。

一次將運動和靜止、變與不變完全對立起來。一方面，巴門尼德的「存在」說陷入了形而上學，且並不完善，但另一方面，我們也要看到他在古希臘早期哲學發展中所起到的不可或缺的轉型作用，因為正是這一次運動和靜止的完全割裂使人們認識到通過感覺和觀察這個變動不居的世界得到的知識是不真實的，只有用理性的思想去把握變動背後的不變的存在才能夠得到真理，也就是說只有「存在」才是能夠用思想來認識和表述的，「非存在」則不能，只能用感觀感知。

在希臘文中，表示「存在」的 eimi 本來就是一個聯繫動詞，即漢語中的「是」，後來演變成為巴門尼德的「存在」，這表明，思想的唯一物件就是存在，與此相反，感覺的物件則只能是非存在。只有存在是可以表述的，可以形成「真理」（aletheia），非存在是不能進行表述的，只能形成「意見」（doxa），因為在你說「某物是什麼」的時候，這個事物已經變化了，而且也因人而異。從巴門尼德開始將「真理」和「意見」作為一對對立的範疇，將前者放在光明的世界，後者則置於黑暗的居所。

巴門尼德的這樣一種「存在」表面上解決了無中為什麼能夠生有的問題，也排除了萬物發展中的所有不確定因素和內部的矛盾性，只留下一個最普遍、最抽象、最純粹的哲學範疇「存在」，應該說，這是從早期愛奧尼亞哲學家提出的一般性物質元素、到畢達哥拉斯學派的抽象的「數」的進一步抽象化和發展，在巴門尼德之後，希臘哲學進入到一個更深更廣的領域，一般與個別、靜止和運動、物質和精神、感性認識和理性認識的關係成為哲學家們必須面對的普遍問題。

當愛利亞學派正在闡發他們的唯心主義「存在論」的時候，希臘哲學的另一種用某種物質性元素解釋萬物本原的自然哲學傳統也沒有中斷。西元前五世紀後半葉，義大利西西里島的哲學家恩培多克勒（約西元前483-約前435年）對早期的愛奧尼亞哲學進行了新的綜合

和發展，提出了世界是由水、火、氣、土四種元素的結合和分解而形成，即著名的「四根說」。這一說法是對巴門尼德的抽象而空泛的「存在」的有力回應，打開了人類認識物質結構的大門，代表了探索自然物質的新水準，並為後來原子論的產生提供了理論前提。

大約在西元前五世紀中葉，隨著經濟繁榮、國力日盛的希臘城邦雅典逐漸成為新的文化中心，希臘哲學研究的中心也開始逐漸轉移到希臘本土。在這個過程中，阿那克薩戈拉（約西元前500-約前428年）起到了至關重要的作用。作為生活在雅典的第一代啟蒙哲學家，他首先將愛奧尼亞的自然哲學帶到希臘本土，提出了別具一格的物質結構說──「種子論」，從而為原子論的形成鋪平了道路，同時提出了作為獨立的精神本原的「努斯」，因而在希臘哲學中首次提出了一種二元論傾向的哲學，使存在和思維的對立進一步明朗化。在這個意義上，阿那克薩戈拉成為一個承上啟下的哲學家，使早期希臘哲學的兩種傳統得到了進一步的碰撞和融合，也為下一個以德謨克利特及其原子論和柏拉圖的理念論為代表的古希臘唯物論和唯心論哲學的「雙峰」的建造提供了不可缺少的中間環節。

古希臘哲學從泰勒斯開始，經過了近兩個世紀的發展，到了西元前五世紀末和四世紀初，隨著古典城邦文明進入盛期，希臘哲學也正在走向成熟和輝煌。在這當中，留基伯開創、德謨克利特建立的原子論哲學是希臘早期自然哲學的大綜合和顛峰之作，是愛奧尼亞哲學傳統在新的歷史條件下的重大變革，是人類認識自然世界的歷史上又一次巨大的飛躍。

愛利亞學派把一和多、運動和靜止完全割裂開來，因而陷入了不可自拔的矛盾之中，原子論的提出是為了從根本上解決這一問題。與愛利亞學派只承認「存在」的存在，否認「非存在」的存在不同，他們認為，不但「存在」存在，「非存在」也是存在的，那就是「虛

空」，充實的存在就是原子，原子既是不變的「一」，同時原子在虛空中運動，就成為「多」，無數原子在虛空中的結合和分離就成為萬物的生滅、運動和變化。這樣，一與多，運動和靜止、本質和現象再次被有機地統一起來，愛利亞學派面對的難題迎刃而解。

德謨克利特（約西元前460-約前371年）以博學而著稱，一生寫了大量著作，馬克思稱之為「希臘人中第一個百科全書式的學者。」他創立的原子論哲學就表現出博採眾長、相容並蓄的博大和深刻。一方面，原子論繼承和發展了早期愛奧尼亞自然哲學的傳統，另一方面也十分明顯得吸收並改造了義大利的畢達哥拉斯學派尤其是愛利亞學派的哲學思想，同時，也直接受到恩培多克勒和阿那克薩戈拉哲學思想的薰陶，正是在這一繼承和發展的過程中，德謨克利特的成就超過了前人。下面我們就通過「原子論」的具體內容看一看德謨克利特如何做到了這一點。

所謂「原子」（ατομος，atomos），就是「不可在分割的東西」。這就決定了它具有兩個根本特性，一是體積很小，小到不能再分；二是原子是絕對的充實，其中沒有任何空隙。在這裡，我們看到了米利都學派的元素、巴門尼德的「存在」、恩培多克勒的「根」、阿那克薩戈拉的「種子」、以及畢達哥拉斯學派的最小量度的身影，但是與這些又有明顯的不同，就拿巴門尼德的「存在」來說，原子之外的「虛空」的存在為運動提供了可能性，同時，把巴門尼德的唯一的「存在」改造為無限多的微小的「存在」，也解決了愛利亞學派「一」與「多」、連續性和間斷性的死結。同時，與早期愛奧尼亞哲學和恩培多克勒所提出的組成世界的多種元素不同，原子論的提出使尋找世界的物質本原的探索再次回到了更高一級的抽象和統一，即一元的本原論，使希臘的自然哲學進入到探索物質結構的更高層次，從而登上了古希臘唯物論哲學的最高峰。

　　無獨有偶，與德謨克利特大約同一時期的柏拉圖也集早期希臘的唯心論哲學於大成，創立了「理念論」，至此，西方哲學史上兩條路線的並立和對壘正式形成。同時，德謨克利特的原子論思想的創立也標誌著以自然哲學為重心的早期希臘哲學的終結，希臘哲學開始向以研究人和社會為中心轉型。

4 智者的轉變

　　西元前五世紀以後，希臘哲學研究發生了一次巨大的轉變，這一轉變既表現在哲學研究的中心從義大利和小亞細亞轉移到了希臘本土，主要是雅典，更表現在哲學研究的物件開始由自然轉向人和社會，倫理道德和政治問題成為這一希臘哲學全盛時期的研究主題。這一轉型主要的動因在於希臘城邦文明漸趨成熟，私有制的發展、城邦政體的完備、文化事業的繁榮都為這個西方哲學史上的第一次人本主義的思想的勃發創造了條件。在這一轉型的過程中，以雅典為主要活動場所的智者運動起到了承上啟下的啟蒙作用。

　　哲學史家普遍認為，這批後來被成為智者學派的哲學家實際上並不是一個哲學團體，他們在哲學思想上千差萬別，他們的共同點是以教授某種知識收取錢財為業，是希臘歷史上第一批職業教師，普羅泰戈拉、高爾吉亞、希庇亞、安提豐等人是其中的代表。「智者」本身起初並無貶義，但到了柏拉圖和亞里斯多德的時候就成為了貌似有知、實際無知、一心為財的江湖騙子的代名詞。實際上，智者運動與其說是一個哲學派別，不如說是一種社會思潮，正是在這些人教書的過程中，他們十分敏感地看到了原有知識體系和價值觀點的問題，看到了新近出現的種種社會問題和社會現象，他們順應了時代的潮流，提出了一系列新問題、新觀點，尤其圍繞傳統上為哲學家所忽略的人本身展開了種種思考，從而指明了一個新的哲學發展方向，起到了振

聾發聵的啟蒙作用。下面我們就通過智者學派的一些主要觀點和貢獻看一看他們在希臘哲學史上的地位與作用。

應該說，總結智者學派的主要觀點是十分困難的，因為他們都是實踐哲學家，並不著書立說，而且相互之間在思想和觀點上差異極大，後世只有一些零散的記述。不過，由於他們在關注的問題、回答問題的方式以及思想傾向上還是存在一些相似性，所以還是可以做出一個粗線條的勾畫。

首先，由於教授知識的需要，即用言語去說服和打動別人，智者們普遍對修辭學和演說術十分重視，由此對語言哲學具有獨到的研究，尤其在形式邏輯的開創上有著突出的貢獻。前面講到，赫拉克利特將「邏各斯」引入哲學，用以表示運動變化背後不變的尺度和規律。到智者的時候，這個詞又被賦予了新的含義。智者認為，修辭學就是運用邏各斯的藝術，這個邏各斯即包括正確的語言表達、思維方式和思想內容。這就使早期的僅僅表示說話和論證的感性含義的「邏各斯」上升到了表示推理過程的理性的思維領域。這就為後來蘇格拉底、柏拉圖和亞里斯多德開創和完善形式邏輯提供了理論前提。

第二，智者們認為人的品德和才能，即希臘人所謂的「阿瑞特」（arete）是可以傳授的。阿瑞特原指各種事物的品性、功能和優點，經常英譯為 virtue，但與中文的「善」有所不同。隨著希臘社會的發展，阿瑞特的內容也在發生變化。與傳統上認為阿瑞特是指一些人天生就擁有的優點的觀點不同，智者提出阿瑞特是可以傳授的，它既包括了普通的技藝，也包括管理城邦的才德。這是對傳統的貴族社會和門第觀點的否定，代表了社會的進步。更為重要的是，智者賦予了阿瑞特更廣泛的含義，從人的自然本性和天然功能轉向人的社會本性，預示著希臘哲學重心由「天」向「人」的轉變。

第三，在人與神的關係問題上，智者開始對傳統上神創造世界的

觀點進行了全面的懷疑和否定，其中具有代表性的包括普羅泰戈拉的
疑神論，以及普羅狄科和克里底亞提出的人創造神而不是神創造人的
思想。普羅泰戈拉認為，人無法知道神是否存在，如何存在，神的問
題永遠處於人的認識能力和範圍之外。智者關於神的看法反映出傳統
的神人觀念已經陷入危機，這為以人為中心的哲學的產生創造了理論
前提。

第四，與語言、宗教問題相比，智者學派最為關注的還是社會問
題。隨著經濟的發展，城邦內部矛盾和鬥爭的加劇，邦際戰爭的頻
仍，生活在古典時代的希臘人強烈地感到傳統的習慣、道德、風俗和
制度越來越不適應新的需要，人們尋求正義、秩序和新的價值觀念的
呼聲越來越高，人的本性是什麼，到底有沒有一個為人們所遵循的普
遍的社會和道德法則的問題被提到議事日程上來。這就是著名的
physis（本性，自然）還是 nomos（法律，習俗）哪一個應占據主導
的問題。智者學派做出了自己的回答。

普羅泰戈拉（約西元前482-前411年）提出：「人是萬物的尺度，是
存在的事物存在的尺度，也是不存在的事物不存在的尺度。」[198]首
先，這一命題標誌著人類自身自我意識的覺醒，它向世人告知，人是
整個自然和世界的中心，一切社會歷史活動都是圍繞著人的需要、體
驗和利益而展開的。雖然哲學家在普氏所言的人是「抽象的、普遍的
人」還是「作為個體的、獨立的人」的問題上存在爭議，但有一點是
可以肯定的，那就是他把人本身提高到了一個前所未有的高度，這是
對從前的以自然中心或以神為中心的哲學觀念的全面否定。

我們也要看到，在使人得以解放的同時，這一命題也具有極大的
破壞性，因為在人的審判席前面，從前所有的確定性、規定性乃至善

---

198 普羅泰戈拉著作殘篇D1，見北京大學哲學系外國哲學教研室編譯：《古希臘羅馬哲
學》，第138頁。

惡的標準都失去了意義，這就必然導致哲學上的懷疑主義、感覺主義和相對主義。這種傾向在高爾吉亞的三個命題中表現得更加明顯：「第一，無物存在；第二，如果有某物存在，這個東西也是人無法認識的；第三，即令這個東西可以被認識，也無法把它說出來告訴別人。」[199]真理的標準消失了，這不僅是對巴門尼德的存在論的否定，也摧毀了蘇格拉底以前所有的自然哲學家關於世界的本原的概念，這是西方哲學史上懷疑論對本體論哲學的第一次致命打擊。

那麼，我們對智者學派該如何評價呢？一方面，我們還是要充分肯定智者學派在把哲學研究的物件從天上轉移到人間的功績，肯定它在打破人們守舊的傳統觀念中的作用，但是要看到，這種只破不立的哲學畢竟並不能維持長久，在動搖了舊的思想體系的同時也窒息了自身的發展，這是智者學派最致命的弱點。更重要的是，智者學派不能從根本上解決人的問題和社會的問題，其相對主義的傾向反而加速了城邦法律和道德規範的瓦解，助長了社會風氣的敗壞，導致了破壞城邦民主制的蠱惑家的出現，加速了城邦制度的衰變。在這種情況下，作為智者學派的反對者和城邦政體的拯救者，蘇格拉底和柏拉圖反其道而行之，一方面試圖用人類的理性重新找到並建立起起真假、美醜和善惡的界限和標準，另一方面，則通過現行政體的研究尋求理想城邦的模式，重建社會秩序。但是，這些努力並沒有取得成功，因為城邦政體的衰亡已經成為必然的命運。在這以後，智者學派所提倡的懷疑主義、感覺主義和相對主義經過犬儒學派和居勒尼學派，到晚期希臘和羅馬時期的人生和宗教哲學中又捲土重來。希臘哲學因而經歷了一個由肯定到否定，再到肯定，再到否定的一個曲折的發展路徑，人

---

199 〔古希臘〕塞克斯都·恩披裡可：「反數學家」，65-67，D3，見北京大學哲學系外國哲學教研室編譯：《古希臘羅馬哲學》，第138頁。

類對世界的認識也因此而不斷走向深入。從中可以看出智者學派在希臘哲學史上的重要地位和作用。

（二）希臘古典時期邏輯理性的發展

1 蘇格拉底

在希臘哲學史上，蘇格拉底（約西元前470-前399年）上承智者學派，把哲學研究定位在人和社會問題，尤其是倫理道德問題，同時，又堅決反對智者的懷疑論和相對主義，倡導理性，其弟子柏拉圖和再傳弟子亞里斯多德正是沿著他開創的道路構築起博大精深的哲學體系，從而把希臘哲學推向頂峰。從此，他所開創的理性主義成為西方哲學的主流。因此，蘇格拉底既是推動古希臘哲學從早期的自然哲學向後期的人本主義哲學轉變的關鍵人物，又是西方哲學史上的邏輯理性得到發展和完善並開始確立其主導地位的開先河者。但是，由於蘇格拉底一生「述而不作」，他的形象和思想完全是通過他的弟子（主要是柏拉圖）和再傳弟子的記錄，因此，增加了準確表述其哲學觀點的難度。

蘇格拉底之所以如此關注人的道德問題，以至於把希臘哲學研究的重點從自然完全轉向人，並非偶然，這與其生活的時代和環境密不可分。蘇格拉底生逢雅典城邦的黃金時代，即「伯利克里時代」。那時候，雅典利用希波戰爭期間建立起的強大的海軍力量，統攝提洛同盟各邦，取代斯巴達成為希臘城邦新的霸主。利用同盟的貢金，雅典大興土木，裝點自己的城市和民主制度。與經濟的繁榮和國力的強大相伴隨的是文化的昌盛，自由的空氣使來自希臘各邦的劇作家、詩人、雕塑家和哲學家聚居在雅典，雅典也因此成為「全希臘的學校」。但是，好景不長，在希波戰後不久，就爆發了伯羅奔尼薩斯戰

爭，蘇格拉底的後半生就是在這一曠日持久的內戰中渡過的，伯羅奔尼薩斯戰爭是希臘城邦制度由盛而衰的轉捩點。戰爭中，雅典社會的內外矛盾曝露無遺，雅典和斯巴達打著「正義」的旗號對盟邦推行的霸權政策、城邦內部黨派的紛爭、貧富的分化、人性的貪婪和野心……總之，傳統的道德分崩離析，判斷是非的標準不復存在，人性面臨普遍的墮落。正是在雅典社會開始走上深刻的社會和思想危機之際，蘇格拉底開始了他的改善人的靈魂、重建道德標準以挽救城邦危機的宏偉計畫。值得注意的是，蘇格拉底並不是就道德談道德，並不直接告訴人們該怎麼做，而是從哲學的高度探討和追問諸如什麼是正義，什麼是幸福這樣的問題，因而所使用的方法仍然遵循此前希臘哲學研究的路數，包含著本體論、認識論和方法論的內容。但是，蘇格拉底率真的追問卻招致了那些愚鈍之徒的怨恨，從而引來了殺身之禍，可蘇格拉底並沒有退縮，而是以其近乎完美的行動和人格實踐了他的哲學主張，毅然而然地選擇了死亡，這一千古冤案成為西方思想史上最為悲壯的一幕。

下面我們就結合蘇格拉底的哲學觀點看一看他是如何完成了這一偉大的哲學變革的。

從總的情況看，蘇格拉底的哲學哲學思想涉及倫理、政治、修辭、邏輯、宗教、語言等各個方面，但有一條基本的線索，那就是對人的理性和認知能力的確信和自覺考察，這一方面有別於早期希臘哲學對自然的直觀和不自覺的邏輯思維，也有別於智者學派對人的理性和認知能力的懷疑甚至否定。因此，蘇格拉底最偉大的貢獻就是為哲學研究提出了更高層次的任務，即反思人的本性和理性思維，開闢了哲學研究的新方向。他多次提出的「自知無知」的名言就是要人們對知識本身的可能性進行反思。蘇格拉底相信，只有人的理性才能夠掌握知識，也只有確定的知識才能夠使人辯明真假和是非。知識最高

尚，物質最可恥，有知與無知是善惡的根源。這樣一種「知性道德」構成了蘇格拉底整個哲學思想的基礎。

我們可以把智者和蘇格拉底的哲學思想進行一些比較，就可以更加清楚地認識到蘇格拉底哲學的特點。智者主張「人是萬物的尺度」，但智者所說的人是具有感性經驗和自由意志的個體，因此沒有絕對的價值標準，而蘇格拉底所說的人卻是具有理性思維從而能夠獲取確定知識（這也就是確定的價值體系和生活準則的前提）的人，這種理性思維甚至就是人的本性；智者所謂的知識建立在感性和經驗的基礎上，缺乏系統性和確定性，因而不能提供科學的方法論，破壞大於建立，而蘇格拉底的知識則來源於對人的認知能力的理性反思，能夠深入到事物的內部，探究其本質，這種理性主義的精神為人類知識的科學化和系統化提供了一種堅實的方法論依據；從個人的感覺和經驗出發的智者必然以追求和滿足個人的欲求為歸宿，只能加速社會和集體道德的淪喪，同時為「以強凌弱」的政治理念提供了理論依據，而蘇格拉底則高舉和弘揚人的理性主義精神，追求普遍正義和真理，以確定的知識使人向善，力圖重建社會的政體秩序與和諧，這一道德和政治理想雖然在當時的歷史條件下難以實現，但這一原則和理念開啟了希臘哲學鼎盛時期的大門，為柏拉圖和亞里斯多德的哲學和政治思想體系的創立做好了理論上的準備。

雖然蘇格拉底專注於研究人的美德，但正是在「什麼是勇敢」、「什麼是友愛」、「什麼是正義」等諸如此類的討論中，他提出了尋求普遍性定義的問題，這是蘇格拉底在哲學上最大的貢獻之一。在蘇格拉底之前，雖然德謨克利特、畢達哥拉斯等哲學家也使用過下定義的方法，但他們還沒有上升到認識論的高度看待這個問題。蘇格拉底之所以尋求普遍性的定義，一方面仍然承襲了希臘早期哲學家探詢處於流變中的萬事萬物背後的不變和永恆的東西從而得到真理性的認識的

傳統，另一方面主要是針對智者學派「公說公有理、婆說婆有理」的相對主義而提出的，因為在他們看來，所有的定義都是約定俗成的人為規定，而蘇格拉底則要通過定義來用人的邏輯理性思維來揭示同一類事物的共同本質，得到確定的知識，這就是柏拉圖後來提出的「相」（又譯「理念」）的來源。蘇格拉底認為，理性是人的靈魂中最高貴和最神聖的部分，是人之為人的本質特徵，通過人的理性能夠獲得確定不移的絕對的知識，即真理，這種對人的理性認知能力的弘揚，一方面使希臘哲學徹底走出了早期的感性直觀的階段，另一方面在繼承愛利亞學派的巴門尼德將思想和感覺、真理和意見區分開來，將理性思維提高到感性思維之上的基礎上又有了新的發展，從蘇格拉底開始，這樣一種認識又有了更加系統和明確的表述，那就是感覺只能認識流動變化的事物，不能得到確定的知識，唯有通過理性才能得到絕對的也就是真正的知識。比如，現實生活中的「美」是千差萬別和千變萬化的，但真正的「美」卻是唯一的和不變的。由此蘇格拉底提出了一種不同於早期自然哲學家的全新的「知識」的概念。

　　蘇格拉底認為，人的靈魂中的理性以「善」為行動的目標和準則，它就是「神」，是萬事萬物的最高和絕對的標準，這種理性的神也有別於此前的希臘人關於神的隨心所欲和與人同形同性的觀念，賦予了其最高的精神本體的性質。人應該根據以「善」為目的的理性行事，這樣一種目的論的世界觀後來也在西方長期占據統治地位。

　　蘇格拉底尋求真正的知識的方法看似簡單，就是通過談話追尋普遍的定義，在提問和回答的過程中揭示對方的矛盾，迫使對方不斷修正錯誤從而一步一步接近真理性的認識。他將這種方法形象地成為「助產術」，它既不是要否定矛盾（像芝諾那樣），也沒有停留在矛盾的一個方面（像智者那樣），而是要通過認識事物中的普遍矛盾來解釋普遍的真理，因而是一種的積極的辯證法。

　　從哲學思想的內容來看，道德哲學構成了蘇格拉底思想的主幹。可以說，他的理性主義的認識論、方法論以及政治、宗教和美學思想都是為了服務於他的道德哲學，以此對抗城邦沒落時期出現倫理上的個人主義、利己主義、享樂主義和思想上的相對主義，通過探討倫理思想和道德道德觀念，尋求絕對的和普遍的善，從而重建一種新的價值體系，挽救雅典城邦的危亡是蘇格拉底哲學思想最根本的出發點。

　　蘇格拉底提出「美德即知識」的著名命題，這裡的知識是指人對自身本性，即理性思維能力的認識和恢復，獲得理性知識是人的道德行為的前提，與此相反，智者學派主張道德僅僅是人為的約定，所謂美德不過是可以任意改變的毫無意義的東西，蘇格拉底對這種必然導致個人主義、享樂主義和強權政治的道德觀進行了堅決和徹底的批判，通過探討什麼是正義、勇敢、友愛等傳統美德，試圖重新建立起對人的理性思維能力的自信，復蘇人們的良知，並付諸行動，蘇格拉底在西方哲學史上第一次開創了一種知行合一的理性主義的道德哲學，在很長時間內成為西方倫理思想的主流。

　　蘇格拉底被判極刑的罪名之一是「引進新神」，現在看來，這個新神就是人自身的理性，他強調人可以憑藉自身的理智（即唯一的理性神）而不必通過傳統的沒有統一標準的諸神做出正確的決定，用黑格爾的話來說，就是蘇格拉底向世人告知，「人對於他自己所應當做的特殊事物，也是獨立的決定者，自己迫使自己做出決定的主體」，[200]這是對人類自身理性精神的肯定。蘇格拉底正是因為這樣一種超前的認識引來了殺身之禍，但這畢竟代表了一種人類精神的進步，代表了希臘哲學一種不可逆轉的發展方向。因此，可以說，蘇格拉底的去世反而標誌著一種新哲學的誕生。

---

200 〔德〕黑格爾：《哲學史講演錄》，第二卷，賀麟、王太慶譯，商務印書館1995年
　　版，第86頁。

2 柏拉圖

蘇格拉底生前有眾多的弟子，其中最有成就的是柏拉圖（西元前427-前347年）。柏拉圖不但繼承了蘇格拉底開創的理性主義哲學，而且使之更加豐富和系統，建構了龐大的思想體系，柏拉圖使希臘哲學達到了第一次顛峰。

柏拉圖的偉大不僅在於在他長達幾十年的哲學生涯中親手寫定了大量的著作，而且還十分幸運地幾乎完整無缺地保存到今天，這種情況不僅在古代希臘，就在整個西方哲學史上也是很罕見的。完整的第一手材料為我們研究和認識他的哲學思想無疑提供了直接和寶貴的根據（柏拉圖以前的哲學家的思想大多是通過別人轉述的片言隻語得到的），同時，柏拉圖留下的二十七篇對話是在五十多年中陸續寫下的，隨著年齡的推移和閱歷的豐富而出現的思想上的發展與變化是在所難免的，其觀點和思想的前後矛盾和不一致為我們定位柏拉圖的哲學觀點也帶來了不小的困難。最後，柏拉圖的對話體裁一方面記錄下了希臘眾多的思想巨人，尤其是他的導師蘇格拉底在世時的所思所想，生動而形象地描繪了他們的風采，另一方面，我們也要時刻提醒自己，這些對話絕非如實的記錄，其中蘊含著柏拉圖自己的觀點和思想，但柏拉圖並沒有直接出場，於是，在這些往往是有始無終的對話背後的真實的柏拉圖就成了問題，再加上對話中經常使用的比喻手法，在我們為作為詩人的柏拉圖的想像力拍案叫絕的同時，更增加了理解其哲學觀點的難度。所以，我們只能根據這些對話的內容、主題與結論的前後變化對柏拉圖的哲學觀點進行具體的分析和梳理。

不論如何，柏拉圖是西方哲學史上的第一座里程碑，不論對其哲學觀點贊成與否，後世的哲學家都不能避開他，其創立的唯心論哲學體系在西方思想中長期占據統治地位，當代英國哲學家懷海特甚至

說：「歐洲哲學傳統最穩定的一般特徵，是由對柏拉圖的一系列注釋組成的。」[201]

與他的老師蘇格拉底一樣，柏拉圖也並不是一個書齋裡的學者，其前半生的很大精力都投身於政治實踐活動。他在青年時代曾經十分熱衷於雅典城邦的政治活動，在蘇格拉底被雅典人判處死刑後，他也受到牽連，之後到麥加拉、埃及、居勒尼以及南部義大利等地遊歷，但他的政治活動的熱情並沒有減損，從四十幾歲到六十幾歲三次到西西里的敘拉古城邦推行他的政治理想，試圖用正確的哲學挽救人性的墮落和城邦的危亡，但最終失敗。晚年的柏拉圖把主要的精力投入到他開辦的學園中，教授哲學和著書立說，也就在這一時期，柏拉圖的思想也經歷了一次較大的轉變。

要了解柏拉圖哲學思想發展的脈絡，就要對他傳世的二十七篇對話進行分期，但這並不是一件容易的事情，哲學史家們有著不同的劃分方法。在這裡，我們使用了汪子嵩、范明生、陳村富、姚介厚等四位先生合著的《希臘哲學史》中的綜合了前人觀點所做出的分期：

一、早期對話：《申辯篇》、《克里托篇》、《拉凱斯篇》、《呂西斯篇》、《卡爾米德篇》、《歐緒弗洛篇》、《大希庇亞篇》、《小希庇亞篇、《普羅泰戈拉篇》、《高爾吉亞篇》、《伊安篇》。這部分對話均以蘇格拉底為主角，學者們普遍認為，柏拉圖這一時期的哲學思想也以轉述蘇格拉底的思想為主，他自身思想的演繹和建構尚未全面展開。

二、中期對話：《歐緒德謨篇》、《美涅克塞努篇》、《克拉底魯篇》、《美諾篇》、《斐多篇》、《會飲篇》、《國家篇》、《斐德羅篇》。這一個時期被認為是柏拉圖開始擺脫蘇格拉底的影響建立自己的哲學體系，即「相論」的時期，《斐多篇》和《國家篇》是其中的代表作品。

---

201 汪子嵩等著：《希臘哲學史》，第2卷，人民出版社1993年版，第596頁。

三、後期對話：《巴門尼德篇》、《泰阿泰德篇》、《智者篇》、《政治家篇》、《斐萊布篇》、《蒂邁歐篇》、《克里底亞篇》、《法篇》。與中期相比，柏拉圖的思想有了一些明顯的變化。[202]

柏拉圖的哲學思想的核心就是他的「相論」。「相」也被譯作「理念」，ίδεα（idea）和 είδος（eidos）含義十分豐富，主要有形式（form）、形狀（shape）、種類（kind）等。從基本的意思來看，「相」秉承蘇格拉底的「定義」和「概念」，主要是指一類事物的共同特性，是永恆不變的。但是，對於這個概念的理解，歷史上並不完全相同。學者們發現，從古代的新柏拉圖主義開始到二十世紀以前，人們大多認為 idea 和 eidos 是主觀的精神性的東西，但到了二十世紀，越來越多的學者傾向於把它看作是一種客觀實在，並不依賴我們的思想而存在。這種認識上的變化可以從譯名上看出，idea 和 eidos 早期常被英譯為 idea，由此譯成中文即「理念」，現在則一般譯作 form。那麼該如何譯成中文呢？對此，老一代哲學家和翻譯家有過很多討論。例如，陳康先生指出，不論是中文的「觀念」，還是「概念」和「理念」，都過於強調了人的意識（「念」）的一面，而「理型」則又走了另一個極端，實際上在 idea 和 eidos 中，「念」和「型」的成分是兼而有之的。idea 和 eidos 的原義是出於動詞 idein，即「看」，看見的當然是事物的形狀，因此，中文裡表示外形的「形」和「相」均可以表達這種意思，但他認為「形」太偏於幾何形狀，且意義呆板，不易流動，而「相」則無此弊端，故 idea 和 eidos 譯為「相」最合適不過了。[203]除了陳康先生提出的「相」，還有不同的譯法，但都與陳先生表達的看法大體相當。在這裡，我們採納陳先生提出的「相」作為 idea 和 eidos 的譯名。

---

202 汪子嵩等著：《希臘哲學史》，第2卷，第641頁。
203 陳康譯注：《柏拉圖〈巴曼尼得斯篇〉》，注35，商務印書館1985年版，第39-41頁。

與 idea 和 eidos 何如翻譯相比，對其含義進行解讀並梳理其發展變化更為重要。毫無疑問，蘇格拉底提出的普遍性定義是柏拉圖「相論」的雛形。那麼，「相」與普遍性定義有哪些不同呢？正如亞里斯多德在《形而上學》中所指出的：

> 蘇格拉底忙於研究倫理問題而忽視了作為整體的自然世界，只在倫理中尋求普遍的東西，開始專心致志尋求定義。柏拉圖接受他的教導，但是認為不能將它應用在感性事物上，只能應用於另一類東西；理由是：可感覺的東西總是永遠在變動中的，所以共同的普遍的定義不能是任何感性事物的定義。這另一類東西他就叫做「相」，他說感性事物是依靠它們並以它們為名的；眾多的事物是由分有和它們同名的「相」而存在的。[204]

這段話在明確了蘇格拉底的普遍形定義是柏拉圖「相論」的直接來源的同時，也指出了兩者最明顯的不同，就是柏拉圖的「相」不但走出了蘇格拉底普遍定義的狹窄的倫理範圍，應用到更加廣闊和普遍的自然界和人類社會，而且在內涵上也作了提升，更具實在性和根本性。亞里斯多德進一步指出，柏拉圖的「相論」不同於早期愛奧尼亞哲學家在承認事物的運動變化的基礎上尋求「質料因」和「動因」，而走的是義大利學派的路徑，即認為的事物的變化只是現象，其背後抽象和不變的「數」或「存在」才是更根本的東西，即開始尋求事物的「本質因」即「形式因」，柏拉圖不但深受畢達哥拉斯學派的「數」的理論和愛利亞學派的「存在」理論的深刻影響，而且還成為其「相論」的重要來源，他指出，柏拉圖的萬物「分有」「相」與畢達

---

204 〔古希臘〕亞里斯多德：《形而上學》987b2-12。引自汪子嵩等著：《希臘哲學史》，第2卷，第661-662頁。

哥拉斯學派的萬物「摹仿」「數」是大體相當的，只是名稱不同而已。

可見，柏拉圖的「相論」主要有兩個來源，一是蘇格拉底的普遍定義，一個是愛利亞學派，尤其是巴門尼德的「存在說」。從來源上看，柏拉圖的「相」的概念更直接得益於對巴門尼德的「存在」的繼承和發展。後來，亞里斯多德又在巴門尼德的「存在」和柏拉圖的「相」的基礎上提出了自己的哲學主張。從中可以看出巴門尼德的「存在說」在希臘哲學乃至整個西方哲學發展史上十分關鍵性的轉向作用。

與前者的情形相似，柏拉圖在接受了巴門尼德的「存在」的同時也進行了一些改造，「存在」的絕大多數特徵被「相」繼承了下來，唯一的區別就是巴門尼德認為「存在」只有一個，是唯一的，而柏拉圖的「相」則打破了這種唯一性，因為柏拉圖認為每一類同名的事物都有一個「相」，所以有無數個「相」。

我們可以從柏拉圖對待事物運動的態度及其轉變中看出他與此前的哲學家和哲學學派既有繼承又有發展的關係。柏拉圖在年輕時就受到了赫拉克利特和克拉底魯的學說的影響，認為一切可以感覺到的事物總是處於流變狀態，對於它們是不可能有確定的知識可言的。後來，他接觸到愛利亞學派的哲學學說，更加深了這種認識。但是在運動和靜止的問題上，柏拉圖並沒有像愛利亞學派那樣絕對地否定運動，他承認運動著的具體事物也是一種存在，不過不是真實的存在，是低級的現象的存在，因此，它們只是感覺的物件，而知識的物件則是不變的。因此，在前期相論中十分強調不變的「相」高於變動的具體事物，知識高於感覺。但是，到了晚年，在他的後期相論中，這種思想開始有了一定的改變，他認識到完善的存在不應該是沒有運動的和沒有生命的東西，他一直對赫拉克里特的運動學說持肯定態度。下面我們就結合柏拉圖最重要的中期和晚期哲學看一看其核心思想是什

麼，以及經歷了那些發展和變化。

柏拉圖的中期對話主要以《美諾篇》、《斐多篇》、《會飲篇》和《國家篇》為代表。在這些對話中，柏拉圖逐漸走出了蘇格拉底的影響，開始形成自己的哲學體系，可以看作是其「相論」的形成時期。

在《美諾篇》中，柏拉圖一改早期對話記述和評價蘇格拉底思想的主題，第一次提出更有建設性的理論。雖然討論仍然以尋求美德的定義作為開端，但他提出了美德有沒有共同的「相」這一更深層的問題。更重要的是，柏拉圖在這篇對話中提出了他著名的「學習就是回憶」的學說。與經驗論者相反，柏拉圖認為人的靈魂本來就具有一切知識，人們對外部世界的感覺經驗只起到推動靈魂回憶的作用，並不是知識的真正來源。這樣所謂學習就成為一個「回憶」的過程。這種看法割斷了感覺經驗與真正知識之間的聯繫，是一種先驗論。

《斐多篇》被認為是對「相論」做出第一次系統闡述的對話。在這篇對話中，柏拉圖對人的靈魂和肉體進行了深刻的思考，提出了如何使相與具體事物「分離」的問題。他認為，人的肉體中無數的欲求和情緒會妨礙我們尋求真理，獲取真知，靈魂只有從肉體中解放出來單獨存在才能認識真正的實在。因此，諸如正義自身、美自身、善自身諸「相」非但不能通過感覺得到，而且只有排除感覺的干擾進行純粹的思想才能獲得。柏拉圖再次重申了他的「回憶說」，認為對於「相」的知識我們早已有了，只是已經忘記，在感覺的啟發作用下，我們可以回憶起來。這種將靈魂與肉體、感覺與理性知識相分離的看法有著十分明顯的巴門尼德「存在說」的痕跡。與巴門尼德不同的是，柏拉圖一方面把其唯一的「存在」分散為無數個不同的「相」，另一方面，柏拉圖並沒有像巴門尼德那樣把思想與感覺的物件截然分開，而是認為感覺和思想還是存在某種聯繫。柏拉圖指出，「相」與具體事物之間的區別表現在以下五個方面：

「相」	具體事物
單一的，同一的	組合的，混合的
不變的	經常變化的
看不見，不能感覺到的	看得見，可以看覺到的
純粹的	不純粹的
永恆的，不朽的	要毀滅的

可見，柏拉圖的「相」基本上是巴門尼德的「存在」的翻版，只是稍有不同。

那麼，「相」與具體事物之間是如何聯繫的呢？為解決這個問題，柏拉圖提出了「分有說」。舉例來說，美的事物如何能夠由於「美的相」而成為美的？柏拉圖的回答是：美的事物分有了「美的相」。「分有」的希臘文是 μετεχω，是一個常用的口頭語，意思是「取了一點」或「沾了一點」，所以也有人譯作「分沾」。既然「相」和具體事物之間是彼此分離的，那麼兩者的關係只能是「分有」。對於這種與具體事物相分離的「相」是一種主觀思想，還是客觀實在，是存在爭論的，亞里斯多德傾向於後者，現代的哲學家大多同意這種看法。從「分有說」可以看出，柏拉圖的並沒有對主觀的東西與客觀的東西做出十分明確的區分，他的「相」與其說僅僅是一種主觀概念或觀念，不如說是一種更高級更真實的客觀存在。具體事物是由「相」決定和派生出來的，是事物的最高目的和理想。

在大約寫作於同一時期的《會飲篇》和《國家篇》中，柏拉圖結合現實的倫理和政治問題對「相論」進行了更為全面和細緻的展開。在《會飲篇》中，柏拉圖以「愛」為主題，探討了真、美、善的統一問題。在討論如何獲得「美的相」時，柏拉圖一改《美諾篇》和《斐多篇》中的「回憶說」，提出了一種由下而上、由個別到普遍、由低

到高層層上升從而達到最普遍的美的「相」的方法，這種由個別到一般的方法更符合人的認識過程。在達到美的「相」的時候也就是獲得真知和達於至善之時，這樣，真、美、善結合在了一起。

《國家篇》既是柏拉圖闡發其政治、倫理、教育、美學乃至自然科學思想的「哲學大全」，也是其前期相論的總結性著作，在二十世紀之前曾經被看作其哲學思想的頂峰之作。雖然整篇對話以「正義」貫穿，但思想卻恣意抒展，提出了很多新的和具有代表性的理論和觀點。下面分述之。

首先，兩個世界的說法。他把人對事物的認識分為三個層次（實際上是兩個）：

主體	對象	結果
哲學家	完全存在和完全可知的「相」	知識
普通人	介乎於完全存在和完全可知的「相」和完全不存在和完全不可知的東西之間的東西（既存在又不存在）	意見
	完全不存在和完全不可知的東西	無知

第二，人的認識結構。柏拉圖對兩個世界又作了進一步的劃分，人的認識過程可以劃分為由低到高的四個階段，由於靈魂是認識的主體，由此靈魂也存在四種狀態，其清晰度、精確性和真理性也依次低減，由此形成了一個認識能力和認識物件的序列：

認識能力	認識物件	性質
理性	「相」	知識
理智	數理對象	
信念	具體事物	意見
想像	影像	

　　為了對這四個階段進行具體說明，他做出了著名的「洞穴比喻」。大意是，設想有一個很深的洞穴，有些人從小就被綁在洞穴的底部，全身都被鎖住，頭部不能轉動，眼睛只能看著洞壁。在他們背後，洞中燃燒著一堆火，在火和這些囚徒之間有一道矮牆，沿牆的路上走著一些人，他們舉著用木頭和石頭作的假人，他們自己被矮牆擋著，火光將這些傀儡的影子照在洞壁上，囚徒們只能看到這些傀儡的影子，他們以為這些影子就是最真實的事物。如果有人掙脫了束縛，回過頭來看見火光，就會感到炫目，所以他們就會認為他們原來看到的影子比實物更為真實。如果有人把他們拉出到洞外，看見了真正的太陽，一時間就會眼花繚亂，什麼真實的東西都看不見了。可等到眼睛習慣了光亮之後，他們就能夠認識到是太陽造成了四季，主宰著世間萬物。這些看到太陽和真實事物的人再也不願意回到洞內了，因為那裡什麼都看不見，而那些還留在洞內的人反倒認為那些出去的人把眼睛弄壞了。聯繫到上述的認識階段，柏拉圖解釋說，洞穴囚室就好比是可見世界，其中的火光就是現實世界中太陽的能力，走到洞外看到的真實事物就是理智世界，而理智世界中最難看到也是最後看到的太陽就是「善的相」，它是真實世界的創造者和源泉。柏拉圖接著指出，所謂教育，就是使靈魂本身固有的這種認識能力發揮出來，使它從黑暗走向光明，從變化的世界走向真實的世界，柏拉圖稱之為「靈魂的轉向」。就具體課程來說，以下五門課程可以看作是將靈魂由可見世界上升到真實世界最終達到「善的相」的階梯，即算術、平面幾何、立體幾何、天文學和諧音學。

　　在《國家篇》中，柏拉圖將人的靈魂分為三個部分，即理性、激情和欲望，只有這三個部分各司其職並接受理性的指導時，才是正義，柏拉圖將個人靈魂的正義推演到國家的正義，由此得出了哲學王（即能夠認識善的相的人統治國家）的政治理想。

總之，在《國家篇》中，柏拉圖對肇始於蘇格拉底的理性主義倫理學給予了全面和系統的哲學上的論證和說明，是前期哲學思想的最重要的總結。

哲學史家們之所以《巴曼尼得斯篇》作為柏拉圖後期相論的開篇之作，不僅是因為其創作的年代，更主要的原因在於，在這篇對話中柏拉圖第一次對其早期的相論進行了反思和批評，從而標誌著柏拉圖哲學思想的重要轉變。

柏拉圖後期的哲學思想主要集中在《巴曼尼得斯篇》、《泰阿泰德篇》、《智者篇》、《斐萊布篇》、《蒂邁歐篇》等對話中。

《巴曼尼得斯篇》被認為是柏拉圖最重要的哲學著作之一，同時也是最難讀和最難理解的一篇，後世的哲學家對這篇對話的意見分歧也最多，正像陳康先生所言：「柏拉圖的著作已幾乎每篇是一個謎，或每篇至少包含一個謎了；然而《巴曼尼得斯篇》乃是一切謎中最大的一個。」[205]

首先，十分值得注意的是，這篇對話的主角發生了一個變化，在前期對話中，蘇格拉底都是無一例外的主要發言人，全篇對話都是由他引導，而在這篇對話中，巴門尼德取代了蘇格拉底的位置，蘇格拉底成為一位年輕人，他的意見受到了巴門尼德的批評。雖然在柏拉圖的對話中，這些人物所說的話並不能代表其本人的觀點，實際上躲在幕後的柏拉圖是真正的編劇和導演，但這一主角的轉換並不是偶然的，是十分耐人尋味的，它在一定程度上說明了柏拉圖已經走出了早期對話中對蘇格拉底思想的繼承時代，開始向縱深發展，巴門尼德成為一個標誌，這一點從下述的柏拉圖思想的變化中可見一斑。

在《巴曼尼得斯篇》的第一個部分，柏拉圖借巴門尼德之口，對

---

205 陳康譯注：《柏拉圖〈巴曼尼得斯篇〉》，序，第7頁。

少年蘇格拉底的「相論」提出了批評。應該說，少年蘇格拉底「相論」的提出是為了解決愛利亞學派的「存在學說」中的問題，即他們認為只有「存在」而沒有「非存在」，只有「一」而沒有「多」，因而沒有辦法解釋既是「一」又是「多」的現象，蘇格拉底認為，哲學不但要說明一般的存在，還要能夠解釋個別的現象，少年蘇格拉底的任務就是要從愛利亞學派的學說中把現象「拯救」出來，於是他提出具體事物分有「相」的理論。接著，巴門尼德從以下四個方面對少年蘇格拉底的「相論」進行了批判：

第一，關於「相」的分類。蘇格拉底列舉了「相」的四個類型，這四種類型是：（1）相反的東西的「相」，如動和靜、前與後等；（2）正義、美、善等倫理方面的「相」；（3）人、水、火等具體東西的「相」；（4）那些沒有價值的東西，如頭髮、污泥的「相」。其中問題最大的是那些沒有價值的醜惡的東西是否也有「相」，顯然這是和前期討論的最主要的「相」，即關於正義、真、善和美的「相」對應的，既然承認善的東西有「相」，那麼如何能夠否定「惡」的「相」的存在呢？因為哲學是追求本體論的學問，對所研究的物件應該一視同仁。這是柏拉圖對前期「相論」提出的致命問題之一。

第二，關於「分有」的問題。這涉及整體與部分、抽象與具體的關係問題，巴門尼德用一種典型的芝諾式的論證對「相」是否可以分割的問題向蘇格拉底發起了進攻。

第三，關於對立的問題。巴門尼德認為，如果把同一類事物放在一起找出一個「相」來的話，那麼如何把這些事物放在一個更大的範圍內，就會看到第二個「相」，這樣以此類推，「相」本身的性質就成了問題。對此，蘇格拉底以「相」只是存在於我們的思想中，不能用具體事物的對立來說明。在這裡可以看出，柏拉圖已經有了將思想和思想的物件區分開來的自覺意識。

最後，是關於「分離」的問題。巴門尼德論證說，如果「相」的世界和現實世界是彼此分離的，分別以神和人作為認識的主體，那麼人如何能夠認識「相」的世界？實際上，柏拉圖一直在尋找解決這個難題的辦法，就是如何在「相」的世界和現實世界之間架起一座認識的橋梁，他的認識論中早期的「回憶說」向從低到高的發展說正是這一努力的具體表現，但似乎並沒有把問題講清楚，在這裡他再次提出這個難題。

其實，柏拉圖提出的這些對其早期「相論」的批評與其說是要否定「相論」，不如說是為了進一步明確其中所存在的問題，然後想方設法地去修正和完善它，這體現了一個認識正在逐步深入的過程。在第二部分，柏拉圖通過對範疇的分析對上述問題組出了初步的回答。

作為一個最普遍的抽象範疇的「存在」是愛利亞學派的巴門尼德最先提出來的，他的「存在」是不生不滅、不可分和不動的，是「一」而不是「多」，這樣的「存在」是空洞無物和不能言說的。雖然帶有很大的絕對性和形而上學性，但它還是體現出一種探詢現象背後的本質的努力，因而在哲學發展史上占有重要的地位。柏拉圖繼承和發展了巴門尼德的「存在論」而創造了「相論」，一方面，把巴門尼德提出的最抽象的範疇「存在」和「一」繼續作為推論的假設前提，同時，為了解決「存在」中的矛盾性，與「存在」不同，「相」是「多」而不是「一」。在《巴門尼德篇》的第二部分，柏拉圖提出了十九組相反的範疇：

1、一 —— 多
2、整體 —— 部分
3、偶數 —— 奇數
4、有限 —— 無限

5、開端——中間——末端

6、圓——直

7、在它自身中——在其他的中

8、靜止——變動

9、同——異

10、類似——不類似

11、等於——不等於（大於——小於）

12、同年齡——年老些——年輕些

13、時間：現在——過去——將來

14、存在：現在存在——過去存在——將來存在

15、變化：已經變——正在變——將來變

16、名字——邏各斯——知識——意見——感覺

17、產生——消滅

18、綜合——劃分

19、增長——萎縮——等量

　　值得注意的是，這裡的範疇只相當於上述第一部分提到的四種類型的「相」的第一類，第二類倫理價值的「相」和第三類具體事物的「相」都沒有提到，這表明，柏拉圖的思想正在發生某種轉變，作為前期討論主題的倫理思想退出了中心位置，同時，他也不再討論經驗的具體事物及其性質，如水、火以及冷、熱、乾、濕等問題，而這些正是柏拉圖以前的哲學家們重點討論的核心所在，與前者不同的是，柏拉圖的這些範疇都不是經驗中的事物，而是外在於人的經驗的更具普遍意義和抽象性的東西。後來，亞里斯多德明確提出了「範疇」這個術語，並把範疇劃分為十種類型。所不同的是，柏拉圖在《巴曼尼得斯篇》中提出的範疇是從邏輯推論（演繹）出來的，而亞里斯多德

的範疇則是從經驗事實中概括（歸納）出來的。在這一邏輯推論過程中，柏拉圖更加注重「相」和「相」之間的互相結合和相互聯繫，從而打破了原來的「相」的絕對性。但同時，如果說柏拉圖還沒有對究竟哪些東西有「相」有一個明確的認識，也就是說還沒有能夠把「本體」和它的性質、數量和關係區分開來的話，亞里斯多德則已經將「本體」及其屬性區分開來，提出第一哲學是研究「作為存在的存在」的學問，從而進一步發展了柏拉圖的相論，開創了哲學本體論。

這些用以描述「存在」的範疇既可以用來認識理性物件，又可以認識感覺物件，從而成為兩個不同的認識領域，既兩個世界相互聯繫和溝通的橋梁。

柏拉圖對前期「相論」的改造還體現在他對「非存在」的認識上。如果說「存在」是只有思想才能認知的不生不滅、不動和不可分的「一」的話，那麼「非存在」則是只有靠感覺才能感知的有生滅的、運動著的、可分的現象，因而「非存在」只是一種異於「存在」的東西，並不是絕對的虛無，所以，在我們感知現象的時候，仍然可以使用聯繫動詞「是」，這表明它也是一種「存在」，是一種廣義的存在。這樣，「非存在」就可以分為兩種，一種是絕對的「非存在」，既不能被思想也不能被感覺，是絕對的虛無，另一種是相對的「非存在」，可以被感覺和認識，在這個意義上，仍舊就一種「存在」，只是不同於狹義的和絕對的「存在」。這樣，柏拉圖從愛利亞學派那裡把現象拯救了出來，對前期「相論」進行了重大的修正，得出了這樣的結論，那就是「存在」既是存在又是非存在的，「非存在」既是不存在的又是存在的，這樣的「存在」和「非存在」既是「一」又是「多」，既是「動」又是「靜」。

在《泰阿泰德篇》中，柏拉圖討論了什麼是知識的問題，具體分析了感覺、意見和知識之間的關係。一方面，繼續堅持了只有認識事

物的「相」才是真正的知識，另一方面對於感覺和意見為什麼不是真正的知識作了進一步的探討和說明。對話中，泰阿泰德對於什麼是知識先後提出了三種答案：（1）知識就是感性知覺；（2）知識就是真意見；（3）知識就是真意見加上邏各斯（解釋或說明）。經過一一考察，三種答案最終都被推翻。值得注意的是，通過對感覺和意見的深入探討，柏拉圖不再像前期那樣把知識和感覺絕對對立起來，承認感覺雖然不能成為真理性的知識，但當前的感覺對於感覺者來說仍然是真的，從而使他的認識論更加切合實際。

　　《智者篇》是柏拉圖後期哲學思想的重要代表作之一。篇中的主講人既不是蘇格拉底，也不是巴門尼德，而是一位開明的愛利亞人，他對巴門尼德進行了批評。有學者認為，這在一定程度上表明柏拉圖開始超越巴門尼德的絕對的一元論哲學，並與之保持距離。在這篇對話中，柏拉圖對以前的哲學思想進行了概括，指出有兩種根本對立的思潮，一種只承認變動的具體事物是真實的，以德謨克利特為代表的自然哲學家都可以歸於這一類，另一種則認為只有不變的存在才是真實的，畢達哥拉斯、愛利亞學派以及柏拉圖的前期「相論」都可以列入這一類，他稱之為「相的朋友」，後者成為柏拉圖批判的對象，因為在他們看來，完善的「存在」是一種沒有運動、沒有生命和沒有靈魂的東西，這種空洞無物的抽象物註定是一個僵死的東西，這一批判確實擊中了其前期「相論」的要害。在後期「相論」中，柏拉圖力圖對這一弱點進行修正，要證明完善的「存在」應該是有變動和有生命的。在《巴曼尼得斯篇》中，他提出「存在的一」既是靜止又是變動的，但靜止和運動這對矛盾如何結合在一起呢？實際上，這種結合與其說是時間和空間的運動，不如說是一種邏輯上的運動。柏拉圖在《智者篇》中對這種假設推論進行了正面的說明，提出了「通種論」。

　　所謂「通」，就是彼此結合，所謂「種」不同於「相」，不是孤立的和絕對的，而是相對的和彼此聯繫的，就是我們說的「範疇」。柏拉圖在《巴曼尼得斯篇》中提出了十幾對相反的範疇，在《智者篇》只留下三對最普遍的「種」，即「存在」和「非存在」，「動」和「靜」以及「同」和「異」，柏拉圖試圖說明它們之間的聯繫。巴門尼德最早提出了「存在」和「非存在」的對立問題，他說的「非存在」並不是絕對的無，而是指有生滅的現象世界，它是感覺的物件，不是理性認識的物件。柏拉圖的前期「相論」基本接納了巴門尼德的思想。但在這裡，柏拉圖所論證的處於最普遍的「種」的關係中的「非存在」卻不再是只有感覺才能知覺的處於運動變化中的現象世界，而是一個普遍的「種」，即範疇，因而他用邏輯論證證明了「非存在」的存在，「非存在」也就不再僅僅是感覺的對象，成為了理性認識的對象。

　　我們看到，在認識論上，如果說柏拉圖的前期「相論」還停留在對愛利亞學派的繼承，即將理性知識和感性意見對立起來，沒有對假的或錯誤的思想做出說明的話，那麼，從《泰阿泰德篇》到《智者篇》，柏拉圖在繼承和堅持真知來自於理性認識的同時，試圖對假的或錯誤的思想何以產生做出具體的解釋，柏拉圖想以此說明，假的或錯誤的思想所由出的「非存在」並非絕對的虛無，也不失為是一種「存在」，只是一種假的「存在」。這是柏拉圖的後期思想所要澄清的一個主要問題，也是不同於前期「相論」的一個重要變化。

　　柏拉圖在「通種論」中之所以強調「種」之間的彼此結合，是為了說明思想、邏各斯和現象都是存在真假的。在《國家篇》中，柏拉圖提出認識由高到低分為四個階段，即理性、理智、感覺和想像，前兩個等級屬於「知識」的範疇，後兩個等地屬於「意見」的範疇。在這裡，根據「通種論」，除了第一階段的理性認識是唯一永遠正確之

外，其餘三個階段都成為有真有假的，判斷是非和真假的依據就是「邏各斯」，後來亞里斯多德把它發展成為邏輯學。

以此看來，智者們之所以沒有得到關於「存在」的真正的知識，只有一些假的或錯誤的認識，並不是他們無中生有地捏造出來的，只不過是因為他們把摹本、幻想，即把「非存在」當作了真實的「存在」，以「異」為「同」了。這樣，柏拉圖在愛利亞學派的絕對的真理觀和智者的相對主義真理觀之間找到了一個新的分界點，一方面繼續堅持真理的客觀性和絕對性，反對相對主義，另一方面，則認為對立的範疇是可以相互結合的，在某種意義上「非存在」也是存在的。這樣，「存在」與「非存在」，「運動」和「靜止」，「同」和「異」不再絕對的孤立和分開，而是相互依存和相互結合，形成了一個有機的整體。

在《斐萊布篇》中，蘇格拉底再次成為對話的主持人，對話的內容也回到了傳統的倫理問題，主題是何為善，是快樂還是智慧？雖然討論的結果仍然沿襲了他原來的觀點，將倫理道德歸結於知識，認為精神上的理性高於肉體上的享樂，但不再像早期對話中那樣，把知識和快樂完全對立起來，而是採取了一種比較複雜的折中態度，承認「善」既包含智慧也包含快樂，應該是二者的結合。從這篇對話可以看出，柏拉圖後期的倫理思想也發生了某種轉變。

《蒂邁歐篇》是柏拉圖唯一的一篇專門討論自然哲學的對話，系統論述了關於宇宙、自然和人的生成及其構造問題。自然哲學經曾是早期希臘哲學家討論的主題，但在智者和蘇格拉底引領的哲學研究的轉向之後，就引退到次要的地位。在《蒂邁歐篇》以前的對話中，柏拉圖很少討論自然問題，他的全部精力都集中在「相論」即本體論、認識論和倫理學問題上。柏拉圖早年曾經受到阿那克薩戈拉的「努斯學說」的影響，但對他沒有能夠將這種思想貫徹到底感到失望。到了

晚年，在形成了一套較為成熟的思想體系之後，柏拉圖才「重操舊業」，試圖用「努斯」（即理性）來解釋整個宇宙，認為宇宙是由理性有意安排的，從而創立出一個不同於從前的自然哲學的以目的論思想為特徵的龐大的自然哲學體系。柏拉圖指出，宇宙是創造者按照原型，即一個有生命的「相」創造出來的，宇宙的創造者就是作為「善的相」的理性神。亞里斯多德對《蒂邁歐篇》十分推崇，引用次數最多，對後來的新柏拉圖學派和基督教哲學的宇宙論產生了很大影響。

總之，柏拉圖在後期的會話中雖然沒有否定前期的「相論」，認為只有肯定不變的「存在」才能夠獲得真正的知識，但已經從各個方面打破了前期「相論」的框架，對其進行了全面的改造和完善，尤其在本體論上破除了動和靜的絕對對立，認為只有能夠運動、有生命的「存在」才是真正完善的。因而，柏拉圖的後期思想比前期更切合實際，更符合辯證法。

3 亞里斯多德

亞里斯多德（西元前384-前322年）既是柏拉圖的授業弟子，也是整個希臘哲學發展史的集大成者。他在哲學上的最大貢獻是形成了一套系統的哲學認識論和方法論。他明確了哲學的主要目的是追求真理，在亞里斯多德看來，對智慧和真理的探求遠比自認為已經獲得了真理更為重要。他認識到人的認識是用語言表述的，通過對詞語、概念和判斷進行分析，他發現了推論的正確格式，這就是運用演繹和歸納的推理來求得真知的方法，他首創了形式邏輯，並將它運用到各門學科的具體研究中去。在主要哲學問題的研究上，他總是在對前人提出的觀點的排比和評析的基礎上提出自己的看法，這種理論分析和經驗事實相結合的方法使他有別於他的老師柏拉圖，成為兩千多年來西方科學研究的傳統方法。

　　亞里斯多德生於希臘北部的斯塔吉亞的一個醫生世家，從小就接受了嚴格醫學訓練，這段早年的經歷促使他對經驗事實特別重視，也培養了他敏銳的觀察和分析問題的能力。西元前三六七年，十七歲的亞里斯多德來到雅典，進入柏拉圖的學園，追隨柏拉圖長達二十年之久，直至西元前三四八年柏拉圖去世。學園時期是亞里斯多德哲學思想形成的重要時期。學園中自由討論問題的氛圍使亞里斯多德一方面全面吸納柏拉圖學說的精髓，另一方面也能夠使他青出於藍而勝於藍，《形而上學》中對柏拉圖相論的批評就是在這一時期形成的，「吾愛吾師，吾尤愛真理」這句名言就是對柏拉圖與亞里斯多德師徒關係最真實的寫照，但亞里斯多德在哲學思想上對柏拉圖的繼承和發展還是成為後世哲學家不斷探討的一個懸而未決的問題。不過，亞氏寫成於學園時期的一些著作，如《歐德謨斯篇》、《勸學篇》等，帶有明顯的柏拉圖思想的痕跡，但大多已經佚失。

　　西元前三四八年，柏拉圖去世後，亞里斯多德先是應阿塔紐斯（位於小亞北部，今屬土耳其）的僭主赫爾米亞之邀來到小亞細亞，三年後來到馬其頓宮廷擔任亞歷山大的家庭教師達八年之久。在這長達十二年的「漫遊時期」，亞里斯多德做了大量的動物學研究，收集了很多標本，這些成為《動物志》的主要素材。《動物志》一書的英譯者湯普遜指出，亞里斯多德為了修正柏拉圖在《蒂邁歐篇》中提出的那種僅憑抽象思辨甚至帶有詩意的自然學說，力圖通過自然界的實際觀察，從經驗事實的搜集、整理和分析中得出結論，這種由抽象思辨向經驗論的轉化可能就是在這一時期的動物研究中促成的。

　　西元前三三六年腓力二世被殺，亞歷山大繼位。在迅速使希臘本土的城邦臣服之後，他開始了史無前例的東征。西元前三三五年，亞里斯多德重返雅典，創辦克呂昂學院，專門進行教學和研究工作，寫出很多學術著作，在這裡的十二、三年被認為是亞里斯多德學術活動

的鼎盛時期。他在克呂昂建立起巨大的教學場所、圖書館和博物館，帶領眾多學者和弟子探討學術問題，廣泛搜集資料，從事科學研究，例如，他派出眾多弟子對一五八個希臘城邦的政治制度的調研就是在這一時期做出的。在專心著述的同時，他的很多公開演講被弟子記錄下來，整理成書，後來大多成為亞里斯多德傳世的重要著作，這些著作中的思想表明他的學術觀點已經成熟。

西元前三二三年，亞歷山大去世後，亞里斯多德被迫離開雅典，讓他的學生塞奧弗拉斯特主持克呂昂學院的工作，自己回到他母親的故鄉優卑亞島的卡爾西斯，第二年因病逝世，享年六十三歲。

在古希臘哲學家中，亞里斯多德的著作從數量上看可能是最多的，但其中的很大一部分已經佚失。應該說，在古代，人們對亞里斯多德的著作的重視程度遠不如柏拉圖，再加上亞里斯多德的主要著作是由後人整理編訂的，後人在面對這些殘篇斷簡的時候，留下了如此之多的注釋，因而，對亞里斯多德的著作進行分期和排序以理出其思想產生、發展和變化的過程存在著重重困難。

我們現在能夠看到的亞氏的著作有四十七種，它們是：（1）《範疇篇》；（2）《解釋篇》；（3）《前分析篇》（兩卷）；（4）《後分析篇》（兩卷）；（5）《論題篇》（八卷）；（6）《辯謬篇》；（7）《物理學》（八卷）；（8）《論天》（四卷）；（9）《論生成和消滅》（兩卷）；（10）《天象學》（四卷）；（11）《論宇宙》；（12）《論靈魂》（三卷）；（13）《論感覺及其物件》；（14）《論記憶》；（15）《論睡眠》；（16）《論夢》；（17）《論睡眠中的徵兆》；（18）《論生命的長短》；（19）《論青年和老年》、《論生和死》、《論呼吸》；（20）《論氣息》；（21）《動物志》（十卷）；（22）《動物的器官》（四卷）；（23）《動物的運動》；（24）《動物的行進》；（25）《動物的生成》（五卷）；（26）《論顏色》；（27）《論聲音》；（28）《體相學》；（29）《論植物》（兩卷）；（30）《論聲音

奇異》；（31）《機械學》；（32）《問題集》（三十八卷）；（33）《論不可
分割的線》；（34）《論風的位置和名稱》；（35）《論麥里梭、塞諾芬尼
和高爾吉亞》；（36）《形而上學》（十四卷）；（37）《尼各馬科倫理
學》（十卷）；（38）《大倫理學》（兩卷）；（39）《歐德謨倫理學》（八
卷）；（40）《論善和惡》；（41）《政治學》（八卷）；（42）《家政學》
（《經濟學》）（兩卷）；（43）《修辭術》（三卷）；（44）《亞歷山大修辭
學》；（45）《詩論》；（46）《雅典政制》；（47）《殘篇》。

　　那麼，如何對亞里斯多德的這些著作進行分類和排序就是一個把
握亞氏整個哲學思想體系所必須面對的一個首要問題。先看一看亞氏
自己的分類。在《形而上學》中，他把知識分為三類，即實踐的、製
造的和理論的。實踐的知識是指與人的活動有關的，如何政治、倫理
以及家政（經濟）等。製造的知識相當於我們現在的有關技藝的知
識，包括建築、醫學以及詩歌、戲劇等。亞氏又將理論知識分為三
類：自然哲學、數學和神學。亞氏撰述的物理學、心理學以及動物學
等方面的著作當屬第一類。雖然現存的亞里斯多德的著作中沒有專門
的數學著作，但亞氏對數學，尤其是幾何學的重視和推崇是不言而喻
的。亞里斯多德將最高的理論學科叫做「第一哲學」，即「形而上
學」。Metaphysica 這個字的原意是「物理學之後」，中文依據《易
經》上的「形而上者謂之道，形而下者謂之器」，譯成「形而上學」，
指超乎經驗的學問，遂成為哲學的專用語。按照亞氏關於運動與靜
止、形式和質料的學說，理論學科三個部分劃分的根據是，自然哲學
研究的是那些運動的、卻又不能與質料分離的本體（即具體事物），
數學研究的是那些不動的卻又在質料之中不和質料分離的本體（即
數），而第一哲學則研究那些自身並不運動、又可以和質料分離的抽
象的、又能夠推動其他事物的「本體」，即所謂「不動者」，這門最高
的學問即神學。但他在《形而上學》卷中又將第一哲學說成是研究 to

on（「是」）的學問，其物件是 to on hei on（「作為是的是」），「本體論」（或「是論」）（ontology）一詞便從此而來，那麼到底是「神學」還是「本體論」（「是論」）占據第一哲學的中心位置，二者又是什麼關係，遂成為亞氏哲學思想研究中的一個極為重要但眾說紛紜的核心問題。

值得注意的是，亞氏雖然是邏輯學的創始人，但他並未把邏輯學列入上述者三類學科當中，其原因在於他認為邏輯學只是一種在研究所有學問的過程中必須遵循的獲得正確知識方法和工具。不過，在這裡，為了對亞氏的哲學思想做一個歷史的和概括性的描述，明確其在希臘哲學發展史上的位置，下面，我們僅就亞氏哲學的核心部分，也就是承繼了傳統的希臘哲學根本問題同時又開拓了一個明朗而嶄新的局面的「本體論哲學」展開描述。

亞里斯多德繼承和發展了愛利亞學派的巴門尼德提出的關於 einai（即英文的 to be）的學說，並將這個詞的中性分詞 on（即英文的 being）確定謂最重要的哲學範疇，提出有一門專門研究 on 的學問，後來被稱為「本體論」（ontology），《形而上學》就是西方哲學中第一部研究 on 的著作，亞里斯多德則成為「本體論哲學」的奠基人。以下我們從三個方面簡要介紹一下亞氏的「本體論哲學」。

首先，on 是什麼？如果說這個希臘文的同義拉丁文 ens，以及英譯 being 和德譯 sain 還能夠基本上保持這個詞的語法特徵的話（即聯繫動詞的分詞形式），那麼譯成中文則存在重重困難，曾經出現過多種譯法，可以說，如何對這個詞本身進行恰當的翻譯就成為中國人理解希臘哲學乃至整個西方哲學思想的一個關鍵問題。

對於這樣一個最為普遍、外延最廣的概念，有學者認為，在中國哲學中只有「有」可以與之匹配，所以把它譯成「有」。上世紀四五十年代，由於在《反杜林論》、《費爾巴哈論》等馬克思主義經典著作

中把 Sein 和 being 譯為「存在」，於是「存在」成為了這個詞的約定俗成的譯法。但是，不論是「有」還是「存在」，都沒有能夠反映出希臘原文 on 的本質含義，從陳康先生開始，包括吳壽彭、王太慶、汪子嵩、趙敦華等學者都對這個詞的譯法提出過質疑。一九四四年，陳康在譯注《巴曼尼得斯篇》的過程中，提出 estin（即英文中的 it is）比中文裡外延最廣的「有」要大，而且翻譯起來文理不通，「存在」雖然文意通了，但在外延上也存在同樣的問題。所以對這樣一個不能在中文裡找到恰當的對應詞的情況下，為了使其含義儘量小的走樣，只能採取生硬的直譯，即譯為「是」。[206]但是，陳康的譯法並沒有在哲學界得到普遍的認同和推廣。

　　一九九三年，《學人》發表了王太慶先生的文章《我們怎樣認識西方人的「是」》，他試圖從東西方語言和思想的差異來說明這個問題。他指出，西方哲學中所言的「是」（希臘文 einai，英文 to be）一直是作為聯繫主語和謂語的系動詞，用來表示一個判斷的系動詞受到重視，一直成為一個重要的哲學範疇，正表明了西方哲學思維方式的根本特徵。在中國的古漢語中，本來沒有專門的系動詞，只是到西漢和東漢之交借用代詞「是」（意思是「這」）當作系動詞，但在使用中遠沒有西方語言語言中那樣廣泛，這表明判斷並不在中國哲學和語言中占據重要地位。他認為，西方的 to be 包含了漢語中「是」、「有」和「在」的三個意思，這三合一的意思就體現在 being 當中，其中作為系動詞的「是」的含義體現了這個詞的本質特徵，而這一含義是在中文的「有」和「在」當中所沒有的，這正是中國人難於理解西方哲學中的「being」的根本原因。[207]

206　〔古希臘〕柏拉圖著，陳康譯注：《柏拉圖〈巴曼尼得斯篇〉》，注第149、107頁。

207　王太慶：《我們怎樣認識西方人的「是」》，原載《學人》第4輯，1993年，另見王太慶譯：《柏拉圖對話集》附錄，商務印書館2004年版。

　　一九九九年，汪子嵩和王太慶在《關於「存在」和「是」》一文中進一步指出，多年來，「存在」往往與「意識」相對應，成為物質和精神的代名詞，顯然，西方哲學中的「是」不僅包括了物質的存在，也包括了抽象的存在，後者還成為更高層次的「是」。再者，「存在」的對立面是「不存在」，「不存在」就是「虛無」，這也完全不同於「是」和「非是」（即真和假）之間的關係。「有」與「存在」接近，也存在同樣的問題。因此，正是由於系動詞「是」是構成命題和判斷的基本要素，只有肯定和否定的判斷和命題才能區分出真和假，因此在以求真（知）作為哲學研究的最終目標的希臘和西方哲學中，「是」成為最重要的哲學命題也就不難理解了。可以說，「是」和「真」是一致的，如果把「是」（on to）譯成「存在」的話，就失去了這種一致性，因為「存在」只是表明實在，不能說其就是「真」的。[208]

　　綜上所述，希臘文中的 on 翻譯成「是」更符合其本來的意思。在新近出版的《希臘哲學史》的三卷中，作者即採納了這個譯法，幾十年的探索和爭論似乎可以劃上一個句號了。這樣，該如何對巴門尼德殘篇中關於兩條認識道路問題的表述進行翻譯和理解的問題也就迎刃而解了，王太慶先生反思並修正了當時在《古希臘羅馬哲學》中對這句話的翻譯，當時的譯法是：一條是「存在物是存在的，它不能不存在」，這是通向真理之路；另一條是「存在物是不存在的，它必定不存在」，這是通往欺騙人的意見之路。顯然，這種譯法是有問題的，因為「存在物存在」是同義反覆，怎能是通向真理之路呢，而「存在物不存在」是自相矛盾，又如何是通往意見之路呢？王先生把當初的這一翻譯的錯誤歸之於「沒有真的讀懂」，他認為應該譯為：

---

208 汪子嵩、王太慶：《關於「存在」和「是」》，《復旦大學學報》2000年第1期。

一條「它是，它不能不是」；另一條「它不是，它必定不是」。[209]

在希臘哲學發展史上，巴門尼德首先提出將「是」與「不是」作為區分真理和意見的標準。哲學史家普遍認為，巴門尼德之所以提出這種看法，是針對赫拉克利特的萬事萬物皆流變的學說，既然人不能夠兩次踏進統一條河流，那麼任何事物都是「既是又不是」，沒有了確定性，那麼何談真假與是非，人還能夠有什麼認識可言？巴門尼德反對的正是這一點，他提出了「是」的概念，這是他在希臘哲學上的最大貢獻，但他沒有能夠對「是」做出明確的界定。在這以後，蘇格拉底和柏拉圖接受了巴門尼德的存在真知的認識前提，蘇格拉底提出諸如「什麼是正義」，「什麼是勇敢」等問題，就是要尋求現象背後確定的、普遍的和不變的東西，以對抗智者學派以個別事物論事的相對主義，而柏拉圖用「相」來回答了巴門尼德和蘇格拉底提出的「是」的問題，這個「相」完全符合「是」的特徵和要求，只是與具體事物相分隔，成為兩個不同的世界，這個「相」受到其弟子亞里斯多德的批評，認為飄離了現實世界的「相」是不過是「一個空洞的名字」，沒什麼意義。亞里斯多德成為第一個將「是」確定為最根本的哲學範疇的哲學家，並把哲學從其他具體科學的研究中分離出來，從而確定的哲學研究的基本任務，認為哲學就是研究「是」的學問。

亞里斯多德將知識分為理論知識和實踐知識兩種類型，指出理論知識的目的是求真，而實踐知識的目的是行動。實踐知識包括倫理學、政治學等，雖然這類知識也要了解事物是什麼，但不是從永恆的方面去考慮，只考慮與當前有關的事情，所以對實踐知識來講，重要的是判明善和惡，而不是真與假。以此來看，哲學顯然當屬於理論知識。

---

209 王太慶：《我們怎樣認識西方人的「是」》，載王太慶譯：《柏拉圖對話集》。

那麼，「是」包括哪些具體的內容呢？首先，作為一個最具普遍性的範疇，無論是物質的還是精神的、具體的還是抽象的東西，都可以說它「是」，「是」可以說是各門學科研究的對象，因此有各種不同的「是」。比如，數學研究的物件是「作為數的是」，生物學研究的是「作為生物的是」，倫理學研究的則是「作為人和人之間的關係的是」，而哲學研究的是「作為是的是」，也就是純粹的「是」，哲學與其他的具體科學的關係是，它研究的這種純粹的「是」的範疇、原理和公理是各門特殊學科都要使用的東西，但它們都不對這個東西進行專門研究，只能由哲學來研究。這樣，相對於其他學科開說，哲學成為一門具有普遍性和根本性的學問，其研究物件就是 on，這門學問即 ontology。這是哲學與其他學科的關係，就「是」本身來講，也要分析為不同的範疇，居於核心地位的是本體（ousia），其他依附於這個「本體」而存在的範疇是「屬性」。本體和屬性都是「是」，只不過本體的「是」是可以獨立自存的，而屬性的「是」則不能獨立自存，只能依附於「本體」，至於什麼是本體，什麼是屬性，亞氏的前後思想是由變化的。在《範疇篇》中，他認為具體的個別事物是第一本體，如蘇格拉底這個人，而他的抽象的「屬」（人）和「種」（動物）只能算第二本體，可見，重視經驗是亞里斯多德早期形而上學的重要特徵，也是與柏拉圖的不同之處。但是後來，在他分析具體事物的時候，認為它們是由形式和質料組合而成的，他提出，決定他是這個事物而非其他事物的，主要是形式而非質料。所以在《形而上學》中，他改變了原來對本體的看法，認為形式才是第一本體，是事物的本質，表達形式的是定義，定義是由「種」和「屬差」組成的，比如「人是什麼」，他說「人是城邦的動物」，顯然比柏拉圖所謂的「人的相」更為明確地表達了人的本質。

在亞里斯多德看來，哲學所要尋求的就是這樣一種「永遠是的」

（即永遠真的）東西，一方面，它們決不會有時是真，有時是假，另一方面，它們只能是其他東西之所以「是」的原因，沒有什麼東西能夠成為它們是什麼的原因，這就好像只要是火，就永遠是熱的，永遠是其他是熱的東西所以是熱的原因，而不是相反。在比如「蘇格拉底是人」，只要承認蘇格拉底是個人的名字，這個命題就永遠是真的。因此，哲學研究的這個永遠是（即永遠真）的東西只能是：第一，邏輯的命題和推理論證的形式；第二，自然科學發現的公式、公理和規律。

由此可見，亞里斯多德創立的作為一種科學的推理方法和思維工具的邏輯學說以及他的關於本體與本質、形式與質料、潛能和現實、「一」和「多」等問題的討論都是圍繞著這一永恆的「是」（即「真」）而展開的，都服從於這一問題的核心。至此，經過幾代古希臘哲學家的苦苦探詢，關於變動不居的現象世界背後的不變的本質的問題，到了亞里斯多德的時候終於發展成為一個系統的知識體系，達到了前所未有的高度，作為後來兩千多年科學研究所必須遵循的基本範式的分析理性（即邏輯理性）建立起來。

最後我們再簡要地回顧一下古希臘邏輯理性產生的過程，從中可以更為清晰地看出亞里斯多德的哲學思想在希臘哲學發展史的地位及其做出的偉大貢獻。

在哲學誕生之初，自然哲學家普遍從某種物質性的本原探討萬物背後不變的本質，這種探索經歷了一個不斷由具體到抽象、由物質到精神的過程，畢達哥拉斯提出的「數」達到了這一過程的頂點，也預示了某種轉型。巴門尼德提出將「是」作為最基本的哲學範疇，成為希臘哲學的一個轉捩點。此前把世界的本質看成是某種物質性的東西的哲學家有一個共同的特點，就是不得不承認世界的運動變化，運動變化即反映出某種不確定性，赫拉克利特的「人不能兩次踏進統一條

河流」就是這種不確定性的告白，這就為相對主義和不可知論留下的餘地，普羅泰戈拉所提出的「人是萬物的尺度」和智者學派的興起就是這個「缺口」自然發展的產物。作為對上述趨向的回應，為了挽救哲學追求真理的特性，巴門尼德不惜「犧牲」運動變化的現象世界提出了「是」的範疇，不過，他並沒有對「是」做出全面的界定，也沒有找到他的靜止不動的「是」和變動不居的世界的結合點，因而僅成為一個過渡性的人物，但他在希臘哲學轉型過程中起到的關鍵性作用是不可否認的。此後的希臘哲學家正是沿著這條探詢「是」的道路展開論述的。首先，德謨克利特和柏拉圖都在一定程度上接受了巴門尼德的學說，並在兩個截然相反的方向上進行了演繹和發展。德謨克利特把「是」看作是物質性的原子，走的是傳統與「現代」相結合的路子，從而達到了古代唯物論哲學的頂峰；柏拉圖則將「是」說成是抽象的「相」，開了唯心論的先河，並構築起第一個完整的本體論的哲學體系。後一條道路逐漸成為希臘哲學研究的主流。雖然柏拉圖在《巴曼尼得斯篇》中批評了其「是」論，並試圖克服其內在的矛盾，但卻以失敗告終，與具體世界相分離的、靜止的「相」使柏拉圖在很大程度上不是解決了而是繼承了巴門尼德哲學思想中的矛盾。這兩條道路在亞里斯多德那裡得到了匯合。亞里斯多德第一次提出了哲學研究的物件是「作為是的是」，使哲學有了明確的目標和定位，與其他的具體學科分離開來，成為「哲學本體論」的奠基人。與柏拉圖僅僅依靠抽象的邏輯推理直接推出範疇體系不同，亞里斯多德往往把自己的分析建立在經驗事實的基礎上，以此為基礎，首創了研究命題推理形式的邏輯學，同時對「作為是的是」進行了各種深入的分析。這種以具體的經驗事實為基礎建立的「是論」一方面接續起了早期希臘哲學家重視從觀察具體世界得出結論的傳統，另一方面也把變動不居的現象世界從柏拉圖的「相論」中拯救出來，從而找到了現實世界和不

變的「本體」之間的結合點，把柏拉圖靜止的「相」改造成運動發展的東西，在一定程度上解決了巴門尼德和柏拉圖哲學中的矛盾。

下面我們舉幾個具體的例子來說明亞里斯多德和以前的哲學家（包括他的老師柏拉圖）之間的聯繫與區別，繼承與發展。亞里斯多德以前的大多數哲學家都認為只有理性才能認識真理，感覺（意見）只能將人引向錯誤。繼巴門尼德之後，柏拉圖把這種認識上升到理論的高度。特別是在早期「相論」中，他把感覺和理性絕對對立，認為只有理性才能認識真理，感覺只能得到假像，在後期「相論」中，這種看法雖然有所鬆動，但還是強調感覺（意見）不是知識（episteme）。亞里斯多德卻非常重視感覺在認識中的作用，他將認識過程分為五個階段，即感覺、記憶、經驗、技藝和知識、智慧，感覺位於認識的第一個階段，他明確指出，沒有感覺便不能有知識。又比如，在《形而上學》三到九章，亞里斯多德對希臘哲學作了歷史的回顧，對他以前的哲學家對世界本質問題的探求做出了全面的評述，既指出了其貢獻，又指出了其不足，他指出，最初的哲學家把世界的本原歸之於某種物質性的質料，到柏拉圖提出「相論」，才把本原提升到形式的層次，但這些都不能解釋事物運動變化的原因，不能說明事物之所以「是」的本質，在此基礎上，亞里斯多德提出了「四因說」，既只有用質料因、形式因、動因和目的因才能說明事物的「是」和生成。在比如，面對變動不居的世界，是否可以得到真的認識，即是否存在普遍的、不變的和絕對的「是」，一直是困擾哲學研究的一個關鍵的難題。從赫拉克利特到普羅泰戈拉再到智者學派，都十分強調因為現象是變動的，人通過感覺得到的意見也是因人而異的，因此人的認識沒有真與假之分，對變動著的東西不能做真實的陳述。對於這種觀念，亞里斯多德一方面肯定其中有合理性的成分，即承認事物是運動變化的，但另一方面，又堅持認為運動變化的背後總有不變的東西，經過

一番周密的論證，亞里斯多德證明，相反的東西不可能同時屬於一個主體，即他所說的「在同一時間內，同一屬性不能在同一方面既屬於又不屬於同一事物」，這就是他提出的認識事物所必須遵循的基本規律之一「矛盾律」。除了「同一事物不能既『是』又『不是』」的矛盾律，認識事物需要遵循的另外一條基本規律是「排中律」，即「同一事物既不能不是『是』又不能『不是』」，也就是說，在「是」與「不是」之間，不存在中間的東西。這兩條公理的確立基本解決了上面的問題，從而使哲學的求真之道成為可能。

總之，從早期的自然哲學家亞里斯多德，希臘哲學家對世界的本質的認識經歷了多次如下的過程，概括起來，可以分為：（1）從認識的物件或側重點來看，經歷了從具體—抽象—具體、從物質—精神—物質、自然—人—自然的過程；（2）從認識物件的特徵來看，經歷了從運動變化—不變—運動變化、從感性認識—理性認識—感性認識的過程；（3）從對認識本身的認識來看，經歷了可知論—不可知論—可知論、從存在求真的標準—相對主義—存在求真的標準的過程。應該說，每一次回歸並不是又回到了原來的起點，而是達到了更高的階段，完成了新的綜合，這一不斷重複的「正—反—合」的認識過程在希臘哲學發展過程中表現得十分明顯，正是在這一過程中，希臘的邏輯理性（即分析理性）逐漸形成。

（三）希臘化——羅馬時期悲觀主義歷史觀及其神化趨向

1 斯多噶學派

西元前三三四年，馬其頓的亞歷山大於開始了史無前例的東征，十幾年之後，一個橫跨歐亞非三州的大帝國建立起來，這標誌著城邦文明的終結和帝國時代的開始，從此進入了古希臘歷史發展的最後一

個歷史時期，即希臘化時代。「希臘化」一詞帶有明顯的希臘中心主義色彩，實際上，雖然希臘文化借助馬其頓的兵鋒開始向外傳播，但東方文化的進入也是不可阻擋的趨勢。繼亞歷山大帝國而興起的羅馬帝國基本上繼承了希臘化時代形成的文化傳統，世界性的文化發展的結果就是世界性的宗教──基督教的出現，基督教正是晚期希臘哲學，尤其是新柏拉圖主義和東方的猶太教相互結合的產物。正是由於希臘化時代和羅馬帝國時期在思想史上所存在這種密不可分的關係，我們通常把二者一同歸入於晚期希臘哲學的範圍。

總的來看，城邦文明的衰亡，世界主義的形成，東西方文化的交融與衝突，所有這些新的時代特點都對希臘哲學的發展道路、方向和趨勢產生著各種影響，因而使這一時期的希臘哲學呈現出不同於古典時代的特點。大致可以概括為以下三個方面：第一，城邦的狹隘觀念被突破，出現了一種具有公共性和國際性特徵的世界主義文化，推動了普世主義和折中主義哲學和倫理學思想的出現；第二，隨著亞歷山大里亞取代雅典成為新的文化中心，自然科學在這一時期出現了長足的發展，並逐漸從自然哲學中分化出來，造成了哲學的衰落，雖然在哲學中關於自然的研究並未中斷，但倫理學逐漸成為這一時期哲學研究的核心內容，且普遍表現出強烈的悲觀主義色彩；第三，在古典哲學中僅僅處於萌芽狀態的神學思想得到了前所未有發展，最終與猶太教的一神論思想相契合，融會成世界性的宗教基督教，這標誌著古典哲學的最後終結。

在柏拉圖和亞里斯多德之後，古典時代形成的邏輯理性在希臘化－羅馬哲學中得到了繼承和發展，雖然這一時期的哲學流派普遍呈現出綜合和折中主義的特色，但在觀點和方法上還是呈現出不同的傾向，這在一定程度上延續了從前希臘哲學的傳統。例如，在尋求萬物本質和本源的問題上，如果說斯多噶派和伊壁鳩魯學派分別代表了唯

心主義和唯物主義兩種不同的思想傾向的話，那麼作為這兩者的共同對立面的懷疑論和不可知論也在某種程度上是先前類似哲學思想的延續。最後，柏拉圖的哲學思想同猶太教神學相互融合而形成的新柏拉圖主義為基督教的產生奠定了理論基礎，也標誌著古代哲學的終結。下面我們就分別對這些具有代表性的哲學派別進行一些概要性的述評。

斯多噶學派是希臘化－羅馬時代影響最大的哲學流派。從西元前三百年左右形成到西元三世紀退出歷史舞臺，在這六百年中，從早期在雅典產生到迅速傳播和發展，再到羅馬時代成為官方哲學，斯多噶學派經歷了產生、輝煌和衰亡的過程。「斯多噶」的意思是「畫廊」，該學派是由其創始人芝諾常常在雅典北面的畫廊講學而得名。斯多噶學派的哲學體系主要包括邏輯學、自然哲學和倫理學三個組成部分，從早期開始就帶有明顯的此前各種學派影響的印記。例如，斯多噶學派主張，從事哲學研究的目的是為了為道德生活尋找一種穩固的根據，以獲得幸福。這一點與犬儒學派是一致的，但他們又十分強調自然科學和邏輯學研究的重要性，主張正確的知識是道德行為不可缺少的條件，這一思路又沿承了蘇格拉底和柏拉圖的哲學思想。

斯多噶學派可能是第一個使用「邏輯」這個名稱的。早期的斯多噶學派認為，認識來源於知覺，而概念是在感覺、知覺的基礎上形成的，而認識的真理性標準就是與實在性物件相一致的知覺。早期的斯多噶學派不但堅持了這樣一種唯物主義的傾向，而且為形式邏輯的發展作出了巨大的貢獻。正是在這種認識論思想的指導下，斯多噶學派很重視物理學的研究。一方面，致力於用亞里斯多德的形式質料學說去重新解釋赫拉克利特的「火－邏各斯」學說，另一方面，卻建立了一種以其神學目的論為依據的泛神論、天命論和宿命論，後者對後來的新柏拉圖主義和基督教神學產生了深遠的影響。

倫理學是斯多噶學派哲學最重要的部分。與其邏輯學和物理學思

想相一致，他們認為，既然萬事萬物都服從普遍的理性（邏各斯），人自身當中也具有這樣的理性，因此，只有認識並遵循這種理性（即人的自然本性）而生活，就可以引導人走向美德，因此，「以一種順從自然（本性）的方式生活」，就構成了幸福的人的美德和人生的完美的幸福。同時，他們指出，儘管所有的人按照其本性都能做到這一點，但只有聰明和富有智慧的人，也就是「哲人」才能自覺地做到這一點。正是由於理性（邏各斯）是「哲人」本身所固有的，所以不用求助於外在的東西，如財富、榮譽等。哲人是自由人，不自由的人只能是奴隸。正因為哲人能夠使萬物恰如其分，所以應該為人間立法，君王也就成為哲人的最高代表。這樣一種哲學，必然會受到統治階級尤其是君主們的歡迎和青睞。

從西元前二世紀後半葉開始，斯多噶學派進入中期。由於與羅馬帝國的全面接觸，其學說更傾向於實用，同時，也開始向折中主義和唯心主義轉化。

晚期斯多噶學派基本上貫穿於羅馬帝國的始終，是斯多噶學派最重要的發展時期，其代表人物包括塞涅卡（約西元前4-西元65年）、愛比克泰德（約西元5-138年）、馬可‧奧勒留（西元121-180年）等。在晚期斯多噶學派，其時代特徵表現得最為明顯。從總的傾向看，晚期斯多噶派的柏拉圖特徵愈發強烈，更加注重道德和倫理問題，注重道德倫理原則的傳播和應用，在宗教觀念上，更加強化宗教神學的觀念，認為人和神之間是血脈相通的。

塞涅卡是羅馬著名的富豪，生前寫了大量文學和哲學作品。他認為，哲學是獲得美德的一種手段，善惡問題是哲學研究的唯一物件。他強調美德應該是實踐而不是理論上的探討。他接受了柏拉圖的主張，把肉體和靈魂對立起來，認為肉體的快樂是短暫的，不足道的，有害的，美德的真正價值是內在的，幸福的生活應該是符合理性的。

聰明人應該成為財富的主人,而不是它的奴隸。他主張生活節儉,樂善好施。塞涅卡還以熱心於政治而自居,力圖調解奴隸主同奴隸之間的矛盾,並寫出著作,為王權進行辯護,他指出,帝王只要秉承上帝的意志,就集神權、政權和族權於一身,可以為所欲為。在宗教神學上,他繼承早期斯多噶學派的傳統,宣揚神學目的論。神是最高的理性,是全知全能的,是世界的創造者和統治者。通過這樣的學說,塞涅卡加深了斯多噶學派中原有的宗教神學因素,把哲學和神學進一步融合起來,與新柏拉圖主義靠得更近了。

愛比克泰德早年出身於被釋奴,曾擔任過尼祿的侍衛,後在羅馬講學。生前沒有著述,其言行是由其學生記錄下來的。愛比克泰德也把道德理論作為哲學研究的中心問題。他認為,一般的道德原理對所有人來講都是天賦的,問題就在於如何運用,哲學的任務就是發展這些天賦。為此,他甚至試圖消除傳統的哲學問題,例如世界的本源問題,把哲學研究局限在倫理道德的範圍內。他提倡哲學教育,主張使人懂得邏輯,擁有邏輯推理的能力,但不是為了學習邏輯知識本身,而是把天賦的道德觀念運用到實際生活中去。他認為,人應該聽命於統治者和命運的安排,學會容忍和克制,同時,強調博愛,人和人都是兄弟。這種把神學和倫理學相結合的宿命論哲學開了基督教教義的先河。最後,在愛比克泰德的思想中,還強烈地表現出斯多噶學派的世界主義傾向。他把世界公民權和上帝之城的概念聯繫起來,認為人人都是世界的公民、神的兒子,不應該只考慮個人。因此,他指責伊壁鳩魯學派反對婚姻家庭、不參加政治活動、離群索居的主張,主張積極介入城邦的政治和公共生活。這樣一種神權與政權相統一的學說正應合了羅馬帝國的需要,所以才帶出了羅馬皇帝哈德良和馬克・奧勒留這樣的弟子。

馬克・奧勒留是羅馬帝國時代著名的皇帝哲學家,也是斯多噶學

派的最後一個代表人物。奧勒留執政的時代羅馬帝國正陷入種種危機，叛亂、起義、戰爭和瘟疫不斷，從某種程度上講，奧勒留具有濃厚的悲觀主義色彩的哲學思想正是這種外部環境的內在表現。在戎馬生涯中，奧勒留寫成了他的由長短不等的格言組成的代表作《沉思錄》。他認為，在變動無常的世界中，只有哲學才能給人以支撐和慰籍。他的哲學體系的主要內容包括神學、倫理學和國家學說，其核心是神學。他認為，對人來講，相信神是必不可少的，因為萬物來自於神又復歸於神，神以最完美和最仁慈的方式安排萬物，人時刻都能經驗到神的影響，神的啟示是通過人的靈魂顯露的，因此，這是一種典型的神學宿命論思想。同時，他指出萬物無常，一切存在物都處於變易和消逝的循環中，因此，去關心這些可滅的事物是錯誤的，這只會妨礙心靈的平靜。所以，與他的神學宿命論相應，他提出了一種悲觀厭世的人生觀。他的倫理學思想也是在這種世界觀和人生觀的基礎上建立起來的。他認為，人是由肉體、靈魂和理性三個部分所組成，死亡是靈魂脫離肉體的結果，人的靈魂則是從神那裡流溢出來的，是人必須恪守的。他認為人應該以一種平靜謙和的心態服從神的安排，應該拋棄對將來的一切希望和欲求，只滿足於當前的一切就可以了。在政治思想上，與其他的斯多噶學派的代表人物一樣，奧勒留宣揚一種與神學相結合的世界主義的國家學說。他宣揚一個宇宙，一個神，一個法律。整個世界是一個城邦。

斯多噶學派在希臘化時代一直占據主導地位，這種情況一直延續到羅馬帝國前期，後來被受到其很大影響的新柏拉圖主義取而代之，最後一同匯入到基督教神學的主流當中。因此，斯多噶學派對基督教的形成也產生過間接（主要是早期和中期）和直接（主要是晚期）的重大影響。愛比克泰德由於其與基督教十分接近的宗教信仰和道德說教被早期基督教列入「天生的基督徒」的行列正說明了這一點。

2 伊壁鳩魯學派

伊壁鳩魯學派是與斯多噶學派相並行的晚期希臘最重要的哲學學派之一，這兩個學派既有共同點和聯繫，也存在明顯的對立和區別，總的說來，這兩個學派基本上承襲並代表了前期希臘哲學的兩種不同偏向和觀點，同時，新的時代又賦予了它們以不同於以往的希臘哲學的特色。

伊壁鳩魯學派是伊壁鳩魯（西元前341-前270年）於西元前三〇六年在雅典創立的。該學派一直存在到西元四世紀，前後持續達七百年之久。

伊壁鳩魯學派的產生和發展大體上經歷了三個時期。早期伊壁鳩魯學派（西元前4世紀-前3世紀末），代表人物就是學派的奠基人伊壁鳩魯，大約在西元前三〇七到前三〇六年左右，他在雅典創辦了這個學派，提出了該學派的一些基本理論和實踐的準則，成為與斯多噶學派、懷疑論學派相並存的晚期希臘－羅馬哲學的三個主要派別之一。中期伊壁鳩魯學派（西元前2世紀-前1世紀），最著名的代表人物是羅馬的盧克萊修，其著作《物性論》精確地闡述了伊壁鳩魯的學說。晚期伊壁鳩魯學派（西元1世紀-4世紀），這一時期伊壁鳩魯學派在繼續向外傳播的同時，也經歷了一個被扭曲和蛻變的過程，成為統治者追求享樂主義的依據，其衰亡也就成為必然的結局。

伊壁鳩魯生於薩莫斯島，後隨其父到過小亞細亞的很多愛奧尼亞城邦。十四歲的時候就對哲學產生濃厚興趣，曾經追隨德謨克里特派哲學家瑙西芬尼學習原子論哲學。早年曾在小亞的米提利尼、蘭薩庫斯等城市創立自己的哲學學校，後移居到雅典創辦新校，由於校址選在一個著名的花園，故獲得「花園派」的稱號。該校在歷史上第一次接受女學生，還有奴隸參加，伊壁鳩魯與其弟子組成的團體過著簡樸

平靜的生活，他本人受到尊敬和愛戴。他生前著作達三百多卷，但大部分佚失。

　　伊壁鳩魯學派是在與斯多噶學派相同的時代背景中產生的，它們雖然大多關注於同樣的問題，帶有很多相似的時代印記，但二者在哲學思想、時代命運上卻大相徑庭。如果說斯多噶學派的哲學大受統治者及其統攝的知識界的推崇與歡迎、曾經風光一時的話，伊壁鳩魯學派則一直受到統治者和知識界的指責、詆毀和中傷。其中的一個重要原因就是伊壁鳩魯學派所堅持的唯物主義哲學傳統，尤其是德謨克里特為代表的原子論哲學，其無神論思想與希臘化時期和羅馬帝國的王權神化的統治需要不相合拍。但是，伊壁鳩魯學派的哲學思想在後世越來越受到重視，因為它接續並發展了早期希臘哲學的唯物主義傳統，並使之達到了一個新的高峰，因而，它在希臘哲學發展史，乃至整個西方哲學史上的地位和作用是不容忽視的。

　　伊壁鳩魯的哲學體系大體由三個部分構成，即準則學、物理學和倫理學，其中貫串的其無神論的宗教思想。

　　「準則學」得名於伊壁鳩魯已佚的著作，主要包括他的邏輯學和認識論思想，可以看作是其哲學體系的出發點。首先，他認為感覺和知覺是人類認識的唯一來源和基礎。人們只有以感覺和感觸為依據，才會得到可靠的知識。他指出，人們能夠聽到、看到、感覺到的東西無疑是實在的東西，甚至人們在夢境中的東西在某種程度上也是真實的。也就是說，先有客觀存在的物件，然後才有對客觀事物的感覺。顯然，這種認識與柏拉圖學派的看法是完全對立的。伊壁鳩魯還繼承了恩培多克勒和德謨克里特的反映論學說，提出了「流射影像說」，以此解釋視覺、聽覺和嗅覺的工作原理。值得注意的是，伊壁鳩魯儘管十分強調感覺知覺在認識中的作用，但卻沒有否定概念的作用。他認為，同一感覺的重複就產生概念，因此，概念是存在於心靈中的一

般圖像。這種來自於感性知識的概念對於研究和認識事物是必不可少的工具。以此為基礎，伊壁鳩魯進而提出，感覺是認識真理的標準，得到感覺證明的推理、意見和判斷就是真理。在這裡，伊壁鳩魯把來對自於外在的不斷運動變化的世界的也處於不斷變化之中的主觀感覺作為鑑別真理的標準，反而走向了主觀主義和相對主義，這是他的認識論的局限性。

伊壁鳩魯重視感覺，所以特別強調研究自然的重要性。在物理學上，他繼承和發展了德謨克里特的原子論學說。首先，伊壁鳩魯認為，萬物的本原是原子和虛空。他指出，「無」不能產生「有」，從不存在的東西中不能產生出任何東西來。顯然，這是與柏拉圖的理念論相對立的。雖然可以以複合物的形式存在，但物體歸根結柢是由原子構成的，原子構成了萬物的本原，而虛空則提供了一種運動的場所。另外，從宏觀的角度看，由無限的原子構成的宇宙是無限的，虛空也是無限的。這種「無限」一方面是指原子的數目是無限的，另一方面，原子在形狀上也是千差萬別的，由此才構成了豐富多彩的世界萬物。伊壁鳩魯不但繼承了德謨克里特關於原子和虛空是萬物本原的學說，而且還提供了邏輯上的論證，並有所發展。比如，德謨克里特曾經指出，原子有兩種屬性，即大小和形狀，伊壁鳩魯又加上的第三種屬性，即重量，從而更好地解釋了物體在空間中的運動。伊壁鳩魯指出，原子在虛空中主要有三種運動：直線式的下落，偏離直線的運動和由相互排斥造成的運動，其中，原子偏離直線的運動是德謨克里特所沒有注意到的，這一發展不但完善了運動的類型，而且為運動中的偶然性提供了理論上的依據。偶然性的提出成為反對宿命論思想的有力武器，因為世間的一切如果完全受到必然性的控制的話，人們也就不再有責任感以及意志和行動的自由。可見，伊壁鳩魯的自然學說與其倫理思想是緊密結合的。在這個意義上，原子偏離直線的學說在他

的整個哲學體系中占有極其重要的地位。

　　實際上，伊壁鳩魯的準則學和物理學都是服務於其倫理學思想的，為後者提供了堅實的理論基礎和科學依據。正是在感覺論準則的指導下，他提出了主張快樂的幸福論。他認為，只有可以感覺的個體事物存在，因而，個體的感覺是衡量德性的標準，個體的幸福是一切活動的歸宿，唯一的至善是快樂，相反，每一種痛苦都是惡，人們應該追求快樂，避開痛苦。當然，伊壁鳩魯在這裡所講的快樂主要是指精神的快樂，因而是與美德不可分的，因此，這種快樂與肉體的快樂是完全不同的，而且常常是完全相反的。他提倡一種知足、有節制和簡樸的生活，除了基本的生活需求外，戒絕奢侈的享樂。他所追求的最高幸福是一種擺脫了肉體的痛苦之後的精神的安寧。為了達到這一目標，需要過一種正直的和理智的生活，其前提就是通過學習使自己具備理性的認識和科學的知識。

　　與斯多噶學派相似，伊壁鳩魯也認為並不是所有的人都能夠達到這一幸福的目標，只有哲人才能做到。但是，伊壁鳩魯提出的哲人形象卻與斯多噶學派大相徑庭。伊壁鳩魯提出，幸福的哲人應該是這樣的，他的欲望是有限度的，對神和生死抱有一種達觀的正確態度，他總是以感激的心情回憶過去，以愉快的態度享受現在，以泰然的心緒看待未來。在他看來，驅除一切紛擾，達到心靈的寧靜是人生追求的最高目標。在這一點上，伊壁鳩魯和斯多噶學派有相似之處，但二者在達於寧靜的途徑上卻是根本對立的。伊壁鳩魯說：「哲人不關心國家大事，除非發生什麼特殊情況。」而斯多噶學派的奠基人芝諾卻說：「哲人要關心國家大事，除非有什麼情況阻礙他。」這正代表了當時兩種完全不同的生活態度，也決定了它們在社會政治生活中的不

同命運。[210]面對著同樣的動盪不安和日漸衰落的社會現實，如果說伊壁鳩魯學派代表了一部分主張消極避世的人的心理狀態，是個人主義的一種極端發展的話，那麼斯多噶學派則表現了一種相對積極的入世思想，更多地體現了世界主義的發展趨向。

值得注意的是，雖然提出了這樣一種明哲保身的處世哲學，但伊壁鳩魯並未把自己完身置身於國家和社會之外，還是提出了一套有關社會契約的學說。他認為，正義是依賴於契約而存在的，它是調整人與人之間的利益關係的必要的原則，是任何人都應該遵循的。其外在的形式就是法律的制定。但是，契約、正義和法律也並不是一成不變的，它們會隨著情況的變化而發生變化。

如果說出世和入世體現了伊壁鳩魯和斯多噶學派在社會和政治生活上態度上差異的話，那麼在二者在宗教神學思想上所表現出的對立則更為明顯和深刻。

伊壁鳩魯是古代世界最為大的無神論者之一，他的無神論思想至建立在他的物理學尤其是原子論學說的基礎之上。當然，他的無神論思想不是在肯定或否定神的存在的層面上，而是在神的本性的認識上有別於那個時代大多數人。他認為，對神的錯誤認識才是對神最大的不敬，他指出，神並不像眾人所想像的那樣決定一切，相反，神對一切是不加干預的，對人間的善惡是毫不關心和無動於衷的，這樣，神被卸掉了一切武裝，從而喪失了一切威力，被隔絕在一個遠離人世的角落，人也因此沒有理由敬畏神。因此，伊壁鳩魯並沒有把神完全驅逐，只是在對世界萬物進行解釋時，去掉了神的因素。這種傾向集中地體現在他對天命和預言的否定上。伊壁鳩魯認為，對命運和必然的

---

210 範明生：《晚期希臘哲學合基督教神學——東西方文化的匯合》，上海人民出版社1993年版，第137頁。

篤信使人們喪失了理性的思考和行動的自由，對偶然的挽救則為人們發揮主觀能動性留下了餘地。他勸說人們不要去相信預言家和占卜者的話，應該遵從自身的理性去獲得成功。這種唯物主義的傾向還體現在他對靈魂和死亡的解釋上。他把人的靈魂看作是各種原子組成的有機的合成物，靈魂原子遍布肉體，隨著人的死亡，靈魂也就不復存在。人們因而無需對死亡充滿恐懼。綜上所述，正是在這個意義上，伊壁鳩魯否定了神的作用，成為無神論者，受到了包括斯多噶學派在內的古代很多學派的攻擊和漫罵。

這種反宗教的立場也必定受到新興起的基督教及其神學家的強烈反對。只是到了文藝復興以後，他的原子論和倫理學才重新得到了重視。

3 柏拉圖主義

新柏拉圖主義是與晚期希臘哲學的三大學派（即斯多噶學派、伊壁鳩魯學派和懷疑論學派）相並行的另一條重要的思想脈絡，其產生的世間比較晚，因此受到了上面三種學派不同程度的影響，新柏拉圖主義的出現既是對晚期希臘——羅馬哲學的一個全面的總結，同時也標誌著古代哲學的終結，它從一產生就與基督教神學緊密結合，成為連接古代和中世紀哲學思想的一座橋梁。

新柏拉圖主義的前驅是羅馬時代的亞歷山大里亞的猶太人斐洛（約西元前25-西元50年）。他的哲學思想的產生有著深刻的時代背景。希臘的古典文明衰亡之後，希臘化時代的文化中心轉移到埃及的亞歷山大里亞，歷史上第一次東西方文化在這裡全面地碰撞和交融。這裡的猶太人從很早開始就熱衷於研究希臘哲學，並試圖把它移植到猶太教的母體中去。斐洛正是這一全新嘗試最成功的也是最重要的代表。作為一個猶太哲學家，他對希臘的語言、詩歌和哲學有著高度的

熱情和精深的修養，能夠使用典雅的希臘文進行寫作。他研讀過古典時代大多數希臘哲學家的著作，並深受其影響，其中影響最大的當數柏拉圖。在他的作品中，幾乎提到了柏拉圖的全部著作，也正是通過柏拉圖，斐洛使希臘哲學和猶太宗教有機地結合起來，正如黑格爾言：「他特別擅長柏拉圖的哲學，此外他更以引證猶太聖書並加以思辨的說明出名。他把猶太教的歷史當作基礎，加以注解。但是歷史上的傳說和敘述，在他眼裡都失去了直接的現實意義，他甚至從字句裡找出一種神秘的、寓言式的意義加到歷史上去，在摩西身上他找到了柏拉圖。」[211]關於斐洛和柏拉圖之間的這種緊密的關係，古代的拉丁教父哲羅姆早就注意到了並且說得更為明確，他說：「或者是柏拉圖斐洛化，或者是斐洛柏拉圖化了。」[212]此外，畢達哥拉斯、亞里斯多德以及斯多噶學派也在不同程度上對斐洛發生過直接的影響。

斐洛的一生用希臘文寫了大量的著作，基本內容幾乎都是《聖經‧舊約》的《摩西五經》進行注釋和解析，在這個過程中他所使用的「喻意解經法」最集中地體現了他在溝通猶太教神學和希臘哲學，宗教啟示和哲學理性當中所作出的嘗試和努力。應該說，用哲學的思維對神話或宗教進行解釋並不是從斐洛開始的，在他以前，包括斯多噶派在內的希臘哲學就曾經這樣做過，而且這種做法在亞歷山大里亞的受過教育的猶太人中具有一定的普遍性。但斐洛的獨到之處在於他把這種方法推而廣之，毫無拘束和更為系統地運用希臘的哲學理念解釋猶太先知們的話語，把上帝看作是世間永恆不變的一種力量，其作用等同於滲透在萬事萬物中的、無時無刻不在發生作用的「邏各斯」，人也是上帝按照「邏各斯」或理性的樣子造出來的，因此，在

---

211 〔德〕黑格爾：《哲學史演講錄》，第3卷，第162-163頁。
212 範明生：《晚期希臘哲學合基督教神學——東西方文化的匯合》，第212頁。

這個中心點上，斐洛找到了希臘哲學和猶太宗教的一致性，正是憑藉
這種方法，他用希臘哲學的理論來解釋《聖經》，從而建立起他的宗
教神學體系。歸納起來，斐洛的哲學思想主要包括以下幾個方面：

第一，論證神的本性。在他看來，神是絕對沒有任何屬性的存
在，因此不能用肯定的判斷說他是什麼，而只能用否定的賓語說他不
是什麼。但他還是試圖對神進行論證。他認為神是「太一」或「一
元」，是獨一無二的、單純的、自足的、永恆的存在，是萬事萬物的
終極根據。

第二，神創造了世界。在這裡，他把《舊約‧創世紀》中的說法
和柏拉圖在《蒂邁歐篇》中提出的創世說融通起來，提出是獨一無二
的神創造了獨一無二的世界，值得注意的是，他並沒有把世界的物質
性基質的形成歸因於上帝，上帝只是在憑藉「邏各斯」的力量賦予這
個世界以秩序的意義上創造了世界，與猶太宗教相比，這一思想顯然
更接近柏拉圖的思想。

第三，人與神的關係。既然神是一種絕對沒有任何屬性的存在，
那麼人是如何認識他並與之發生關係呢，這是神學必須面對和解決的
難題。斐洛認為，人只能通過神秘的體驗去關照神，靠近神，這是一
種心靈的體驗。他舉例說，不能說聖徒看到了上帝，只能說上帝被聖
徒看到了。因此，對神的認識不是憑藉理性，而是憑藉直覺和啟示達
到的。

在這裡，我們看到了柏拉圖在「洞穴比喻」中的心靈關照本體的
影子。的確，柏拉圖的理念論對斐洛影響至深。如果說柏拉圖的理念
論有了與神接近的潛質的話，那麼斐洛則把二者的距離大大拉近了，
毫無含糊地把理念解釋為神的思想，第一次提出理念就是神，從而把
客觀的理念改造為主觀的神，以適應猶太教的需要。這一新的發展後
來被新柏拉圖主義和基督教教父哲學繼承下來。與此同時，希臘哲

學，尤其是斯多噶學派中對「邏各斯」的解釋也對斐洛產生了深刻的影響。他提出，「邏各斯」是上帝創造世界之前就已存在於心靈中的模型，是內在於神的，是神與人的仲介，是賦予自然的規律，是人及其社會必須遵守的。這種思想同樣也對基督教哲學發生了巨大的影響。

斐洛的學說無論在哲學思想史還是在宗教神學史上無疑都具有劃時代的作用和影響。首先，他的關於「神－理念－邏各斯」的學說為新柏拉圖主義的產生奠定了理論基礎，從而使他成為新柏拉圖主義的先驅；第二，斐洛把猶太人的聖書變為希臘語讀者可以接受的著作，把《舊約》中神秘的教義翻譯成希臘哲學的語言，這些貢獻與他的神學思想一起對基督教及其神學的形成具有決定性的影響。總之，希臘和猶太這樣兩股偉大的思潮在斐洛那裡得到了匯合。

比斐洛晚出的羅馬帝國時代的哲學家普羅提諾（西元204-270年）是新柏拉圖學派的奠基者。作為從希臘－羅馬哲學向基督教神學過渡的重要環節，普羅提諾及其創立的新柏拉圖學派在西方哲學思想發展史無疑具有十分重要的地位和作用。

據說普羅提諾出生在埃及，青年時曾經到亞歷山大里亞學習哲學達11年之久，後來一度跟隨羅馬皇帝出征波斯，四十歲以後定居羅馬，直至去世。普羅提諾生活的時代正值羅馬帝國正逐步陷入危機，貧富的分化，政局的動盪，周邊部族的入侵，奴隸的起義，劇烈的階級矛盾和社會危機使得各種宗教迷信活動和神秘主義盛行起來，同時，希臘的理性主義思想則日漸黯淡。因此，如何使希臘哲學和異教崇拜結合起來創造一種新的哲學，以對抗基督教，適應帝國的需要，成為普羅提諾哲學思想的背景和出發點。當時的亞歷山大里亞是帝國重要的經濟和文化中心，東西方各種古老的和新近出現的哲學和宗教流派和思想在這裡相遇、交匯、交流和傳播，這種氛圍正好符合普羅提諾雜糅各家創立新說的目標，其中，至少有三種思潮為新柏拉圖學

派的創立產生了直接和重要的影響，它們是以斐洛為代表的猶太－亞歷山大里亞哲學、新畢達哥拉斯學派和早期基督教神學，此外，他十分重視學習和研究希臘哲學，希臘哲學對普羅提諾及其學派的影響是全面和深遠的，其中柏拉圖、亞里斯多德和斯多噶學派的影響尤為巨大。他繼承了柏拉圖－斯多噶學派的哲學理路，反對伊壁鳩魯學派的唯物主義傾向，順從羅馬統治者的需求，創造出自己的神秘主義哲學體系。在這個意義上，可以說，此前的古代哲學在普羅提諾及其開創的新柏拉圖主義哲學思想那裡得到了全面的交融與匯合。

　　普羅提諾龐雜的唯心主義哲學體系主要由兩部分組成，即理論部分和實踐部分。其中，理論部分以對「三一原理」的闡發為核心內容。他的「三一原理」並不是憑空產生的，其最初的思想淵源來自於巴門尼德和柏拉圖對希臘哲學傳統問題的認識。巴門尼德首先把真正意義上的存在同感覺區分開來，柏拉圖以此為基礎提出了三類東西和三種領域的學說，普羅提諾把這一學說又經過改造成為自己的「三一原理」，即「太一」、「心智」和「靈魂」，三者的關係是由高到低，逐步下降的。

　　普羅提諾有時也把「太一」直接稱為「神」或「善」，是一切理性認識的最終目的，是一切可感世界的終極本原，是唯一真實的存在，因而等同於至善和神。實際上，他在這裡所謂的「太一」也就相當於柏拉圖的理念和亞里斯多德的作為質料因的第一推動者。他認為，從「太一」中最先流出來的是「心智」，是「太一」的第一個孩子，是第二原理。但由於「太一」是永恆的和不動的，所以這種「流出」並不是依靠運動和變化，而毋寧說「心智」是「太一」自身的一個部分，就像太陽和它的光芒那樣，是一種「發出」。與「太一」不同的是，「心智」是多樣性的開始，它也是永恆的，包括一切精神的存在，其原型是真正的理念中的善。與感覺和感覺的物件之間的關係

不同，「心智」和心智活動的物件之間的關係是同一的，但它本身也是被產生出來的，因而不是最單純的，只能位居「太一」之下。最後，「靈魂」是由心智派生出來的。「靈魂」處於無形的心智世界和有形的可感世界的中間，又分為高級和低級兩個層次。「靈魂」內容更加多樣，形式極為豐富，是雜多的統一體。正是由於「靈魂」位於心智世界和可感世界之間，所以它具有可知和可感的兩重性。在靈魂和肉體的關係上，他認為物質是由靈魂創造出來的，物質沒有獨立的實在性，靈魂是不朽的和可以轉世的。理性是靈魂特有的活動。

可見，「太一」、「心智」和「靈魂」實際上是一體的，「太一」是終極的原理，「心智」按照其本性處於永恆的活動中，「心智」又賦予「靈魂」以思想的力量，「靈魂」圍繞著「心智」活動。這樣，三者就構成了一個又高到低、有裡到外的同心圓的結構，由形相世界一層層地向可感世界流溢、發散。

如果說普羅提諾的理論部分是用從上向下，從裡到外的順序進行闡發的話，那麼在實踐部分則完全相反，是一個超越、上升和使自己的靈魂不斷得到淨化的過程。這是通過一系列道德實踐活動來完成的，最終的目標就是達到與神同一。上升之路有兩條，第一是倫理道德，第二是辯證法。

普羅提諾認為美德有兩種，一種是公民的美德，正是這種美德把公民們聯繫起來，使他們過一種合乎準則的生活，第二種是淨化的美德，這種美德可以幫助靈魂摒棄外界的污染，向神聖的心智上升，因此，靈魂要極力擺脫肉體的束縛和干擾，只要求滿足基本的自然需要即可。此外還有一種美德對前兩者起到統攝作用，那就是對神的愛，這是靈魂逐漸上升回到太一的階梯。這就需要人拋棄塵世的現實生活，追求靈魂的純潔，最終達到與神的結合。這樣一種靈魂解脫說必然走向宗教神秘主義。除了這些道德實踐活動，辨證法也是使靈魂回

到太一的重要途徑。他認為，辯證法是哲學中最具有教育意義的部分，是靈魂直接把握真理的唯一途徑，因而不論是對理論還是實踐活動都具有指導意義，其最高的目標就是認識真正的存在，即「太一」（神），這樣，辯證法與神學在普羅提諾那裡也統一起來，成為其神學目的論的工具。

總之，如果說在普羅提諾以前已經出現了新柏拉圖主義的一些理論萌芽的話，那麼是普羅提諾使之成為一個真正的獨立學派。從新柏拉圖學派創立，到西元五二九年東羅馬皇帝查士丁尼宣布關閉雅典所有的學派而告終結，前後大約持續了三個世紀左右。該學派從唯心主義的立場概括了自希臘哲學產生以來八百年的思辨過程，它既是古代哲學的終結篇，也標誌著古典思想已經被融合進基督教神學，並被後者繼承，從而在此後的一千年中以另一種形式繼續發揮作用。

第二節　專論

一　歷史理性在古代中國的發生

1　弁言──略說「歷史理性」

「理性」在今天已經是一個大家常用的詞，但各人使用此詞時取義頗有不同，所以在這裡先交代一下本文使用此詞的取義。按現在大家所用的「理性」，乃自外文[213]譯來，就此詞之多重含義概括言之，它包括兩個方面：一是人對於事物的性質與功能的思考與論證，二是

213　英文之reason, 來自法文之la raison, 法文此字來自拉丁文ratio，其動詞為reor，意為籌算、思考、推論等。有從籌算、思考、論證到理由、理智諸義。

事物自身存在的理由與理路（或條理）。[214]如果按照中國固有名詞，那麼此詞也可以用一個「理」字來表達。《說文解字》：「理，治玉也。」段玉裁注云：「《戰國策》：鄭人謂玉之未理者為璞。是理為剖析也。玉雖至堅，而治之得其有理以成器不難，謂之理。凡天下一事一物，必推其情至於無憾，而後即安，是之謂天理，是之謂善治。此引申之意也。」[215]這就是說，理字本意為治玉，而治玉必依玉本身之條理，故條理亦為理。引而申之，理作為動詞之意為對於事物之治理，而作為名詞之意則為事物本身之條理。《廣雅・釋詁三下》亦云：「理，治也。」[216]《廣雅・釋詁三上》又云：「理，道也。」[217]道、理互訓，道作為動詞之意為「導」，而導必依事物之理，故道作為名詞之意即為事物之理。所以，理性或道理，皆實際包括主、客觀兩方面而言之。

現在常說的歷史理性（historical reason）實際也就包括歷史（作為客觀過程）的理性（the reason of history）和史學（作為研究過程）的理性（the reason of historiography），簡易言之，就是探究歷史過程的所以然或道理和探究歷史研究過程的所以然或道理。[218]

在世界諸文明古國中，史學最發達者，當推中國和希臘。古代中國和希臘的歷史學家都在治史求真的方法上有相當高度的自覺和自

---

214 或者如黑格爾所說的「自覺的理性與存在於事物中的理性」，見〔德〕黑格爾：《小邏輯》，賀麟譯，第43頁。

215 段玉裁：《說文解字注》，第15頁。

216 王念孫：《廣雅疏證》，上海古籍出版社1983年版，第8頁。

217 同上書，第32頁。

218 如果作進一步的思考，也許可以說，第一種歷史理性所討論的是歷史本身存有方式的問題，從性質上說是屬於本體論的（ontological）問題，第二種歷史理性所討論的是歷史研究中的人的認知能力和研究方法的問題，從性質上說是屬於認識論的（epistemological）和方法論的（methodological）問題。當然，在古代中外史學史上都還沒有出現這樣系統而自覺的區分與探究。

律。這當然是一種歷史理性的表現。在這一方面，古代希臘人由於受哲學上的實質主義（substantialism）的影響[219]，以為真理只能從永恆、靜止的存在中去把握，而歷史變動不居，不能使人產生知識，僅能使人產生意見，故與理性無緣。古代中國人在這一點上恰恰與希臘人相反，以為真理只能從變化、運動的存在中去把握。這是兩種不同的思路，很值得研究。本文所要探討的就是古代中國人在這一方面認識的特點。

（二）以人心為背景的歷史理性的曙光（正 —— 殷周之際與周初）

1 對於「天命」的信與疑

《禮記・表記》：「子曰：夏道尊命，事鬼神敬而遠之，近人而忠焉，先祿後威，先賞而後罰，親而不尊；其民之敝，蠢而愚，喬而野，樸而不文。殷人尊神，率民以事鬼神，先鬼而後禮，先罰而後賞，尊而不親；其民之敝，蕩而不靜，勝而無恥。周人尊禮尚施，事鬼敬神而遠之，近人而忠焉，其賞罰用爵列，親而不尊；其民之敝，利而巧，文而不慚，賊而蔽。」[220]其中所說夏人情況目前尚無材料為證，而所說殷人與周人情況基本符合歷史事實。從大量甲骨卜辭材料可知，殷人的確敬信鬼神，以為鬼神能主宰人的命運。《尚書・西伯戡黎》記，周人已經打到距殷不遠的黎國，對殷構成了威脅，大臣祖伊向紂報告，紂竟然說：「我生不有命在天。」[221]這也說明殷人對於

219　cf. R.G. Collingwood, The Idea of History, Oxford, 1956. pp.20-21, 42-45.〔英〕柯林武德：《歷史的觀念》，何兆武、張文傑譯，第22-24，48-51頁。

220　孔穎達：《禮記正義》，阮元校刻：《十三經注疏》。

221　孔穎達：《尚書正義》，阮元校刻：《十三經注疏》。

天命鬼神的迷信程度是很深的。殷紂以為他的王權來自天命，天命決定歷史。所以，其中沒有任何理性可言。當然，並非所有殷人都是如此，祖伊就是對於天命鬼神持有懷疑態度的人；不過，這樣的人在殷代不居主流地位。真正開始對天命產生深度懷疑的是後來戰勝並取代了殷王朝的周人。

2 歷史發展自身理路的開始發現

殷代後期，周人逐漸興起，不過由於殷周之間力量對比的懸殊，周人對於殷人處於某種從屬地位，承認殷為天子而自己實際又保持本邦的基本獨立狀態。周王朝最初的奠基人文王之父王季為殷王文丁所殺[222]，文王本人也曾一度遭到紂的囚禁。周人是深知殷人實力之強大的。甚至在周取代殷之後，周人還記得殷是「大邦殷」[223]、「天邑商」[224]，而自己是「我小國」。[225]可是，歷史的發展結果是，隨著牧野一戰的勝利，小邦周竟然取代了大邦殷或天邑商，成了諸侯的共主──天子。殷人賴以自恃的「天命」轉移到了周人手中。非常難得的是，周王朝的主要領導人武王和周公旦不僅沒有被勝利衝昏頭腦，而且深感陷於恐懼之中。《史記・周本紀》記，武王伐紂勝利以後，憂慮得夜晚連覺都睡不著，周公去看武王，問他為何睡不著，武王回答說：「我未定天保，何暇寐？」[226]不久武王去世，周公主持周王朝大政，《尚書・周書》中的周初諸誥，大多出自周公之手。我們只要讀一讀這些文告，就可以知道周公曾經作了多麼深刻的反省，從而獲

---

222 方詩銘，王修齡：《古本竹書紀年輯證》，上海古籍出版社1981年版，第36頁。

223 見《尚書・召誥》、《尚書・康王之誥》，《十三經注疏》，第212、244頁。

224 見《尚書・多士》，阮元校刻：《十三經注疏》。

225 見《尚書・多士》，阮元校刻：《十三經注疏》。

226 《史記》，第1冊，第128-129頁。《逸周書・度邑解》有類似記載。

得了多麼難得的覺醒。按這種覺醒可以從兩個方面來說：第一，重視
「天命」而又有所懷疑。《尚書・牧誓》：「今予發（武王自稱名）惟
恭行天之罰」，[227]武王自稱受天命伐紂。《尚書・大誥》：「予（周公）
惟小子，不敢替上帝命。天休於寧（文）王，興我小邦周。」[228]上帝
賜命與文王，因此小邦周得以興起，我不敢失上帝之命，即不敢坐視
武庚、管蔡之亂不予平定。《尚書・召誥》：「皇天上帝，改厥元子茲
大國殷命，惟王受命。」是皇天上帝改了大國殷的命，而轉交給了
周。如此等等，在《尚書》與《詩經》多不勝舉。周既勝殷而有天
下，當然知道政權的轉移已經實現，或者說天命已經轉移到自己手
中。但是，武王、周公（尤其是周公）深感不安的是，天命難道原來
不是在殷人手中的嗎？為什麼會發生這種歷史性的轉移呢？從前天命
的轉移，使自己由無而有，如果現在再發生天命轉移，那就是使自己
從有變無、由得而失了。這樣一想，就感到非常可怕，所以睡不著
覺。天命或王朝歷史命運的轉移，原來是既存在而又不可靠的。第
二，天命是不可靠的，但也不是完全不可知。周公考察了夏、商兩代
王朝政權的轉移，從中深加反省，終於懂得：「天棐忱辭，其考我
民。」[229]「天畏棐忱，民情大可見。」[230]「古人有言曰：『人無於水
監，當於民監』。今惟殷墜厥命，我其可不大監撫於時。」[231]這些都
是極為深刻的道理。在《尚書・無逸》這篇教導周成王的文章裡，周
公敘述了殷王中宗（大戊）、高宗（武丁）、祖甲及周文王四位勤政愛
民的歷史事實，說明他們深得人心，因此或者能夠很好地維持王權或

---

227 阮元校刻：《十三經注疏》。

228 阮元校刻：《十三經注疏》。

229 《尚書・大誥》，阮元校刻：《十三經注疏》。

230 《尚書・康誥》，阮元校刻：《十三經注疏》。

231 《尚書・酒誥》，阮元校刻：《十三經注疏》。

者能夠獲得王權。在《尚書・多士》這篇告誡殷遺民的文書裡，周公
又敘述了夏、殷兩代失去王權的歷史，指出夏朝末代君主不聽天命，
大事淫逸，喪失民心，天就命令商湯取代了夏；商朝末代君主也是不
聽天命，大事淫逸，失去民心，所以周就受天命而取代了殷商。類似
的話在《尚書》、《詩經》裡頗為不少。甚至早在武王伐紂時就說過：
「天視自我民視，天聽自我民聽。」[232]周武王、周公兄弟發現了一個
道理：天命的背後原來就是人心，天命的變遷原來就是人心向背的
轉移。

周初周公等人所發現的，從直接層面來說，只是關於政權轉移的
道理或理性。不過，這種轉移是當時歷史變遷上的大事，因此，可以
說這是周公等人對於歷史發展自身的理路的新認識，是中國古代對於
歷史理性發現的開端。

3 歷史理性與道德理性的合一

在周公等人所發現的天命人心說裡，呈現出了歷史理性的最初曙
光。因為它是最初的曙光，所以也就具有自己的一些特色。

其一，它不是對於歷史發展整體的理論概括，而只是關於政權或
天命轉移的歷史經驗的總結性的理論歸納。它的內容屬於歷史理性的
範疇，但它還不能被說為歷史理性完整的直接呈現。

其二，它的視線所及還只是歷史在兩極之間的運動的理路，即天
命或政權在得和失兩極之間的擺動。在歷史的運行中的確有這樣的兩
極之間的運動，但是這只是複雜的歷史運動中的一種比較簡單的形式。

其三，也是最值得注意的一點，這種歷史理性已經突破了殷人對

---

232 《孟子・萬章上》引《泰誓》「民之所欲，天必從之。」《左傳》襄公三十一年、
　　昭西元年，《國語・鄭語》引《泰誓》。

於鬼神的迷信，開始閃現出人文主義精神的曙光。在這種曙光中，我們可以看到歷史理性與道德理性的最初的統一。周公說：「我不可不監於有夏，亦不可不監於有殷。我不敢知曰，有夏服天命，惟有歷年，我不敢知曰，不其延；惟不敬厥德，乃早墜厥命。我不敢知曰，有殷受天命，惟有歷年，我不敢知曰，不其延；惟不敬厥德，乃早墜厥命。今王嗣受厥命，我亦惟茲二國命，嗣若功。」[233]夏、殷王朝的統治年限長短，人們都無法推定；但是它們的亡國原因是可以確實知道的，即「不敬厥德」。不僅夏殷兩代如此，正在掌權的周王朝也是如此。類似的話，在《尚書》其他篇中也不少見。從周公的這一段話裡，我們可以看出他的戰戰兢兢的惶恐心態，惟恐由失德而失民心，由失民心而失天命；同時也可以看出他的道德理性與歷史理性的一併覺醒。這樣兩種理性同時覺醒的現象，作為人的崇高理想在上天的投射，實在是中國古代文明史上的燦爛朝霞，光彩奪目。當然，我們也不能不看到其中還有其天真的一面，即以為只要人能做出最大而又正當的努力，事業就一定可以成功。殷人以為只要對鬼神進行盛大而殷勤的獻祭，就能獲得成功；這是一種迷信的天真——以為人的意志能夠主宰歷史。周公作為偉大的政治家、思想家，以其歷史理性與道德理性的並現打破了殷人迷信的天真；可是，由於時代的局限，他也是以為人的意志（堅持敬德）是能夠決定歷史的；他還沒有也不可能認識歷史的某種客觀的必然性，因而顯現了一種最初的理性的天真。

（三）與人心疏離的歷史理性的無情化（反——西周晚期至秦）

西周自昭王、穆王以下，已經過了全盛時期，逐漸走向衰落。厲

233　《尚書・召誥》，阮元校刻：《十三經注疏》。

王被放逐後，雖有宣王一度「中興」，實際上仍然不能扭轉頹局，至
幽王遂被犬戎滅亡。東遷以後，周王室勢力日益衰落，春秋五霸迭
興。周公在周初制定的制度與思想體系，在名義上雖然還受到一定程
度的尊重，而實際上已經名存實亡。所以孔子才感歎說：「天下無
道，則禮樂征伐自諸侯出。自諸侯出，蓋十世希不失矣。自大夫出，
五十希不失矣。陪臣執國命，三世希不失矣。」「祿之去公室，五世
矣。政逮於大夫，四世矣。」[234]由春秋而戰國，「及田常殺簡公而相
齊國，諸侯晏然弗討，海內爭於戰功矣。三國（指魏、趙、韓）之卒
分晉，田和亦滅齊而有之，六國之盛自此始。務在強兵並敵，謀詐用
而衡短長之說起。矯稱蜂出，盟誓不信，雖置質剖符猶不能約束
也。」[235]所以，到了戰國時期，道德理性到底還有多大價值，大概除
了儒家以外，已經沒有多少人還看重了。可是，當時的歷史卻在劇烈
的運動、變化之中。那麼，歷史運動變化的理路安在？這就使當時的
學者們產生了新的思路。

1 對於西周初期的天人合一的歷史理性的懷疑

西周末葉，隨著統治階層的腐化及社會問題的湧現，天災人禍並
至，社會上的怨天尤人情緒在《詩經》裡的「變風」與「變雅」[236]諸
篇清晰地顯現出來。《國語・周語（一）》在曆述穆王、厲王、宣王的
失政以後記：「幽王二年，西周三川皆震。伯陽父曰：『周將亡矣。夫
天地之氣，不失其序。若過其序，民亂之也。陽伏而不能出，陰迫而

---

234 《論語・季氏》，見劉寶楠：《論語正義》，國學整理社編：《諸子集成》。

235 《史記》，第2冊，第685頁，《六國年表・序》。

236 按傳統說法，「國風」中《周南》、《召南》以下邶、鄘、衛等十三國風為變風，
「小雅」中《六月》以下直至《何草不黃》、「大雅」中《民勞》以下直至《召
旻》為變雅。

不能烝，於是有地震。……山崩川竭，亡之徵也。川竭，山必崩。若國亡，不過十年，數之紀也。夫天之所棄，不過其紀。」[237]這就是說，國君失德，將引起陰陽不和而生天災。從一方面說，這一思想，是周初的天命人心說（天人相應說之一種）的繼續；從另一方面說，它又不是君德影響人心、從而又影響天命之說，而是君德直接影響陰陽、從而又引起自然之災變之說。這裡出現了與人文和自然兼有關聯的陰陽兩極的相互作用。《國語·周語（三）》記：「靈王二十二年，穀、洛斗，將毀王宮。王欲壅之。王子晉諫曰：『不可。』」[238]以下這位王子又說了一大套國君不能壅塞河流、不能違亂天地陰陽之氣，否則就會導致亡國絕嗣。他說：「夫亡者，豈繄無寵？皆黃炎之後也。唯不帥天地之度，不順四時之序，不度民神之義，不儀生物之則，以殄滅無胤，至於今不祀。」[239]這裡的天地陰陽之氣又表現為一種客觀的自然秩序，是人所不能違背的。這樣，就在作為道德理性的天以外，出現了作為自然理性的天。人們終於發現，在能被道德理性影響的天以外，還有一種不能被道德理性影響的天。原來天是有道德的主宰，是順從民意的。可是此時的君主既然已經違背了天地之度、四時之序（自然理性），那麼，儘管民怨沸騰，老天爺卻高高在上，紋絲不動，麻木不仁。在《詩經》變雅裡多有反映這種怨天尤人情緒的篇章，這些都是對於西周初期的那種樂觀而又天真的歷史理性與道德理性合一的認知的否定。

2 歷史理性與道德理性的背離

到了春秋戰國時期，諸子蜂起。除儒家基本仍守周公的理念外，

237　《國語》，《四部備要》本，第一卷，第10頁。以下引此書只記卷數頁數。

238　《國語》第3卷，第5頁。

239　《國語》第3卷，第7頁。

道家、法家都不不再相信天命，也不再相信人心。從前的觀念是，天是一種道德理性的體現，所以，天能體察民瘼，把天命及時地從暴君手裡轉移到仁者（或聖人）手裡。這就是《尚書・周書》裡所顯出的周公的思想，亦即道德理性與歷史理性的一致。可是，道家和法家的思路就與此大不相同了。

《老子》以為：「天地不仁，以萬物為芻狗；聖人不仁，以百姓為芻狗。」[240]古往今來，人事變化，根本沒有以天或聖人為代表的道德理性在起作用。或者說，《尚書・周書》所提倡、後世儒家所推崇的德，在老子看來只不過是下德，或者根本就不是德。《老子》以為：「上德不德，是以有德；下德不失德，是以無德。上德無為而無以為，下德為之而有以為；上仁為之而無以為，上義為之而有以為；上禮為之而莫之應，則攘臂而扔之。故失道而後德，失德而後仁，失仁而後義，失義而後禮。夫禮者，忠信之薄，而亂之首。前識者，道之華，而愚之始。」[241]這就是說，上德不自以為德，所以能成其為德；一旦自以為德，那麼德就發生異化，轉化為下德，且終於成為不德。在德以下，仁、義、禮莫不如此，一旦這些品德從自在狀態變為自為狀態，它們就都轉化到其反面。這種轉化的過程，也就是一般人所說的「智」（知識）產生的過程；在老子看來這種「智」或「前識」只不過是道的美麗的幻影，而其實正是他所說的愚的開始。在這裡，必須說明，老子所說的智和愚與一般人所說的智和愚的意思正好相反──「正言若反。」[242]如果用他自己的話來說，就是「大巧若

---

240 王弼注：《老子道德經》第5章，國學整理社編：《諸子集成》。按王弼注「芻狗」不確；當從魏源《老子本義》解，見此書第4頁。

241 《老子道德經》（第38章），第23頁。按馬王堆漢墓帛書甲、乙本《老子》皆以此章居首，傳世本則以此章為下篇之首，蓋因此章意義十分重要。

242 《老子道德經》第78章。

拙」。[243]故云：「大道廢，有仁義；慧智出，有大偽。」[244]知識的產生與進步既然是引起大偽的前提，那當然就正是這種「智（知識）」的進步，導致了道德本身的退步。於是，人之智日進，而人之德日退；歷史進程既然與人之智俱進，那麼歷史進程就必然成為道德倒退之過程。於是，歷史理性便與道德理性形成為一種反比的函數關係。故云：「不尚賢，使民不爭；不貴難得之貨，使民不為盜；不見可欲，使民心不亂。」[245]「絕聖棄智，民利百倍；絕仁棄義，民復孝慈；絕巧棄利，盜賊無有。」[246]那麼，要維護人的道德理性將如何？他的理想是：「小國寡民，使有什伯之器而不用。使民重死而不遠徙。雖有舟輿，無所乘之；雖有甲兵，無所陳之。使人複結繩而用之。甘其食，美其服，安其居，樂其俗。鄰國相望，雞犬之聲相聞，民至老死不相往來。」[247]所以，如果說歷史理性的運行方向是向前（由古而今或化樸為智）的，那麼，在老子看來，歷史理性與道德理性正好背道而馳；不然，歷史理性自身就必須轉向其反面（由今而古或去智歸樸），從而使其自身形成矛盾。按老子見及於此，可說是看到了文明社會自身所包含的內在矛盾，本身是很深刻的。不過，他的使人「復歸於樸」[248]的設想實際上也只不過是一種無法實現的幻影而已。類似的思想在《莊子》裡還有更充分的展開論述。

　　在對歷史與道德的關係的問題上，法家和道家的見解上有其相似或相通之處，那就是法家也認為，在人類歷史上道德的狀況呈每況愈下的趨勢，所以道德理性與歷史理性的方向互相矛盾。在《五蠹》篇

243　《老子道德經》第45章。

244　《老子道德經》（第18章），第10頁。

245　《老子道德經》（第3章），第2頁。

246　《老子道德經》（第19章），第10頁。

247　《老子道德經》（第80章），第46-47頁。

248　《老子道德經》（第28章），第16頁。

中，我們看到韓非是這樣概括歷史發展的趨勢的：「上古競於道德，中世逐於智謀，當今爭於氣力。」[249]為什麼會這樣呢？韓非提供了兩點說明：第一，他在此篇開頭就說明，上古之世，人民少而不敵禽獸，有巢氏教民構巢避害；人民生食容易致病，燧人氏教民鑽木取火以熟食。中古之世，洪水為災，禹決瀆以治水。近古之世，桀紂暴亂，湯武征伐以安民。在禹的時代教民構木為巢，在湯武的時代教民決瀆，都會為人所笑。如果戰國時期的人還想學堯、舜、禹、湯、武那樣行事（重道德），那麼一定也會為時人所笑。這就是說，歷史隨著人的智慧的進步而發展，所以才會從上古的競於道德發展到中世的逐於智謀。[250]第二，他說：「古者，丈夫不耕，草木之實足食也。婦人不織，禽獸之皮足衣也。不事力而養足，人民少而財有餘，故民不爭。是以厚賞不行，重罰不用，而民自治。今人有五子不為多，子又有五子，大父未死而已有二十五孫。是以人民眾而貨財寡，事力勞而供養薄，故民爭，隨倍賞累罰而不免於亂。」[251]這就是說，人口增多，財富相應地不足，從而引起爭鬥。韓非所舉的第一條理由，即智的增加引起德的減退，這是與道家見解一致的；而其所舉的第二條理由，即以人多財少導致從競於道德轉變為爭於氣力的原因，這卻是道家所不曾提到的。認為道德理性與歷史理性一致的時代已成過去，這是韓非與道家相同的地方；不過他認為歷史不可能倒退，則是他與道家最大的不同之處。歷史既然不能倒轉，時代變了，情況變了，那麼該怎麼辦？《南面》篇云：「夫不變古者，襲亂之跡；適民心者，恣奸之行也。民愚而不知亂，上懦而不能更，是治之失也。人主者，明

---

249 王先慎：《韓非子集解》，載國學整理社編：《諸子集成》，第341頁。以下引此書皆
　　據此本只記頁數。

250 《韓非子集解》，第339頁。

251 《韓非子集解》，第339-340頁。

能知治，嚴必行之，故雖拂於民心，立其治。」[252]時代已非競於道德的古代，就必須改變古代的辦法，如果還是走順從民心的老路，那麼就會促成奸邪橫行。因為人民奮其私智而實際愚蠢，從而不明白自己奮其私智就是在作亂，所以知道治國之道的明君雖然違背民心也能作好自己的統治。這樣就直接地提出了與天命人心說相對立的統治理論。這種理論的實質就是歷史理性與道德理性的徹底背離。當然，法家與道家在對待歷史的態度上又有很大的不同，道家主張歸真反樸，回到上古時代；而法家則主張向前看，正如《五蠹》篇所說「聖人不期修古，不法常可，論世之事，因為之備。」[253]所以，在法家看來，歷史理性雖然與道德理性背離，但是歷史理性還是必須服從的。

3 歷史理性與自然理性的比附

上文已經說到，到了戰國時期，歷史理性與道德理性的背離已成事實。韓非雖然對「競於道德」、「逐於智謀」、「爭於氣力」的歷史三段說作了論證，但是他的論證還不足以表示出歷史理性所應具有的必然性。稍後於孟子、商鞅的鄒衍「乃深觀陰陽消息而作怪迂之變，《終始》、《大聖》之篇十餘萬言。」[254]《終始》言五德終始之說，原書已佚，大意可見《呂氏春秋・有始覽・應同》，其文云：「凡帝王之將興也，天必先見祥乎下民。黃帝之時，天先見大蚓大螻。黃帝曰：『土氣勝』。土氣勝，故其色尚黃，其事則土。及禹之時，天先見草木秋冬不殺。禹曰：『木氣勝』。木氣勝，故其色尚青，其事則木。及湯之時，天先見金刃生於水。湯曰：『金氣勝』。金氣勝，故其色尚白，其事則金。及文王之時，天先見火，赤烏銜丹書集於周社。文王

252　《韓非子集解》，第87頁。
253　《韓非子集解》，第339頁。
254　《史記・孟子荀卿列傳》，《史記》，第7冊，第2344頁。

曰：『火氣勝』。火氣勝，故其色尚赤，其事則火。代火者必將水。天且見水氣勝。水氣勝，故其色尚黑，其事則水。」[255]依照這個次序：黃帝以土德王，色尚黃；夏代以木德王，色尚青；商代以金德王，色尚白；周代以火德王，色尚赤；代火德者為水德，色尚黑。這就是五行相勝說，次序為：木剋土、代土，金剋木、代木，火剋金、代金，水剋火、代火，土剋水、代水，如此循環不已。五種物質按其特性，一個戰勝並取代另一個，其間是有其必然性的。這種必然性所體現的正是一種自然的理性。不過，這樣的自然理性雖然有其先後相代的歷史順序，但總不是歷史理性的自身。拿這種自然理性作為歷史理性的比方，似乎有些道理，但總不是歷史本身的內在的必然性或理性，而僅僅是一種比附。所以在本質上是沒有根據的。

　　鄒衍的這一套五德終始說，如果現在說來，那麼肯定不會有人相信。可是當其時，卻十分流行。秦始皇也許可以說是一個不信邪的人，對於神鬼，一點也不客氣。可是他偏偏相信五德終始這一套。據《史記‧秦始皇本紀》記：「始皇推終始五德之傳，以為周得火德，秦代周德，從所不勝。方今水德之始，改年始，朝賀皆自十月朔。衣服旄旌節旗皆上黑。數以六為紀，符、法冠皆六寸，而輿六尺，六尺為步，乘六馬。更名河曰德水，以為水德之始。剛毅戾深，事皆決於法，刻削毋仁恩和義，然後合五德之數。於是急法，久者不赦。」[256]秦始皇為什麼要以水德王？看來不是出於對某種自然理性的尊重，而是出於一種現實的功利的考慮。因為按照五德的各自特性是：木，色青，數用七，時為春，「其德喜贏，而發出節」；火，色赤，數用九，時為夏，「其德施捨修樂」；土，色黃，數用五，（時為長夏，其實不

---

255 《呂氏春秋》，國學整理社編：《諸子集成》。
256 《史記》，第1冊，第237-238頁。

占一個季。)「其德和平用均，中正無私」；金，色白，數用八，時為秋，「其德憂哀靜正嚴順」；水，色黑，數用六，「其德淳越溫（王引之讀『溫』為『慍』，是。慍即怒。）怒周密」。[257]按「淳（不雜為淳）越（與「於」通）慍怒周密」，意思就是純然（行事）暴戾無情、（執法）苛刻嚴密。這和《史記》所說水德「剛毅戾深，事皆決於法，刻削毋仁恩和義」意思如出一轍。當然，韓非所說的「當今爭於氣力」，也是同樣的意思，不過韓非的說法就事論事，而且說明「當今爭於氣力」就是放棄了「上古的競於道德」，公開承認了這種歷史理性與道德理性的背離，從而缺少某種神聖的光環。秦始皇要的也就是這種精神，不過，他知道，一旦他用五德終始之說對此加以緣飾，那麼就可以滿有理由地表示自己的行為準則所體現的也是一種德，而且是一種體現了時代精神的德，而他自己也只不過是在自覺地體現時代的精神罷了。當時他要以武力征服六國並鞏固自己的統治，原來以火德王的周代的精神——「施捨修樂」（或以為「施」乃「弛」之訛，如是則「弛舍」即寬舒之義）與他的主張截然相反，自然是必須予以取代的。

（四）天人合一的歷史理性的有情有理化（合——漢代）

秦始皇宣布以水德王，自覺地執行法家的以暴戾無情、嚴刑峻法治國的政治方略。應該說，他在某種程度上是感到了那是一種時代的需要。《史記·秦始皇本紀》敘述了他確定以水德王以後，接著記載了這樣一段事：「丞相綰等言：『諸侯初破，燕、齊、荊地遠，不為置王，無以填之。請立諸子，唯上幸許。』始皇下其議於群臣，群臣皆以為便。廷尉李斯議曰：『周文武所封子弟同姓甚眾，然後屬疏遠，

---

257 參閱戴望：《管子校正》，國學整理社編：《諸子集成》。

相攻擊如仇讎，諸侯更相誅伐，周天子弗能禁止。今海內賴陛下神靈
一統，皆為郡縣，諸子功臣以公賦稅重賞賜之，甚足易制。天下無異
意，則安寧之術也。置諸侯不便。』始皇曰：『天下共苦戰鬥不休，
以有侯王。賴宗廟，天下初定，又復立國，是樹兵也，而求其寧息，
豈不難哉！廷尉議是。』」[258]從這一件事來看，秦始皇對於功臣、子
弟而言是無情的；他的思想集中於一統大業，自覺地放棄周代分封功
臣、子弟的辦法，而代以郡縣制度。他的這一思想，符合歷史潮流的
需要，可以說是一種歷史理性的體現。他對功臣、子弟無德，卻符合
於歷史理性；所以，從一個角度看，道德理性是可以與歷史理性背離
的。不過，秦始皇不封國樹兵，又是為了免除諸侯混戰給人民所帶來
的痛苦（這在戰國時期已經充分被證明了），應該說，其中也有道德
理性的體現。所以，從另一個角度看，秦始皇在體現歷史理性的時
候，也有體現道德理性的方面。

　　因此，只要經過具體的分析，我們便可以發現，道德理性本身也
是有其歷史性的。在西周初期曾經是合乎道德理性的制度，到了戰國
時期就不再是合乎歷史理性的了。李斯與秦始皇看到了這一點，應該
說，這也是很不凡的。

　　可是，秦始皇在看到了這一點的同時，他便以為自己既然是時代
精神的代表，那麼就可以為所欲為，真正地按照水德的特點（剛毅戾
深、刻削無仁恩和義）行事。其他巡遊天下、營造宮殿等勞民傷財之
事暫且不說，就以他與二世在營造他的陵墓上的行為為例來看：「始
皇初即位，穿治酈山，及並天下，天下徒送詣七十餘萬人，穿三泉，
下銅而致椁，宮觀百官奇器珍怪徙臧滿之。令匠作機弩矢，有所穿近
者輒射之。以水銀為百川江河大海，機相灌輸，上具天文，下具地

理。以人魚膏為燭，度不滅者久之。二世曰：『先帝后宮非有子者，出焉不宜。』皆令從死，死者甚眾。葬既已下，或言工匠為機，臧皆知之，臧重即泄。大事畢，已臧，閉中羨，下外羨門，盡閉工匠臧者，無復出者。」[259]就在這樣情況下，陳勝、吳廣揭竿而起，曾經強大無比的秦帝國竟然迅速地土崩瓦解了。

1　漢初對於歷史的反省

　　劉邦最後取得勝利，建立起漢帝國。劉邦布衣出身，毫無憑藉，乃能代秦而有天下，這比「小邦周」之取代「天邑商」更為出乎人之意料。劉邦本人因其文化素養不高，未能自覺對此作深入的反省。他能認識到自己的勝利主要在於能任用張良、蕭何、韓信，就已經沾沾自喜了。[260]《史記・酈生陸賈列傳》記：「陸生時時前說稱《詩》、《書》。高帝罵之曰：『乃公居馬上而得之，安事《詩》、《書》！』陸生曰：『居馬上得之，寧可以馬上治之乎？且湯武逆取而以順守之，文武並用，長久之術也。昔者吳王夫差、智伯極武而亡；秦任刑法不變，卒滅趙氏（秦之姓）。鄉使秦已並天下，行仁義，法先王，陛下安得而有之？』高帝不懌而有慚色，乃謂陸生曰：『試為我著秦所以失天下，吾所以得之者何，及古成敗之國。』陸生乃粗述存亡之征，凡著十二篇。每奏一篇，高帝未嘗不稱善，左右呼萬歲，號其書曰《新語》。」[261]今《新語》十二篇尚存，內容大體如上述。

　　在陸賈《新語》的基礎上進一步作反省的是賈誼。司馬遷在《秦始皇本紀》的末尾引用了賈誼的《過秦論》，其中分析了秦之所以能戰勝六國及其後覆亡的根本原因，大意是：一、秦勝六國不是因為其

259　《史記》，第1冊，第265頁。

260　《史記》，第2冊，第380-381頁。

261　《史記》，第8冊，第2699頁。

力量大於六國，而是六國內部矛盾甚多、甚深，秦故能利用其有利地形，當六國聯合進攻時固守，待六國內部矛盾爆發時各個擊破之；二、秦已一統天下之後，已經飽受長期戰亂之苦的人民本來是希望由此得到安寧的，可是「秦王（指秦始皇）懷貪鄙之心，行自奮之智，不信功臣，不親士民，廢王道，立私權，禁文書而酷刑法，先詐力而後仁義，以暴虐為天下始。」二世「更始作阿房宮，繁刑嚴誅，吏治刻深，賞罰不當，賦斂無度，天下多事吏弗能紀，百姓困窮而主弗收恤。然後奸偽並起，而上下相遁，蒙罪者眾，刑戮相望於道，而天下苦之。自君卿以下至於眾庶，人懷自危之心，親處窮苦之實，鹹不安其位，故易動也。是以陳涉不用湯武之賢，不藉公侯之尊，奮臂於大澤而天下回應者，其民危也。」[262]賈誼從秦的興亡歷史中分析概括出了這樣的結論：

> 聞之於政也，民無不為本也。國以為本，君以為本，吏以為本。故國以民為安，君以民為威侮，吏以民為貴賤。此之謂民無不為本也。聞之於政也，民無不為命也。國以為命，君以為命，吏以為命。故國以民為存亡，君以民為盲明，吏以民為賢不肖。此之謂民無不為命也。聞之於政也，民無不為功也。故國以為功，君以為功，吏以為功。國以民為興壞，君以民為弱強，吏以民為能不能。此之謂民無不為功也。聞之於政也，民無不為力也。故國以為力，君以為力，吏以為力。故夫戰之勝也，民欲勝也。攻之得也，民欲得也。守之存也，民欲存也。故吏率民而守，而民不欲存，則莫能以存矣。故率民而攻，民不欲得，則莫能以得矣。故率民而戰，民不欲勝，則莫能以勝

---

262 《史記》，第1冊，第277-284頁，引文見第283-284頁。

矣。故其民之於其上也，接敵而喜，進而不能止，敵人必駭，
戰由此勝也。夫民之於其上也，接敵而懼，退必走去，戰由此
敗也。故夫災與福也，非降在天也，必在士民也。鳴呼，戒之
戒之。夫士民之志，不可不要也。鳴呼，戒之戒之。行之善
也，萃以為福已矣。行之惡也，萃以為災已矣。故受天之福
者，天不功焉。被天之災，則亦無怨天矣，行自為取之也。知
善而弗行，謂之不明；知惡而弗改，必受天殃。天有常福，必
與有德；天有常災，必與奪民時。故夫民者，至賤而不可簡
也，至愚而不可欺也。故自古至於今，與民為仇者，有遲有
速，而民必勝之。[263]

　　賈誼從秦亡的歷史中總結出的結論是，民為國家及君主之本、之
命、之功、之力，與民為敵，遲早必亡。這樣的論述與《尚書》裡的
天命人心說道理相通，而論證則更為明確透澈。不過，賈誼在強調道
德理性的同時，也沒有放棄五德終始的說法。據《史記·屈原賈生列
傳》記：「賈生以為漢興至孝文二十餘年，天下和洽，而固當改正朔，
易服色，法制度，定官名，興禮樂，乃悉草具其事儀法，色尚黃，數
用五，為官名，悉更秦之法。孝文帝初即位，謙讓未遑也。」[264]從形
式上看，建漢之土德是為了克秦之水德，所循仍然是後者戰勝前者的
邏輯，但從實質來看，如前所述，土德「和平用均，中正無私，」以
此取代秦之「剛毅戾深、刻削毋仁恩和義」的水德，也正是當時歷史
的需要。《新書·時變》篇云：「商君違禮義，棄倫理，並心於進取。
行之三歲，秦俗日敗。秦人有子，家富子壯則出分，家貧子壯則出

263　賈誼：《新書》，見《諸子全書》，第1冊、《新書》九，浙江人民出版社1984年版，
　　第1頁。
264　《史記》，第8冊，第2492頁。

贅。假父耰鉏杖彗耳，慮有德色矣。母取瓢碗箕帚，慮立訊語。抱哺
其子，與公並踞；婦姑不相說，則反脣而睨。其慈子嗜利而輕簡父母
也，念罪非有儲（儲一作倫）理也，亦不同禽獸僅焉耳。然猶並心而
赴時者，曰功成而敗義耳。蹶六國，兼天下，求得矣，然不知反廉恥
之節，仁義之厚，信兼併之法，遂進取之業，凡十三歲而社稷為墟，
不知守成之數、得之之術也。悲夫！」[265]所以，賈誼提出以土德代替
秦之水德，不僅符合以土克水的五行相勝規則，而且也是與他反對秦
之暴戾刻薄（水德）的思想相符合的。

賈誼繼承並發展了西周天命人心說的傳統，重視道德理性的建
立，同時又努力使這種道德理性和五行相勝說的歷史理性盡可能地結
合起來。這是漢代學者第一次使二者結合的努力。

2 五行與三統

與賈誼同時，魯人公孫臣也上書文帝建議以土德王，而丞相張蒼
則「推以為今水德」，主張沿用秦之水德，因此未能改為土德。[266]漢
武帝初年，曾以「三代受命，其符安在？災異之變，何緣而起？性命
之情，或夭或壽，或仁或鄙，習聞其號，未燭其理」等為題策問，董
仲舒於對策（即所謂天人三策）中反覆說明，天命的轉移或政權的得
失，都在於君主之有德或無德，以及由此引起的人心之向背；這些都
是周代天命人心說的再版，不須贅述。關於歷史演進中的變化，他認
為：「至周末之世，大為亡道，以失天下。秦繼其後，獨不能改，又
益甚之，⋯⋯故立為天子十四歲而國破亡矣。自古以來，未嘗有以亂
濟亂，大敗天下之民如秦者也。其遺毒餘烈，至今未滅，⋯⋯故漢得

---

265 《百子全書》，第1冊，《新書》三，第1-2頁。
266 《史記》，第2冊，第429頁。

天下以來，常欲善治而至今不可善治者，失之於當更化而不更化也。」[267]如何更化呢？董仲舒說：「然夏尚忠，殷尚敬，周尚文者，所繼之救，當用此也。孔子曰：『殷因於夏禮，所損益可知也；周因於殷禮，所損益可知也；其或繼周者，雖百世可知也。』此言百王之用，以此三者矣。……由是觀之，繼治世者其道同，繼亂世者其道異。今漢繼大亂之後，若宜少損周之文致，用夏之忠者。」[268]董仲舒向漢武帝所陳說的三統說大體如此。

　　董仲舒的比較系統的理論見於其所著《春秋繁露・三代改制質文》，即「三正以黑統初。正日月朔於營室，斗建寅。天統氣始通化物，物見萌達，其色黑。故朝正服黑，首服藻黑……親赤統，故日分平明，平明朝正。正白統奈何？曰：正白統者，曆正日月朔於虛，斗建醜。天統氣始蛻化物，物始芽，其色白，故朝正服白，首服藻白……親黑統，故日分鳴晨，鳴晨朝正。正赤統奈何？曰：正赤統者，曆正日月朔於牽牛，斗建子。天統氣始施化物，物始動，其色赤，故朝正服赤，首服藻赤……親白統，故日分夜半，夜半朝正。」[269]這一理論的根據不再是五行的相勝，（雖然《春秋繁露》中也有「五行相生」、「五行相勝」的篇章，不過所論皆無關於歷史發展階段）而是建立在夏商周三代曆法歲首的不同上，即夏以建寅之月（正月，立春季節所在之月）為歲首，商以建丑之月（十二月）為歲首，周以建子之月（十一月，冬至季節所在之月）為歲首。春秋以下即有三代曆法不同之說，《春秋》中也有「春王正月」、「王二月」、「王三月」之說，這三個帶有王字的月就被認為是三代各自的正月。秦以建亥之月（十月）為歲首，不在子、丑、寅三正之列，所以不能

267　班固：《漢書・董仲舒傳》，第8冊，第2504-2505頁。

268　《漢書》，第8冊，第2518-2519頁。

269　蘇輿：《春秋繁露義證》，第191-195頁。

作為一個王的統。三統說的黑（夏，其德為忠）、白（商，其德為敬）、赤（周，其德為文）三色，是比附植物根部在子丑寅三個月裡的顏色而來的。

董仲舒十分重視道德理性的建立，認為天是根據國君的道德情況決定對其天命的予奪的。他的三統說的特點是：其一，引孔子話為根據，以三統代五德；其二，這種三統說以夏、商、周三代的忠、敬、文三德為標誌，取代了五行說以自然界五種物質為標誌的辦法，使歷史理性離開自然理性而與道德理性靠近一步；其三，三統的相續是生長過程中的延續，並不像五行相勝說那樣地是後者戰勝或消滅前者，後代之繼前代不是為了克服或制勝前者，而是為了救弊；其四，否認秦為一統，以漢直接繼周，因為秦未能救周之弊，反而發展了周末之弊，從而也就不具有獨立的一德的資格。這樣，董仲舒的歷史理性裡就充滿了道德理性的成分。

漢武帝接受了董仲舒尊儒術的建議，但未採用其三統說。至武帝太初元年，「夏五月，正曆，以正月為歲首。色尚黃，數用五，定官名，協音律。」[270]太初曆以建寅之月為歲首，即取夏曆，但是色尚黃（非如董生所云夏尚黑），遵循的仍然是五行相勝說。

到西漢中後期，這種五行相勝說漸為五行相生說所代替。原五行相生說在《呂氏春秋》的十二紀中已有陳述，唯未用於解說歷史的發展。據《漢書・律曆志》載：「至孝成世，劉向總六曆，列是非，作《五紀論》。向子歆究其微眇，作《三統曆》及《譜》以說《春秋》，推法密要，故述焉。」[271]按三統曆在曆法內容上沿襲了太初曆，為八十一分曆，[272]但是劉歆並未沿襲漢武帝定太初曆時所採用的五行相勝

---

270 《武帝紀》，《漢書》，第1冊，第199頁。

271 《漢書》，第4冊，第979頁。

272 參閱朱文鑫：《中國曆法源流》，載氏所著《天文考古錄》，商務印書館1939年版（《萬有文庫》本），第36-39頁。

說，而是改用了五行相生說。據《律曆志》記載的劉歆所作《世經》，其所排古來帝王德的更迭，即依五行相生次序：太昊帝（炮犧氏），「為百王先，首德始於木」；炎帝（神農氏），「以火承木」；黃帝（軒轅氏），「火生土，故為土德」；少昊帝（金天氏），「土生金，故為金德」；顓頊帝（高陽氏），「金生水，故為水德」；「帝嚳（高辛氏），水生木，故為木德」；唐帝堯（陶唐氏），「木生火，故為火德」；虞帝舜（有虞氏），「火生土，故為土德」；禹（夏後氏），「土生金，故為金德」；湯（商、後稱殷），「金生水，故為水德」周武王，「水生木，故為木德」；「漢高祖皇帝，著紀，伐秦繼周。木生火，故為火德」。[273]如此，周當木德，（秦屬閏統不計）漢承周正為火德。後來王莽篡漢，自命以土德王，其五行相生邏輯是火生土；劉秀建立東漢，又恢復以火德王。以後曹魏篡漢，還是自命為土德王；司馬晉篡曹魏，則自命為金德王。於是無行相生說在中國歷史上流行了相當長的一段時間。

　　無行相勝說與五行相生說，就其實質而言，不過是同一個魔術的兩種不同玩法，其區別可以說無足輕重。如果一定要追究它們到底為何會有這樣的變化，那麼，我想其原因大概是：前者重相剋，力圖使歷史理性與道德理性背離，乃戰國時代法家學說與五行說結合之產物；而後者則重相生，力圖使歷史理性與道德理性儘量吻合，乃儒家學說與五行說相結合的結果，如此而已。

3 公羊家的春秋三世說

　　《公羊傳》徐彥疏引何休著《文謚例》云：「三科九旨者，新周、故宋、以《春秋》當新王，此一科三旨也；又云，所見異詞，所

---

273 《漢書》，第4冊，第1011-1023頁。

聞異詞，所傳聞異詞，二科六旨也；又內其國而外諸夏，內諸夏而外夷狄，是三科九旨也。」[274]又《公羊傳》隱西元年「所見異辭，所聞異辭，所傳聞異辭」句下之何休注云：「於所傳聞之世，見治起於衰亂之中，用心尚粗，故內其國而外諸夏；先詳內而後治外，錄大略小，內小惡書，外小惡不書，大國有大夫，小國略稱人，內離會書，外離會不書，是也。於所傳聞之世，見治昇平，內諸夏而外夷狄，書外離會，小國有大夫；宣十一年秋，晉侯會狄於攢函，襄二十三年，邾婁鼻我來奔，是也。至所見之世，著治太平，夷狄進至於爵，天下遠近大小若一，用心尤深而詳；故崇仁義，譏二名，晉魏曼多、仲孫何忌，是也。所以三世者，禮，為父母三年，為祖父母期，為曾祖父母齊衰三月，立愛自親始。故《春秋》據哀錄隱，上治祖禰。」[275]

按「所見異詞，所聞異詞，所傳聞異詞」於《公羊傳》中曾三見（隱西元年，桓公二年，哀公十四年），原來是說《春秋》對於不同時期的事有不同的書法措辭。為什麼要三世異詞呢？何休對此作了富有創見的回答，即「所以三世者，禮，為父母三年，為祖父母期，為高曾祖父母齊衰三月，立愛自親始。」這一回答所根據的是儒家所傳之禮，而儒家的禮是與儒家的核心思想——仁相表裡的。[276]仁是人之所以為人的最根本的愛，亦即把人當作人來愛的人類之愛。但是，這種愛不能是墨子所說的那樣無差別的兼愛，因為不符合人情之常，亦即人性的自然（nature）。一個人之所以能夠作為一個具有社會性的人出現，這裡實際有兩個條件：第一，他必須是一個具有自己獨立人格的人。第二，他必須建立起個人與所參與的社會的關係，而他自己正

---

274 《春秋公羊傳注疏》，阮元校刻：《十三經注疏》。

275 《春秋公羊傳注疏》，阮元校刻：《十三經注疏》。

276 參見劉家和：《先秦儒家仁禮學說新探》，載《古代中國與世界：一個古史研究者的思考》，第377-394頁。

是這種參與的起點。因此，當個人人格建立起來，個人知道自尊和自愛的時候，他必須立即把這種自尊和自愛向外逐步拓展，這就是孔子所說的「在己欲立而立人，己欲達而達人」[277]和「己所不欲，勿施於人」[278]的倫理原則：這個原則的起點是己，而其終點是人；把自己同樣也把別人都當作人來親愛、來尊重，這就是仁，儒家的仁。惟其這種愛必須是循序漸進，由近及遠，從內向外地逐步推展的，所以，對於父母、祖父母、高曾祖父母之喪服乃有等差。

　　何休對於《公羊傳》和公羊三世說的解釋，有許多精彩獨到的見解，也有很多非常異義可怪之論（而且若干精彩獨到之見又在非常異義可怪之論中），這些只能另外為文專論，這裡只想說他在使歷史理性與道德理性重新結合上的作用：其一，何休三世說不像五行相勝說或五行相生說那樣假自然理性的環節以為歷史理性的環節，也不像董仲舒那樣假三代三正之說（其中仍然沒有完全超脫自然理性）的環節以為歷史理性的環節，而是純粹以人倫的道德理性的展開作為歷史理性的展開的說明。其二，人倫的道德理性也並非憑空而生，它是以人之性情為根據的，或者說以儒家的人性說為依據的，而人性也是一種自然（nature），不過它不再是外在於人或異己的自然，而是人的內在的自然。其三，何休三世說與鄒衍五行相勝說、劉歆五行相生說、董仲舒三統說具有一個很大的不同之點，即前三者都以為歷史理性的展開是循環的，而何休三世說則擺脫了這種循環，作為體系是開放的。其四，何休三世說雖以春秋二百四十二年分為三世作立論之憑依，但其實又不拘於也不限於此二百四十二年之歷史，他實際是為人類的歷史提供了一個縮小了的模型；因為他的三世說的內容具有可放大性，

277　《論語・雍也》，國學整理社編：《諸子集成》。

278　《論語・顏淵》，國學整理社編：《諸子集成》。

譬如，「天下遠近大小若一」，何休心中的模型只不過是漢帝國，而漢帝國遠遠不是「天下」，也更談不上「遠近大小若一」。

以上概述了歷史理性在中國古代的產生過程，說明了歷史理性在產生過程中與道德理性及自然理性的相互關係。這樣的情況在歷史學和哲學都相當發達的古希臘還不曾發生過。在古代西方，歷史不曾被作為理性來思考，這在弁言裡已有略說。在古代希臘，是邏輯理性而不是歷史理性得到了相當充分的發展，相應地是邏輯理性在與自然理性、道德理性的相互關係中的發展。在西方，歷史之被真正地當作理性來思考，那是從義大利學者維柯（G.Vico, 1668-1744）所著的《新科學》開始的，到了黑格爾（G.W.F.Hegel, 1770-1831）的《邏輯學》和《小邏輯》裡，邏輯或理性本身也都變成歷史的了。這樣的歷史理性與邏輯理性的結合，是中國古代的歷史理性產生過程中所不曾出現的。

二　史學在中國傳統學術中的地位
——與古代印度、古代希臘的比較思考

自先秦以至於清末，中國傳統學術的內容是十分豐富的，而史學[279]在其中占有尤其特殊的重要地位。這種情況的直觀表現是，中國歷史學著作的連綿不斷與浩博精詳，為世界其他國家所少有；而其原因，則與古代中國人所特有的思考問題的路數與傾向有關。至於前

---

279 金毓黻（1887-1962）先生曾言：「史學一詞，創於十六國之石勒，《晉書·載記》卷一百四，石勒於晉元帝太興二年（西元319年）自立為趙王，以任播、崔浚為史學祭酒，是也。」見金毓黻：《中國史學史》，商務印書館1957版，第218頁。謹按，此處所謂「史學」，乃指從事歷史教學的教育機構，猶之今日大學中之歷史系。本文所用「史學」一辭，係指歷史學之學術本身，與金先生所講「史學」涵義不同。史學之發生在先，而作為教育機構之「史學」或歷史學系在後，這是沒有什麼可疑之處的。

者，已往的學者已早有論述，例如黑格爾（G. W. F. Hegel, 1770-1831）
曾說：「中國歷史學家的層出不窮、繼續不斷，實在是任何民族所比
不上的。」又說：「尤其使人驚歎的，便是他們歷史著作的精細正
確。」[280]

本文所要說明的集中在後一方面。以下分為三個方面來談：

（一）史學在中國古代學術分合中所顯現的特點

大體說來，人類的學術的發展總是經歷著由渾沌而分明、由簡單
而複雜、由粗淺而精深的過程的。在這樣的發展過程中，學術經歷著
不斷的分化，在分化到一定程度的時候，又不斷在分中有合，合中有
分。《莊子・天下》是一篇論述先秦時期各個學術流派的著作。它認
為，上古只有一種無所不包的作為「一」的道術，隨著人類社會裡各
種分歧和矛盾的發展，不同的人從統一的道術中各取所需的一偏，以
形成自己的方術；於是諸子百家產生，「道術將為天下裂」。[281]按《天
下》篇指出先秦學術的發生乃是由一而多的分化過程，這不能不說是
一種卓越的見解，只是此篇作者基於道家所特有的價值取向，把這樣
的發展過程視為一種倒退與悲劇了。

世界文明古國的文化最初大抵都從無所不包的宗教神話裡逐漸分
化而來，而史學又是在文化發展中逐漸分化出來的。當然，由於具體
的歷史條件的不同，各文明古國的發展情況又各有特點。

例如，在古代印度，雅利安人的最初文化淵源都出於「吠陀」
（Veda，按 veda 來自詞根 vid，它的意思是「知識」、「求知」、「學
問」），而四《吠陀》（Rigveda, Samaveda, Yajurveda, Atharvaveda）以及

280　〔德〕黑格爾：《歷史哲學》，中譯本，第161、163頁。
281　郭慶藩：《莊子集釋》，國學整理社編：《諸子集成》。

由此演生而又附屬於此的梵書（*Brahmanas*）、森林書（*Aranyakas*）、奧義書（*Upanishads*）等以所謂得自「天啟」（Sruti）的宗教經典的形式包括了當時所有的各方面的知識。由「吠陀」文獻又發展出六個「吠陀分」（*Vedangas*），它們雖然不再源於「天啟」而係來自「傳承」（Smriti），但在內容上仍然是解說「吠陀」的。它們按內容分別是式叉論（Siksha，phonetics）、劫波論（Kalpa，ritual）、毗耶羯羅那論（Vyakarana，grammer）、尼祿多論（Nirukta，etymology）、闡陀論（Chhandas，metrics）、豎底沙論（Jyotisha，astronomy），亦即文字、音韻、訓詁之學、禮儀軌則之學及天文歷數之學，頗與中國經學之若干部分內容相吻合，而獨無史學的部分。[282]當然，在「吠陀」文獻中也有關於古代傳說與故事之類的內容，繼「吠陀」文獻之後還有包括了更多「故事和傳說」（itihasa & purana）的「史詩」，[283]成書更晚（約四世紀）的《往世書》（*Puranas*）則包括了更多的歷史傳說。[284]不過，不論是「史詩」還是「往世書」，都充滿神話，並且人神難分，所以仍然不能算為歷史典籍。據玄奘（600-664）所記印度佛教學術傳統中的「五明大論」裡也沒有歷史學的部分。[285]

　　又例如，在古代希臘，最早的傳統的文獻就是神話與歷史不分的荷馬史詩（*Homeric poems*），即《伊里亞特》（*Iliad*，約產生於西元前

---

282 參見R. C. Majumdar, ed The History and Culture of the Indian People, vol.I, The Vedic Age, London: George Allen & Unwin LTD, 1952, pp225-235, 441-448, 472-478.　R. C. Majumdar, H. C. Raycgaudhuri, Kalikinkar Datta, An Advanced History of India, India, The MacMillan Company of India Limited, 4th edition, 1978, pp.47-51.

283 E. J. Rapson, ed.The Cambridge History of India, vol.1, Ancient India, London:Cambridge University Press, 1935, p.251ff.

284 The Vedic Age，pp.267-268。

285 玄奘、辯機撰，季羨林等校注：《大唐西域記校注》，中華書局1985年版，第185-187頁。

9世紀）和《奧德賽》（Odyssey，約產生於西元前8世紀前期）。[286]隨後，農民詩人赫西俄德撰寫了《工作與時日》和《神譜》，如果說後者的內容是神話，那麼前者的主要內容卻是寫當時的現實生活的，而且其中也有了對於歷史進程的見解（以為一代不如一代），不過歷史的變化是與神意相關的。[287]到西元前六世紀，希臘文化開始突飛猛進，不僅哲學家、詩人人才輩出，而且也開始了歷史學的萌芽。當時出現了一批「敘事家」（logographers），其中最著名的當推米利都的赫卡泰烏斯（Hecataeus of Miletus, ca. 540-ca. 476BC）。他曾經寫有《大地周遊記》（*Periegesis*）和《譜系志》（*Genealogies*），前者記載當時希臘人的確實地理知識，後者則記載本邦重要人物的世系，從而涉及歷史的具體時間與空間框架的建構。赫氏在其《譜系志》的開端曾對希臘的傳說表示了批判的態度，說：「我之所記，為我所信其為真者。」對於其所不信者，則不予記載。[288]在這樣的發展基礎上，希羅多德（Herodotus, ca. 484-430/420 BC）和修昔底德（Thucydides, ca. 460-after 400 BC）先後寫出了他們的名著《歷史》（History）和《伯羅奔尼薩斯戰爭史》（*History of the Peloponnesian War*），前者的《歷史》的主題是希臘波斯戰爭，但是其書的前一半敘述波斯帝國的擴張與帝國中若干地區、民族的風俗人情，體例屬於通史；後者則專門敘述伯羅奔尼薩斯戰爭（因修氏去世而未能寫完整個戰爭）的政治與軍事過程，可視為斷代的當代史。前者在西方被譽為「歷史之父」，

286　N.G. L. Hammond, A History of Greece, Oxford, Oxford Univercity Press, 1959, pp.88-91.

287　參閱Works and Days, Theogony，載在The Loeb Classical Libery, Hesiod: The Homeric Hymns and Homerica, H. G. Evelyn-White 英譯。〔古希臘〕赫西俄德：《工作與時日 神譜》，張竹明、蔣平中譯；關於詩人年代問題，見中譯者序第一頁。

288　Hammond, A History of Greece, pp.280-282; Ernst. Breisach, Historiography, Chicago, The Chicago University Press, 1983, pp.9-10.

而後者對於西方史學實際發生了更為深遠的影響。總之，這兩位史家的出現，可以毫無疑義地表示古代希臘的史學已經從其他學術中分離出來。

中國古代的學術最初也是從渾然不分的狀態中逐漸分離出來的。從有文字以下的情況來說，現在所知的最早的文獻出現於商代。《尚書・多士》記周公之言曰：「惟爾知惟殷先人有冊有典。」[289]一百年來所發現的甲骨文文獻恰好證明周公的話是確有根據的。商代的文獻裡包含了許多方面的文化知識，可是當時很難說有什麼學科的分別；甲骨文材料本身也說明當時卜祝與文史的不分。可是，從《尚書》（確切地說，從其中的周初諸誥）起，中國的歷史著作開始有了最初的萌芽。

《尚書》中最先出現的部分是商後期的《盤庚》諸篇及周初諸誥，本為當時的政治文獻。不過，它們每篇都有一個論述的主題，有了確實的時空裡的確實人事的記錄。雖然，它們還沒有連接成系統的歷史著作，但是它與中國傳統史學中的記事本末體有著密切的淵源關係。清人章學誠（1738-1801）說：「按本末之為體也，因事命篇，不為常格。非深知古今之大體，天下經綸，不能網羅隱括，無遺無濫。文省於紀傳，事豁於編年，決斷去取，體圓用神，斯真《尚書》之遺也。」[290]他把「書教」說成「圓而神」，無疑是對《尚書》推崇的過度，但是他以為《尚書》乃為中國傳統史學中記事本末體之嚆矢，這卻不失為一種卓識。

如果說《尚書》各篇的寫作原來並非有意著史，那麼現在我們所見的《春秋》就不能不說是史書了。到春秋時期，各諸侯國一般都有

---

289 孔穎達：《尚書正義》，阮元校刻：《十三經注疏》。

290 章學誠：《文史通義・書教下》，世界書局1935年版，第11頁。以下引《文史通義》，皆據此本，只記頁數。

了本國的「春秋」。《墨子・明鬼下》中曾說到「周之《春秋》」、「燕之《春秋》」、「宋之《春秋》」、「齊之《春秋》」，[291]隋唐間學者曾見《墨子》佚文云「吾見百國《春秋》」。[292]《孟子・離婁下》記孟子（ca.390-305 BC）[293]曰：「王者之跡息而詩亡，詩亡而後春秋作。晉之《乘》，楚之《檮杌》，魯之《春秋》，一也。其事則齊桓、晉文，其文則史。孔子（551-479 BC）曰：其義則丘竊取之矣。」[294]結合墨子（ca. 480-390 BC）和孟子的話來看，春秋時期各國都有「春秋」，而各國「春秋」可以各取不同的具體名稱。孟子所說的經過孔子修訂或「取義」的魯之《春秋》現存，是按年、時（季）、月、日次序記事的編年體斷代史書（自魯隱西元年至哀公十四年，722-481 BC），其中無「怪、力、亂、神」[295]的內容，有一定的論事的標準（即所謂「義」）；其明顯的缺陷是，它僅記事目而無對於事件程序的敘述。所以，必須參閱《左傳》才能真正讀到一部系統的春秋時期的編年史。墨子所說的「百國春秋」現已不可見，但從《墨子》書中所引內容來看，它們卻是有具體的事件程序的敘述的，不過現在我們能看到的只是墨子所引的一些鬼故事，顯然是從古代流傳下來的神話傳說。最初的史書裡夾帶有這樣的內容，並不足為奇。《左傳》裡也有類似墨子所引的神鬼傳說。無論如何，我們必須承認《春秋》已經是一部真正的史書。對於孟子所說「詩亡而後《春秋》作」，前人有不同解說，這裡可以暫且不論，其實，各國出現「春秋」時「詩」也並沒有消

---

291 孫詒讓：《墨子間詁》，國學整理社編：《諸子集成》，第四冊，第141、143、144、145頁。

292 見同上書，附錄，第9頁。

293 本文中先秦諸子年代，皆據錢穆：《先秦諸子繫年》，中華書局1985年版，第615-620頁：「附諸子生卒年世紀數」。

294 焦循：《孟子正義》，國學整理社編：《諸子集成》，第一冊，第337-338頁。

295 孔子所不語，見《論語・述而》，劉寶楠：《論語正義》，第146頁。

亡，而只不過是「春秋」作為史書，開始從包含多重內容的「詩」裡分離出來而已。

司馬遷（ca. 145BC-90 BC）作《史記》，創為紀傳體之通史，起自黃帝，迄於漢武帝天漢（100BC-97 BC）年間。全書由不同體裁的各部分組成，凡本紀十二，表十，書八，世家三十，列傳七十，共一百三十篇。「本紀」為編年體，以帝王為綱記載國家之大事。「表」分世表（如三代君主年代不詳，僅記世系）、年表（大多數表皆為年表）、與月表（秦楚之際形勢變化巨大而迅速，故作月表），表以帝王大事紀年為綱，附以諸侯國（一篇述將相名臣）大事，使同時異地之事並陳眼前。「書」為專題之史，包括禮樂典制、律曆占星、封禪求神、水利財經等方面之內容。「世家」記諸侯之事，亦為編年之體。「列傳」為歷史人物傳記，包括重要歷史人物單獨的傳記、相互有關人物的合傳（如老子與韓非，孟子與荀卿等）、同類性質的人物的集合傳記（如刺客、遊俠、循吏、酷吏、儒林、貨殖等）以及邊裔屬國之傳。《史記》不僅在著述體裁上包含了多重性，而且在所述內容上既涵蓋了政治、經濟、軍事、文化、社會等不同方面，又涵蓋了上起帝王將相下迄遊俠商賈以至占卜吉凶者流（史公原作《日者》、《龜策》二傳已佚）。《史記》作為一部通史，其通表現在三個方面：

首先，從時間角度看，它著眼於古今通；其次，從社會政治的層次看，它著眼於上起帝王將相下至於社會低層之間的上下通（儘管書的主要篇幅用於敘述社會之上層）；又其次，從空間的角度看，它著眼於近述中原、遠及邊裔的內外通。《史記‧太史公自序》說：「禮樂損益，律曆改易，兵權、山川、鬼神，天人之際，承敝通變，作八書。」[296]司馬遷在《報任少卿書》中也說他著書目的是：「亦欲以究

---

296 《史記》，第10冊，第3319頁。

天人之際，通古今之變，成一家之言。」[297]於此亦可見司馬遷著史的包羅一切的理想。

　　班固（32-92AD）撰《漢書》，[298]繼承了司馬遷所創始的紀傳體，而專寫西漢一代，開斷代紀傳體史書之先河，以後歷代「正史」都可以說《漢書》的繼續。《漢書》包括十二紀、八表、十志、七十列傳，凡百篇。班固在《漢書‧敘傳》最後說明自己著書目的時說：「凡《漢書》，敘帝皇，列官司，建侯王。准天地，統陰陽，闡元極，步三光。分州域，物土疆，窮人理，該萬方。緯六經，綴道綱，總百氏，贊篇章。函雅故，通古今，正文字，惟學林。」[299]真是上至天文，下至地理，以至人事中的政治、經濟、社會、文化等等各個方面，幾乎無所不包。像《史記》和《漢書》這樣的歷史著作，在古代世界的史學史上應該說也是不朽的名著，可是，它們的最大的一個特點就是，在它們以自身的成就表明中國史學已經卓然從其他學術中分離出來的同時，也就以一種其他國家古代史學所未有的氣魄把人類社會的方方面面都作為有機組成部分囊括到史學的整體結構中來了。

（二）中國傳統史學與經學的關係

　　漢代是中國古代學術傳統形成中的一個重要時期。在這個時期裡，不僅史學從其他學術中分離出來，形成為一門獨立的學問，而且儒家之學也從先秦諸子之學中脫穎而出，成為在中國的歷史上（自漢至清）長期占統治或支配地位的經學。也正是從漢代開始，史學與經學之間形成了密切的關係，同時，史學也在中國傳統學術中居於一種

297　《漢書‧司馬遷傳》第9冊，第2735頁。

298　其父班彪（3-54 BC），已有相當的準備，其妹班昭（ca. 49-120 BC），又補固所未及作之「八表」及「天文志」。

299　《漢書》，第12冊，第4271頁。

頗為突出的地位。這種情況大體是可以從目錄學的著作中看出來的。

《漢書·藝文志》[300]是中國古代流傳下來的第一篇系統的目錄學著作。它把圖書分為六類，即「六藝」（即儒家經典）、「諸子」、「詩賦」、「兵書」、「術數」、「方技」，尚未將史書單列一類，而是把《太史公》（即《史記》）與《左傳》、《國語》、《世本》、《戰國策》等屬於史書類的書列於「六藝略」裡的「春秋家」中。《漢志》的這樣安排當然不能說明其時史學尚未從經學分離出來，而只能說明目錄學的反映落後於學術發展的實際。為什麼會有這樣的落後呢？其一，當時已有的史書為數尚不多，不便單列一類；其二，史學著作的內容的確有與《春秋》相近的方面，更何況《太史公自序》裡還明顯地表現出的「繼《春秋》」[301]的志趣了。

曹魏代漢以後，秘書郎鄭默據皇家圖書館藏書，撰書目曰《中經》；西晉秘書監荀勖（？-289）因《中經》而作《中經新簿》，分群書為四部：「一曰甲部，紀六藝及小學等書；二曰乙部，有古諸子家、近世子家、兵書、兵家、術數；三曰丙部，有史記、舊事、皇覽簿、雜事；四曰丁部，有詩賦、圖贊、《汲冢書》。」[302]至此史學著作在目錄著作中也獨立出來，列於經書、子書之後，屬第三類。西晉晚期，「惠懷之亂，其書略盡。江左（東晉）草創，十不存一。後雖鳩集，淆亂已甚。及著作佐郎李充，始加刪正，因荀勖舊簿四部之法，而換其乙丙之書，沒略眾篇之名，總以甲乙為次。自時厥後，世相祖述。」[303]按阮氏《七錄》包括經典錄、記傳（史傳）錄、子兵錄、文

---

300 以下簡稱《漢志》，班固以西漢末劉歆（ca53 BC-23 AD）所作《七略》為底本編定。

301 司馬遷一方面口頭上表示不敢以作《春秋》自況，同時又對先人的「繼春秋」的願望表示「小子何敢讓焉。」見《史記》，第10冊，第3296-3300頁。

302 魏征等纂：《隋書·經籍志》，第4冊，中華書局1973年版，第909頁。

303 阮孝緒：《七錄序》，原載《廣弘明集》卷三。此處引自嚴可均校輯：《全上古三代秦漢三國六朝文》，第4冊，中華書局1958年版，第3345頁。

集錄、技術錄、佛路、道錄。史部僅次於經，在第二類。至唐修《隋書・經籍志》，仍分四部，次序為經史子集，以後歷代循而不改，史部終於一直居於僅次於經的地位。

中國傳統史學之所以能夠處於僅次於經學的重要地位，其原因實在於二者之間的有著密切的內在關係。

第一，就內容而言。今人皆知章學誠有「六經皆史」之說。[304]不過，正如李宗侗教授（1895-1974）所指出：「六經皆史之說，實非章實齋所獨自發明，劉恕《通鑑外紀・序》曾及之，而王應麟《困學記聞》卷八引《文中子・王道篇》及陸魯望《復友生論文書》，亦有此說，二人皆生於唐代，則宋以前早已有之矣。此意至明代更推廣之，王守仁《傳習錄》卷一云：『以事言曰史，以道言曰經；事即道，道即事。《春秋》亦經，五經亦史；《易》是庖犧之史，《書》是堯舜以下史，禮樂即三代史，五經亦即史。史以明善惡，示訓戒，存其跡以示法。』王世貞《藝苑巵言》卷一云：『天地無非史而已；六經，史之言理者也。』胡應麟《少室山房筆叢》卷二云：『夏商以前，經即史也；周秦之際，子即史也。』顧炎武《日知錄》卷三云：『孟子曰：其文則史。不獨《春秋》也，六經皆然。』凡此皆遠在章氏以前，特至章氏而暢其意耳。」[305]李氏的這一段話，不僅說明「六經皆史」之說並非章氏首創，而且實際上還指出了中國經、史二學之間長期關係密切的悠久傳統。循此思路上推，我們可以發現司馬遷也早就注意到了經史之間關係的密切。太史公所記「先人」之言中就有的「正《易傳》，繼《春秋》，本《詩》、《書》、《禮》、《樂》之際」[306]的

---

304 《文史通義・易教上》，第1頁。

305 李宗侗：《中國史學史》，華岡出版有限公司1979年版，第178頁。

306 《史記》，第10冊，第3296頁。《索隱》以為「先人」指「先代賢人」。《正義》以為指遷父司馬談。按《正義》說是。

期望，應該說是「六經皆史」之說的濫觴。

當然，對於「六經皆史」之說，還應該有進一步的具體分析。金毓黻先生就曾對章實齋此說作了很準確的分析，結語云：「是故謂《尚書》、《春秋》為史，可也；謂《易》、《詩》、《禮》、《樂》為史，不可也。謂《易》、《詩》、《禮》、《樂》為史料，可也；徑謂為史著，不可也。」[307]章氏自己提出史有「記注」（史料）與「撰述」（著作）之別，而自己在提「六經皆史」之說時卻又未作區分，金先生因而分析之，誠為允當不刊之論。愚以為略有可贅者，則《易》，固可以視為史料，然其意義恐有甚於作為史料者在，即《易》之思想適與中國傳統史學之通變思想相通，甚至若和符節。這也是可以並應該加以考慮的。

第二，就研究途徑而言。中國經學的研究途徑，主要不外兩點：一是文獻考證之學，其中包括文字、音韻、訓詁、目錄、校勘、辨偽之學等等，其實質為知識之探求，可以說其目標在求真；二是義理辨析之學，其實質為價值之探求，可以說其目標在求善。文獻考證與義理辨析二者之間又有著密切的相互關係，即義理之辨析以文獻考證之成果為基礎，而文獻考證又以義理為理論上之指導。自從漢代經學產生以來，此二者一直是作為經學的支柱出現的。當然，在不同的歷史時期甚至不同的經學流派那裡，情況也會有所不同。即在某些時期或某些流派那裡，經學的研究更側重文獻之考證，在另一些時期或流派那裡，經學的研究則側重義理之辨析。如以漢代經學與宋代經學相比，漢代經學較重訓詁與文獻考證，而宋儒較重義理的辨析，此為時代風氣之不同。如以漢代而論，則今文學家較重義理之辨析，而古文學家較重文獻之考證。如以宋代而論，則朱熹較重文獻之考證，而陸

---

307 參閱金毓黻：《中國史學史》，第233頁。

九淵較重義理之辨析，此為學派之不同。

　　中國傳統史學的研究途徑，主要也在文獻考證和義理辨析這兩個方面。司馬遷作《史記》，既「紬史記石室金匱之書」，[308]又「厥協六經異傳，整齊百家雜語」。[309]我們現在讀《史記》中關於先秦史部分，只要與現存的先秦文獻一作比較，就仍然能清楚地看到，太史公是怎麼樣對於五經、諸子的加以引用、取捨和訓釋的。這就是文獻的整理與考證的工作。不過，文獻的整理與考證是離不開思想的指導的，「六經異傳」如何「厥協」？「百家雜語」如何整齊？這都需要一種思想上的定見（也許可以說是解釋學家所說的 prejudice 或 die Vorurteilung），當時的風氣和他本人都十分推崇孔子，所以他說：「中國言六藝者折中於夫子」。[310]又說：「夫學者載籍極博，猶考信於六藝」。[311]這樣就有了義理辨析的標準。自《史記》以下，歷代史書之作，無不以文獻之整理與考證為工作之起點，也無不以儒家經典之「義」作為其義理辨析之標準。至於對於文獻考證與義理之側重，則史家各有不同，在此不能備述。要而言之，史學之研究途徑與經學沒有基本上差異。

　　當然，前人對於經學與史學之差異是有所討論的。例如朱熹（1130-1200）論《春秋》三傳中《左傳》與《公羊傳》、《穀梁傳》之異同時說：「左氏是史學，公、穀是經學。史學者記得事卻詳，於道理上便差；經學者於義理上有功，然記事多誤。」[312]在朱子看來，經學與史學的研究途徑中皆有記事，亦皆有義理，所不同者，在於其

308　《史記》，第10冊，第3296頁。

309　《史記》，第10冊，第3319-3320頁。

310　《史記》，第6冊，第1947頁。

311　《史記》，第7冊，第2121頁。

312　黎靖德編，王星賢點校：《朱子語類》，第2152頁。

側重點有異而已。應該說，朱子的這一看法基本上代表了中國歷史上對經史之學異同的一般見解。

第三，就性質與功能而言。這也就是說就經學之體與用及史學之體與用的關係而言。就經學之性質或體而言，它是研究常道之學；在中國古代典籍中，經字的一個通常解釋就是「常」。例如，《左傳》昭公二十五年引子產云：「夫禮，天之經也。」杜預（735-812）注云：「經者，道之常。」[313]東漢末劉熙於所著《釋名・釋典藝》中云：「經，徑也，常典也。如徑路無所不通，可常用也。」[314]可以說是古代對於「經」的一種通用解釋的概括。

就經學之功能或用而言，它又是研究經世致用之學。在中國古代典籍中，「經」字又常有經濟、經緯、經綸、經營（皆為同義或近義詞）涵義。例如，《周易・屯卦・象辭》：「雲雷屯，君子以經綸。」[315]按唐陸德明（550-630）《周易音義・屯》「經論」條：「黃穎云：經論，匡濟也，本亦作綸。」[316]可見「經」又匡時濟世的意思。

經學就其性質或體而言既是關於常道之學，就其功能或用而言又是致用之學，而致用乃匡時濟世之事，不同的時間、地點、條件下的問題都不一樣，也就是說致用所面臨的物件

是不斷的變化的局面。那麼作為經之體的常又通過何種途徑而應對其用所面臨的變呢？在具體的層面上，經的付諸應用，往往與權相結合。《公羊傳》桓公十一年曾說鄭國的大臣祭仲善於行權。[317]如何才能行權？那當然要依歷史條件的變化而定。如果再從邏輯的層面

---

313 阮元校刻：《十三經注疏》。

314 見王先謙：《釋名疏證補》，上海古籍出版社1984年版，第309頁。

315 孔穎達：《周易正義》，阮元校刻：《十三經注疏》。

316 陸德明：《經典釋文》，上海古籍出版社1985年版，第77頁。

317 何休注，徐彥疏：《春秋公羊傳注疏》，見阮元校刻：《十三經注疏》。

看，那麼現在我們開始看到經學內部的張力，即開始看到其體與用或常與變之間的相拒斥之力，接著需要解決的是發現其間相互吸引之力在哪裡。從邏輯上說，如果有一種常可以應變，那麼就必須具備這樣的條件，即這種常本身中就涵蓋了變（含變之常），或者變本身中也涵蓋了常（含常之變）。只有這樣的常與變的相通才能構成二者之間的吸引之力，才能使經學的體與用之間的張力得以形成。那麼，這種在邏輯上必須的含變之常與含常之變，在現實中是什麼呢？應該說，這就是史學。所以，不論從具體層面還是從邏輯層面說，經學自身的問題都有待史學來協同解決。

中文裡的「史」字不像「經」字那樣本身就含有一種可以分析的內涵，它的本義是掌管某種文書的人；因學者所論已多，此處不煩贅述。我們可以直接從史學本身的特點談起。歷史的客觀過程變動不居，對於歷史的敘述或記載如要符合客觀過程當然也就必須以記變為使命。這樣，史學的內容就必然是充滿了變的。當我們翻閱任何一本歷史書時，也都會看到，不同時期和地區的歷史事件沒有任何兩件是完全相同的。這也說明，歷史的客觀過程是不會重複的，史學的內容的確是充滿了變的。不過，我們也不得不從以下兩個層面上加以深思：首先，從邏輯上說，歷史上的變的本質涵義是什麼？我們知道，一切歷史上的變都是具體的有限之物的變，而不是純粹的、抽象的變。正如黑格爾所說：「凡有限之物都是自相矛盾的，並且由於自相矛盾而自己揚棄自己。」[318]所以，歷史上的變，就是一種具體的否定，而「否定的東西也同樣是肯定的；或說，自相矛盾的東西並不消解為零，消解為抽象的無，而是基本上僅僅消解為它的特殊內容的否定；或說，這樣一個否定並非全盤否定，而是自行消解的被規定的事

---

318 〔德〕黑格爾：《小邏輯》，賀麟譯，第177頁。

情的否定，因而是規定了的否定；於是，在結果中，本質上就包含著結果所從出的東西。」[319]這樣，歷史上的變就是兼否定與肯定而有之的揚棄（die Aufhebung），既說明了歷史前後的區分，又說明了其間的連續。所以，這樣的變的自身之中就包含了常。

其次，從歷史上說，儘管一切具體的歷史變化都不再重複，但是歷史又非全無重複。例如，夏王朝的滅亡有其具體的、特殊的條件與理由，商王朝的滅亡又有其具體的、特殊的條件與理由，在直接的層面上它們是各不相同的，沒有重複的。但是，周人在取代商王朝以後，總結了夏、商兩代滅亡的經驗，就得出了「殷鑒不遠，在夏後之世」[320]的認識。《尚書・周書》中更是有多篇一再總結殷商滅亡的經驗與教訓。例如，《召誥》云：「王敬作所，不可不敬德。我不可不監於有夏，亦不可不監於有殷。我不敢知曰：有夏服天命，惟有歷年。我不敢知曰：不其延。惟不敬厥德，乃早墜厥命。我不敢知曰：有殷受天命，惟有歷年。我不敢知曰：不其延。惟不敬厥德，乃早墜厥命。今王嗣受厥命，我亦惟茲二國命，嗣若功。」[321]這就從夏、商、周三代之異中看出了其政權得失之同，即王朝的興衰的關鍵在於德的有無：有德而興，無德而亡。這樣，原來在直接層面上可見的三代之間的不同性與不重複性，經過反思，到了間接的層面上竟然得到了相同性和重複性，於是在變中體現了常。儘管人們在最初的階段不會自覺地意識到這一點，但是人們發現史學之有價值，最初蓋源於此。如果歷史的過程真是在任何意義和程度上都沒有一點重複，從而史學的內容中也只有純粹、絕對的變而無任何的常，那麼已往歷史的陳年老賬對於今人就不會具有任何現實的價值。如果真是這樣，那麼史學在

---

319 〔德〕黑格爾：《邏輯學》楊一之譯，上卷，商務印書館1977年版，第36頁。
320 《詩・大雅・蕩》，孔穎達《毛詩正義》，見阮元校刻：《十三經注疏》。
321 孔穎達：《尚書正義》，見阮元校刻：《十三經注疏》。

歷史上根本就不可能發生，人類就會象其他動物一樣沒有歷史意識地活著，也可以說就不會有人類的社會。當然，這一切都不是真實的。

因此，從經學與史學二者的性質和功能的角度來看，彼此之間的關係也是密不可分的。

（三）史學在古代中國、印度、希臘學術中處於不同地位之原因

以上說到史學在中國傳統學術中長期占有僅次於經學重要的地位，這種情況是與印度、古代希臘很不相同的。

在古代印度，史學未能真正從其他學術中分離並獨立起來。英國學者 E. J. Rapson 曾說：「婆羅門教、耆那教和佛教僧侶所掌握的文獻，自然一定是重在表述信仰的而非民族的體系。它們一定是重思想甚於重行動，重理想甚於重事實。實際上，作為宗教史和哲學史的史料、法律和社會機構成長的史料、諸如有待於對事實作精審考察的文法學之類的學術發展的史料，它們在古代世界上都以其豐富性和連續性而居無與倫比的地位。可是，作為政治進程的記載，它們就付諸闕如。只靠這樣的材料，要想把穆斯林征服以前的任何印度國家的政治史理出一個大綱都是不可能的。」[322] 這種說法是傾向於以古代印度人的重宗教、重思想而輕現實作為解釋的。印度學者 R. C. Majumdar 承認古代印度缺乏史學文獻，也沒有出過象希臘的希羅多德、昔底德，羅馬的李維（Titus. Livy, 59BC-17AD）、塔西陀（Tacitus, 56-120AD）那樣的史學家。不過，他又不同意用印度人重來世輕今生的宗教傾向作解釋，因為古代印度在法律學、政治學、管理藝術等現實層面的學術都是很有發展的。至於如何解釋，他說：「很難對這種缺陷作出合

理的解釋，不過事實無可懷疑。」[323]的確，要作完全能使人滿意的解
釋是不易的。我們知道，古代印度學術是很發達的，上文談到「六吠
陀分」就包含了多種學術，而且其中文字、音韻、訓詁、禮儀、天算
等頗與中國之經學內容相近似。所有這些學問以及其他種種學問，實
際上在印度都有其與宗教學說相關聯以至為宗教服務的成分。為什麼
唯獨沒有歷史學的出現呢？這仍然要從印度宗教的情況來考察。在印
度，不論是婆羅門教、耆那教還是佛教，都認為現實世界的一切都是
變化無常的、虛幻的，而宗教所追求的最終境界則是長住永恆的彼岸
世界。歷史永遠屬於此岸世界，史學所能體現的變中之常或某種法則
也只能是屬於此岸世界的。因此，史學是不能成為婆羅門教、耆那
教、佛教的有效論證手段的。當然，在低層次上，某些歷史故事可以
說明宗教裡的善惡報應的理論。例如，在《佛本生經》（Jataka）裡有
許許多多的故事或寓言，都是用來說明善惡皆有報應的道理的。不
過，這只要零星的故事和寓言就夠了，系統的歷史因果關係並非必要
的；所以《佛本生經》裡出現的人物和地方通常就是那麼一些，或者
說這些人物和地方作為虛擬也是能夠滿足要求的。我想這也許可以作
為古代印度史學沒有發展起來的一種解釋。在古代希臘，史學有了相
當高度的發展，其發展程度決不能說在古代中國以下。但是，在古代
希臘的學術裡，史學所居的地位卻無法與中國古代史學所居的地位相
比。亞里斯多德（Aristotle, 384-322BC）在其《形而上學》的卷一第
二章裡說明，哲學不是研究任何具體學科的學術，而是研究根本的原
理和原因的學問，所以是一切學術中最根本、最神聖的學術，「所有
其他學術，較之哲學確為更切實用，但任何學術均不比哲學為更

---

323 The Vedic Age, pp.47-48, 引文見p.47。

佳。」[324]於此可見，在古希臘人那裡哲學處於最高地位，大體與古代
中國經學的地位相似。至於史學，亞氏的估價則實在不高。他在《詩
學》中說：「史學家與詩人之區分不在於一個在寫散文而另一個在寫
韻文，誠然希羅多德的著作可以改寫為韻文，可是不論有韻無韻，它
仍將是一種歷史。二者的真正區分是，一個敘述已經發生了的事情，
另一個則敘述將會發生的事情。所以詩比史更近於（科學）並更嚴
肅，因為詩有助於提供一般真理，而史只提供特殊的事實。」[325]在亞
氏看來，在一切學術中，哲學地位最高，詩因比史更近哲學，地位也
比史學為高。這樣史學就只能居於第三級的學術的佇列之中。

　　亞里斯多德的這種說法，是與古希臘人對於知識的基本看法直接
相關的。英國哲學家兼史學家柯林武德（R. G. Collingwood, 1889-
1943）曾說：

　　「如果說希臘—羅馬歷史編纂學的人文主義（humanism），不
　　管是多麼微弱，乃是它的主要優點；那麼它的主要缺點就是實
　　質主義（substantialism）。所謂實質主義。我是指它是建立在
　　一種形而上學的體系的基礎之上，這種體系的主要範疇就是實
　　質這一範疇。實質並不是指物質或者物理的實質；確實，有很
　　多希臘形而上學家都認為沒有什麼實質可能是物質的。對柏拉
　　圖來說，似乎實質是非物質的，雖然也不是精神的；它們是客

324 Aristotle: Metaphysics, I, 2. /982a5-983a24. The Loeb Classical Libery, Hugh
　　Tredennick 英譯本，pp.9-17. 引文據〔古希臘〕亞里斯多德：《形而上學》，吳壽彭
　　譯，第3-6頁，引文見第6頁。

325 Aristotle, The Poetics, VIII, 9, 2-4. /1451b. The Loeb Classical Libery, W. Hamlton
　　Fyfe 英譯本，p.35. 唯英譯文「詩比史更科學」句，不合原文，從整個上下文意來
　　看，結合《形而上學》中亞里斯多德的論點來看，這裡英譯的「科學」都應是
　　「哲學」。

觀的形式。在亞里斯多德看來，歸根到底，唯一最終的真正的
實質就是心靈。於是實質主義的形而上學就蘊涵著一種知識
論，按照這種知識論只有不變的東西才是可知的。但是凡屬不
變的東西都不是歷史的。成其為歷史的東西都是瞬息變化的事
件。產生了事件的那種實質，或者從其本性中引出了事件的那
種實質，對歷史學家來說是不存在的。因此試圖歷史地進行思
想和試圖根據實質進行思想，兩者乃是不相容的。…歷史學不
能解釋一個行動者是怎樣產生的或經歷過任何性質上的變化；
因為行動者既是一種實質，就永遠不可能產生也永遠不可能經
歷任何性質上的變化，這是形而上學的公理。」[326]

　　柯林武德還談到了古希臘人對於人類認識所作的區分：一類是知
識（episteme），另一類則是意見（doxa）。[327]
　　柯氏所說古希臘人關於「知識」與「意見」的區分，原出於柏拉
圖的《理想國》。[328]柏拉圖的論證思路是：一個有知識的人總要有一
些知識，而不能是一無所知。既要有知，那麼其所知物件必須是有；
如對象是無，即無所知。所以，知識必然與有相對應，無知必然與無
相對應。假如一件事物忽有忽無，也就是說它是在變化著的，那麼對
它就既不能有知識，又不能無知識，而只能有一種介於有知與無知之

326 〔英〕柯林武德：《歷史的觀念》，何兆武、張文傑譯，第48-49頁。The Idea of
　　History, London, Oxford University Press, 1956, pp.42-43．

327 〔英〕柯林武德：《歷史的觀念》，何兆武、張文傑譯，第22-24頁。英文原本，第
　　20-21頁。

328 The Republic, book V, XX-XXII/476 D-480; book VII, XIV/534 A.　The Loeb Classical
　　Library, Paul Shorey英譯本，book I-V, pp.519-535; book6-10, pp.205-207。〔古希臘〕
　　柏拉圖：《理想國》，郭斌和、張竹明譯，商務印書館1994年版，第219-227頁、第
　　300頁。

間的意見。按照這樣的邏輯，哲學以永恆的有為研究物件，故其所得的是知識；史學以變化中的事為研究物件，故其所得的只能是意見。儘管正如柯氏所指出，柏拉圖在其他對話中也並不完全否認正確的意見有其對人的一定指導作用，[329]但是史學研究畢竟不能如哲學那樣求得知識。因此，史學在古代希臘成為低於哲學以至詩歌的學術，這就是不可避免的了。其實，這種在古代希臘——羅馬影響深遠的實質主義思想，不僅使史學在人們的觀念裡難以成為最高級的學問，而且也使史學本身的發展受到了嚴重的障礙。柯林武德曾經指出這種觀念對於古代希臘史學的三種局限，[330]如果概括起來說就是，古代希臘人很難寫出一部包羅萬象、貫徹古今的通史來。以上我們曾經說到古代希臘史學不比古代中國史學遜色，這是從多方面的總水準說，如果就撰述包羅萬象、貫通古今的通史的角度來看，那麼就應該說古代希臘史學比古代中國史學相去甚遠了。古代希臘史學是不可能孕育出象《史記》這樣的通史巨著的。

　　在中國古代，為什麼史學的地位會比古希臘和古印度高呢？為了回答這個問題，我們還要從柯林武德論古希臘史學的優缺點的分析開始。柯氏說希臘人史學的優點是人文主義，這一點，為古印度的雖有萌芽而未能產生的史學之所無，而為古代中國發達的史學所充分發展；柯氏說希臘人史學的缺點是實質主義，這一點，為古代印度宗教思想家們所常有，而卻為古代中國的思想家與史學家之所無。以下就從這兩方面分別加以論述。

　　首先，中國古代史學富有人文主義的傳統。中國傳統文獻中最古

329　〔英〕柯林武德：《歷史的觀念》，何兆武、張文傑譯，第25-28頁。英文原本，第22-25頁。

330　〔英〕柯林武德：《歷史的觀念》，何兆武、張文傑譯，第28-31頁。英文原本，第25-28頁。

的《尚書・周書》，雖然還不是系統的史學著作，但是已經有了相當深度的歷史思想。在《周書》中，我們幾乎到處可以看到「天」、「天命」、「命」、「皇天上帝」、「上帝」等等詞語，而且在《周書》作者（主要是周公）的觀念中「天」、「天命」也是在起作用的。不過，在《周書》以至《詩經》中，「天」和「天命」已經是變化無常，從而也就是難已確信的了。例如，《書・康誥》：「惟命不於常。」[331]《詩・大雅・文王》：「天命靡常。」[332]《書・大誥》：「越天棐忱。」[333]《詩・大雅・大明》：「天難忱斯。」[334]《詩・大雅・蕩》：「天生烝民，其命匪諶。」[335]《書・君奭》：「若天棐忱。」「天命不易，天難諶。」「天不可信。」[336]這樣的「天」和「天命」觀，與實質主義思想不可同日而語。「天」和「天命」既然不能確定，那麼人又該怎麼辦呢？

周人終於從人的方面找到了出路。《書・大誥》：「天棐忱辭，其考我民。」[337]《書・康誥》：「天畏棐忱，民情大可見。」[338]《書・酒誥》：「古人有言曰：人無於水監，當於民監。今惟殷墜厥命，我其可不大監於時。」[339]這樣一來，《詩》、《書》中的全部天道與天命的思想都都得到了一個標準的顯示器，它就是人心的向背。[340]於是，超越的天轉化成為人文的天，也可以說，原為外在於人的超越變成了內在

---

331 阮元校刻：《十三經注疏》。

332 阮元校刻：《十三經注疏》。

333 阮元校刻：《十三經注疏》。

334 阮元校刻：《十三經注疏》。

335 阮元校刻：《十三經注疏》。

336 阮元校刻：《十三經注疏》。

337 阮元校刻：《十三經注疏》。

338 阮元校刻：《十三經注疏》。

339 阮元校刻：《十三經注疏》。

340 參閱拙作《論中國古代王權發展中的神化問題》，載《古代中國與世界：一個古史研究者的思考》，第539-541頁。

於人的超越。早在西周時期，中國的史學在發生階段就有了這樣活潑潑的人文主義思想，以後又形成了中國史學的長期傳統，這在世界史學史上也是不可多見的現象。

其次，中國古代史學在本質上是反實質主義的。這一點可以說正好與古希臘史學的特點相反。柯林武德曾經指出，古希臘人思想中有一種反歷史的傾向（anti-historical tendency）。[341]當然，古希臘人的反歷史傾向和他們的實質主義思想傳統本來就是同一件事的兩個不同的方面。按照這樣的對應關係，古代中國人思想中的反實質主義傾向正好是反對那種反歷史傾向的。[342]具體說來，古代中國人與希臘人的認識不同之處是：在後者看來，知識或真理只能從永恆的常在中去把握，而在前者看來，知識或真理則必須從永恆的運動/變化中去把握。正如以上所引《尚書》、《詩經》的材料所顯示，古代中國人不認為天或天命是一種不變之常，而是一種變化中的常；所以，對於這樣變化中的常，不能用抽象的思辨去理解，而只能通過歷史的運動去把握。

因此，中國儒家經典對於問題的論證，從《尚書》、《詩經》開始就是以歷史為論證手段的。不僅儒家經典，先秦諸子也幾乎無一不以歷史為主要論證手段。道家（如老、莊）的書中是最少以歷史資料為論據的，但是在最少歷史材料的《老子》中，它對於歷史的運動作倒退觀的思想卻確確實實是從《老子》作者對於歷史的觀察與反思中得出來的。也可以說作者是在以歷史為論證的。《莊子・天運》中有這樣一段話：

---

341 〔英〕柯林武德：《歷史的觀念》，何兆武、張文傑譯，第22-24頁，英文原本第20-21頁。

342 這裡沒有用「歷史主義」這個詞來表述古代中國人思想上的重歷史傾向，是因為「歷史主義」一詞有多種、至少三種用法，見The Oxford Companion to Philosophy, ed.by Ted. Honderich, 1996, p.357. 籠統地使用此詞，可能發生誤解。

老耽曰：小子少進。余語汝三皇、五帝之治天下。黃帝之治天下，使民心一，民有死其親不哭，而民不非也。堯之治天下，使民心親，民有為其親殺其殺，而民不非也。舜之治天下，使民心競，民孕婦十月生子，子生五月而能言，不至乎孩而始誰，則人始有夭矣。禹之治天下，使民心變，人有心而兵有順，殺盜非殺，人自為種，而天下耳，是以天下大駭，儒墨皆起。[343]

郭象（252-312）注「人自為種而天下耳」云：

不能大齊萬物，而人人自別，斯人自為種也。承百代之流，而會乎當今之變。其蔽至於斯者，非禹也，故曰天下耳。[344]

「承百代之流，而會乎當今之變。」一句話表明了古代中國人觀照一切現實問題的一個最基本的思路或觀點。按照這種思路或觀點，歷史上的每一當今之變皆非一朝一夕之故，而是源於百代之流；且百代之史亦非一不變之實質（像古代希臘人所習慣於的那種思路一樣），而是一條彙集了一切當今之變的流。你想要了解當今之變嗎？請考百代之流。你想了解百代之流嗎？那就請看歷來的當今之變。所以，郭象的這一條注，不僅說明了《莊子》書中的一句話（這一句話也說明道家的歷史運動觀），而且很好地表達了古代中國學者對於歷史所取的歷史的而非形而上學的實質主義的見解。

在古代世界史上，只有中國和希臘的史學得到了充分的發展。在

---

343 郭慶藩：《莊子集釋》，國學整理社編：《諸子集成》，第三冊，第233頁。

344 同上。

古希臘，史學是在實質主義的或反歷史的思想環境中起來的；由於與總的思想環境的矛盾，希臘史學的發展不能不受到深刻的影響與限制。而在中國，史學是人文主義與反實質主義相結合的最適當的環境裡發展起來的；由於沒有古希臘人所面臨的那種矛盾，所以史學的以日益發揚光大起來。

三　論通史

（一）問題的提出

「通史」一詞，大家都很熟悉。例如在書店裡常常看到以「中國通史」、「世界通史」、「歐洲通史」等等為題的歷史書籍，大家見了都覺得能知道它們的內容大概都說什麼，而不會有疑問。又例如，在大學裡，通常開有「中國通史」、「世界通史」等課程，大家一看也都很明白，知道那不是某朝某代或者某一時期的「斷代史」，也不是某一專門史。所以，看起來其中並沒有什麼問題。

可是，當我們把一些譯名為「通史」的外文原書拿來一對照，就會發現事情有些蹊蹺。例如，海思（Hayes）等人所編的 World History 就曾經被譯稱《世界通史》，其實只是《世界史》（後來的譯本已經改作《世界史》）。魯濱遜（Robinson）等人所編的 *A General History of Europe* 在過去曾被許多學校用作教材，通常被人們稱為《歐洲通史》，其實也只是《歐洲（全）史》。斯塔夫里阿諾斯（Stavrianos）所編的 *A Global History* 現被譯為《全球通史》，其實只是《全球史》。過去蘇聯科學院編的多卷本 ВСЕМИРНАЯ ИСТОРИЯ 被譯稱《世界通史》，其實也只是《全世界史》。如此之類的例子很多，原來中譯本書名上的「通」字都是我們中國譯者自己酌情加上去

的。加了，肯定符合我們中國人的口味，便於我們了解它們不是斷代史或專門史。但是，不加「通」字更符合原書特點。還有從另一個角度來看的例子，如白壽彝教授所主編的《中國通史綱要》，英文本就譯為 *An Outline History of China*，變成了「中國史綱」。當年此書英譯本稿子出來時，曾經拿來讓我看看對譯文有沒有什麼獻疑。我看了書名的這樣翻譯也覺得很自然，無可非議。可是，事實上是丟了一個「通」字。白先生很重視這個「通」字，可是我竟然沒有能力讓英譯本把這個「通」字加上去。此事過去已二十年，至今我還是不知道怎樣加這個「通」字。為什麼呢？因為，在西方甚至俄羅斯的歷史書名裡，一個國家的歷史就直接以國家名冠於「史」字之前（當然也有因語法習慣而置國名於後者，不過意思一樣），雖然那本歷史書在時間上貫徹古今，仍然如此；其為斷代史者，則往往於書名題下注明起訖年代，即何時至何時的某國歷史。總之，非斷代的某國歷史，也只稱為某國史，並無某國「通史」之說。英文書裡既然無此習慣，我們的中文書譯為英文當然就不好生造某一個英文的「通」字加上去了。這件事在我的頭腦裡形成了一個問題，為什麼中西之間會有這樣的區別呢？這一篇小文就來談談這個問題。

（二）一些可能與「通史」有關的西方詞語和中文裡的「通史」之異同

首先讓我們逐一地考察一下有關的西方詞語。為方便計，以英文為主，偶爾附以其他西文。

（1）General history：這個詞最容易在中文裡譯為「通史」。其實，general 來源於拉丁文的 genus，原意是種、類（kind、class），凡同種、同類之集合即可以此詞表達之，所以有「全體的」、「普通的」、「總的」、「一般的」、「概括的」等等意思。在一般的英文書目

裡，凡是在 general 項下的都是一般性的、概括性的書籍，以別於專門性的、原典性的書籍等。歷史書而冠以此詞者，即指內容為一般性、綜括性的，如前述的 A General History of Europe，就是所述非指歐洲某一國或政治、經濟、外交某一方面而言的綜合概括的歐洲歷史；其他某一地區、某一群島或某一族屬之人的歷史也有冠以此詞者。此類書中的確也是包括了從古到今的內容，不過這一點不是這個詞的重點意義所在。

（2）Universal history，即俄文之 ОБЩАЯ ИСТОРИЯ、德文之 allegemeine Geschichte：這個詞也是最容易譯作「通史」的，不過它很少用在歷史書名上，卻常用於關於歷史學的討論中。例如，康德在《世界公民觀點之下的普遍歷史觀念》的「命題九」裡就說到了「普遍的世界歷史」。[345]何兆武教授在此詞下作了這樣一條譯注：「『普遍的世界歷史』一詞原文為 allegemeine Weltgeschichte，相當於英文的 universal history，或法文的 histoire universelle，字面上通常可譯作『通史』；但作者使用此詞並不是指通常意義的通史或世界通史，而是企圖把全人類的歷史當作一個整體來進行哲學的考察，故此處作『普遍的世界歷史』以與具體的或特殊的歷史相區別。」在這裡，何兆武教授一方面說明這個詞「字面上通常可譯作『通史』」，[346]另一方面，他又準確地把「普遍史」（或譯「普世史」）與我們常用的「通史」作了區分。我覺得他的這一番解說很好。因為，一方面，既然是「普遍的歷史」，那麼就應該包括時間上的普遍性。例如，克羅齊就

---

345 〔德〕康德：《歷史理性批判文集》，何兆武譯，商務印書館1991年版，第18頁。

346 例如：在柯林武德（R.G. Collingwood）《歷史的觀念》第1頁第6行提到：「通史或世界史」，第209頁第3行提到「普遍歷史」，第4行又提到「通史」。這裡的「通史」在柯林武德原本The Idea of History, Oxford, 1956, p.1; p.264. 裡，都和「世界史」、「普遍歷史」同樣地是universal history。

曾經說：「普遍史確乎想畫出一幅人類所發生過的全部事情的圖景，從它在地球上的起源直到此時此刻為止。事實上，它要從事物的起源或創世寫起，直到世界末日為止，因為否則就不成其為真正的普遍了。」從這一段話看，他是把普世史當作包括一切時間在內的歷史了。不過，他明確地認為，這樣的普世史是不可能有的。而當他隨後給普世史舉例的時候，所舉的就是波里比阿所著的《歷史》（The Histories）、奧古斯丁所著的《神國》（Civitas Dei，或譯《上帝之城》）和黑格爾的《歷史哲學》。[347]在其中，波里比阿《歷史》所述主要是第一、第二兩次布匿戰爭間事，歷時不過七十餘年，加上其緒論所涉也不過百餘年，所以照中國傳統看來，那只是斷代史；但是此書涉及羅馬所征服的地中海世界，所以仍然被視為普世史。奧古斯丁書實際是以基督教為主軸的世界史。黑格爾的《歷史哲學》也是世界史，他本人在此書的開頭一句話就是說自己的講演題目是 philosophische Weltgeshichte，即哲學的世界史。所以，嚴格地說，普世史的關鍵在普世或空間方面。何兆武教授的論述的確是很有啟發性的。按 universal 來源於拉丁文之 universus（unus＋versus），unus 的意思是「一」、「同一」，versus（由 verto 變來）的意思是「轉動」，一同轉動的當然只能是一個整體，所以它的意思是「全體的」、「普遍的」、「共同的」等，因此這種史重在空間之同一，與我們說的「通史」之重在時間之連續，實有不同。

（3）Global history：這個詞的意思很明確，即全球史。按 global 來自名詞 globe（意思為球），而這個英文詞來自拉丁文裡的 globus，意思就是球或球形物。這個詞在這裡只能指全球的歷史，重在空間範

---

347 B. Croce: History: Its Theory and Practice, trans.into English by D.Ainslie, Oxford ,1946, p.56 & 57.〔意〕貝奈戴托・克羅齊：《歷史學的理論與實際》，傳任敢譯，商務印書館1982年版，第39、40頁。

疇裡的同一性。如果說這也是「通」，那麼這種「通」就是空間上的橫通，也異於我們所說的「通史」之「通」。

（4）Ecumenical history：英國哲學家兼歷史學家柯林武德在其《歷史的觀念》一書裡提到了「普世歷史」（ecumenical history）即「世界歷史」（world history）在古典時期並不存在，而是到了希臘化時期才出現。[348]這裡的「普世歷史」就是世界史。按柯林武德已經指出，這個詞來自希臘文的 οἱκουμένη，（而此詞又來自 οἱκεω，意思就是「居住」，）η οἱκουμένη 就是 the whole habitable globe，就是人之所能居住之地，就是「維民所止」（《詩·商頌》語）。這種世界史，也與我們所說的通史不同，至少不完全相同。

（5）Total history：法國思想家福柯（Foucault）在其《知識考古學》中以「整體歷史」（total history）與「綜合歷史」（general history）相對立，認為「整體歷史的設計是，尋求重建一個文明的總體形態、一個社會的物質或精神的原則、一個時代的一切現象所共有的意義、它們凝聚的法則，即可以隱喻地稱為一個時代『面貌』的東西。」「一項整體的敘述，圍繞著一個單一的中心——一個原則、一種意義、一個精神、一種世界觀，一個籠罩一切的形式，來描畫一切現象；恰好相反，綜合歷史則使一種分散的空間疏離開來。」[349]福柯所反對的「整體歷史」實際上就是把一個時代的多整合為一的歷史，並非我們所說的「通史」；而他所主張的「綜合歷史」也不是第一項裡所說的 general history，所以更與「通史」無緣。按 total history 一詞中的 total 來自拉丁文的 totus，它的意思是「全部」或「整體」。所

---

348 The Idea of History, Oxford, 1946, pp.31-33.〔英〕柯林武德：《歷史的觀念》，何兆武、張文傑譯，第35-37頁。

349 The Archaeology of Knowledge, trans. into English by Smith, New York, 1972, pp.9-10. 參閱劉北成：《福柯思想肖像》，北京師範大學出版社1995年版，第166-167頁。

以，從字源來看它也是各部分之合為整體，並無我們所說的「通」的意思。

以上對西方可能與「通史」有關的一些詞作了一番討論，現在再看一看中國人所說的「通史」中「通」字的含義為何。中國之有通史，自司馬遷作《史記》始。其書始自黃帝迄於漢武帝太初之年，概括當時所知各代之史。不過，司馬遷不自以通史為其書名。唐代史家劉知幾在《史通・六家》中專列史記一家，以為梁武帝命群臣（吳均為主）撰《通史》，「大體其體皆如《史記》」，這就是說以《史記》為通史家之開山。[350]劉知幾以後，唐代杜佑作《通典》，為典制體通史；宋代司馬光作《資治通鑑》，為編年體通史，鄭樵作《通志》，為紀傳體通史；宋元之際馬端臨作《文獻通考》，為文獻專史體通史。總之，通史之所以為「通」，與其體裁之為紀傳體、編年體或為何種專門史體毫無關係，關鍵全在時間上的朝代的打通。有了時間上的通，就叫作「通」史。

按「通」字，《說文解字》：「達也。」[351]在經傳中，通與達互訓的例子很多，一般都是通（達）到的意思。「通」的反義詞是「窮」，《易・繫辭上》：「往來不窮謂之通。」[352]不窮，就是無窮無盡、無止無終，也就是通。「通」字本來是指空間意義上的由此及彼，而空間上的往來不窮又是在時間裡進行的，因而也就變成了時間上的連續不斷。「通」字用之於在時間中運行的歷史，於是「通史」之「通」，主要即指時間上的連續而言。

這樣我們就看到了中國與西方史學傳統中的一個有趣的區別：同是通古今的史書，在中國就都稱為通史，在西方則必須是帶有普世

---

350 浦起龍：《史通通釋》，卷一，第9頁。
351 段玉裁：《說文解字注》，第71頁。
352 《周易正義》第7卷，見阮元校刻：《十三經注疏》。

性或區域群體性的才稱作 global history、general history、universal history，單一國家的歷史雖通古今也不冠以一個表示「通」（中國人心目中的通）的字眼。可見中西之間有著重通史與重普世史的特點之不同。西方所重的是普世史的特色，而中國所重的是通史的特色。普世史固然必須以時間為經，但其重點卻在共時性的普世的空間之緯；通史固然必須以空間為緯，但其重點卻在歷時性的時間之經。我想這也應該是中西曆史學的傳統上的一種不同吧。

（三）「普世史」與「通史」兩種史學傳統試析

以上談到西方的普世史傳統與中國的通史傳統，現在自然有必要說明這樣兩種不同傳統在古代的產生，及其所以產生的原因。這裡的說明將分三部分來進行：第一，略述西方的普世史傳統的產生，第二，略述中國通史傳統的產生，第三，試對兩種傳統作一些比較的分析。

第一，西方史學源於希臘。希臘古典時代史學開山大師希羅多德（Herodotus）所著《歷史》和修昔底德（Thucydides）所著《伯羅奔尼薩斯戰爭史》對古代希臘、羅馬的、甚至以後的西方史學都留下了深刻的影響，也可以說他們是開創西方史學傳統的人。希羅多德的書所述內容是希臘—波斯戰爭的歷史（其中有關於古代一些東方國家歷史傳說，但並非基本內容），是與史家本人同時代的歷史；修昔底德的書所述內容是伯羅奔尼薩斯戰爭的歷史，也是與史家本人同時代的歷史。他們所寫的內容有些是從直接經歷其事的人那裡了解來的，有些甚至就是史家自己親身的經歷。黑格爾把這種歷史稱之為「原始的歷史」，說：「這樣的原始歷史家把他們熟知的各種行動、事情和情況，改變為一種觀念的作品。所以這種歷史的內容不能有十分廣大的範圍。……在他所描繪的一幕一幕的劇情中，他本人曾經親自參加作

一名演員，至少也是一個休戚相關的看客。他所繪畫的只是短促的時期，人物和事變的個別的形態，單獨的、無反省的各種特點。」[353]這樣的「原始史」就是當代史，用我們的說法也可以成為當代的「斷代史」，總之，那不是通史。希臘古典時代是城邦時代，沒有普世的觀念，也沒有普世史。正如上文已引柯林武德所說，從希臘化時代開始，包括羅馬時代，隨著城邦制的沒落，普世史開始出現。在這一時期最具代表性的普世史當推波里比阿的《歷史》和李維（Livy）的《羅馬史（建城以來）》（Ab Urbe Condita）。

波里比阿的書，是斷代性的羅馬世界帝國形成史，當然是普世史，已如上述。而李維的書敘述自西元前八世紀羅馬建城之年（BC742）至西元初奧古斯都時代（AD9），從編撰體例來說應當是編年體的通史（今本已多有殘缺）。美國歷史學家巴恩斯曾說：「李維是最偉大的古今一切故事敘說者之一，他的書是羅馬國史巨著。它是關於羅馬世界國家成長的一部宏富的散文史詩。」[354]這就是說，李維的《羅馬史》雖時曆古今，但其重點在羅馬國史，而這個羅馬國家又是一個世界帝國，所以，在西方史學傳統裡，它仍然被列為普世史。

黑格爾把這種普世史列為他所說的「反省的歷史」的第一種。[355]他在分析普世史的特點時說：「在這裡，最主要的一點，就是歷史資料的整理。進行工作的人用了他自己的精神來從事這種整理工作；他這一種精神和材料內容的精神不同。」黑格爾還以李維為例，說他以自己的精神寫往古歷史，讓古代的歷史人物說起話來就像他那個時代

---

353 G.W. F. Hegel: The Philosophy of History, trans. into English by J. Sibree, New York, 1956. p.2.〔德〕黑格爾：《歷史哲學》，中譯本，第40頁。

354 H. E. Barnes: A History of Historical Writing , New York,1963. p.37.

355 按黑格爾把歷史分為：原始的歷史、反省的歷史和哲學的歷史，而反省的歷史中又分為四類，即普世的歷史、實驗的歷史、批評的歷史和專門的歷史。

的人一樣。那麼，怎麼辦呢？黑格爾又說：「一部歷史如果要想涉歷久長的時期，或者包羅整個的世界，那麼，著史的人必須真正地放棄對於事實的個別描寫，他必須用抽象的觀念來縮短他的敘述；這不但要刪除多數事變和行為，而且還要由『思想』來概括一切，以收言簡意賅的效果。」[356] 這就是說，李維的《羅馬史》雖然時貫古今，其精神卻都是李維時代的，也就是說無變化的。在黑格爾看來，普世史只能是抽象概括的，如果要寫出發展，那只有他的哲學的歷史才能完成任務。李維的書時貫古今而無古今之變，這樣，與中國的強調「通古今之變」的通史就又顯然有所不同了。從維柯（G. B. Vico, 1668-1744，義大利哲學家）開始，歷史發展的思想在西方史學中日益發展，黑格爾的《歷史哲學》可以作為其中一部出色的代表作。不過，黑格爾的《歷史哲學》在講歷史的發展時，堅持以世界史或普世史（即東方、希臘、羅馬和日爾曼世界所謂四個帝國）為其框架，所以整個世界史成了有發展的通史，而構成其世界史的各個國家或地區卻沒有了自己的通史，例如，在他的《歷史哲學》裡，中國就只有頭而無尾（中國有了一個開頭以後就只能派一個原地踏步不動的角色），而日爾曼世界在本質上又只有尾而無頭（在他那裡日爾曼世界所註定要扮演的只是世界精神發展最高階段的化身）。因此，黑格爾的「世界歷史」雖然有其通的內容，本身仍然是一部普世史。可見普世史的傳統在西方還是影響深遠的。

　　第二，中國史學源於先秦時期，其最初的萌芽是《尚書》。《尚書》裡的《周書》諸篇，皆當時政治文獻，如果作為歷史，那就應該屬於「原始的歷史」。例如，周公在許多篇文告中所述，作為當時之人以當時之精神論當時之事，當然是黑格爾所說的「原始的歷史」。

---

356 Philosophy of History, p.4&5.，第42、43頁。

不過，他有一個特點，就是在論當代事情的時候不斷反省歷史，總是愛把古今的事聯繫起來，考察它們之間的變中之常和常中之變。在他向殷遺民發表文告時，面對的問題是：殷商原來是「大邦」、「天邑」，是諸侯的共主（天子），周原來是「小邦」，從屬於殷商，可是這時周卻以武力取代了殷商的地位，怎樣才能使殷遺民心服？針對這個問題，他解釋說，殷商原來的確是受「天命」的「天邑」，因為「自成湯至於帝乙，罔不明德恤祀」，可是到了紂的時候，情況變了，紂嚴重失德。因此，周才代殷而受「天命」。而且，「惟爾知，惟殷先人有冊有典，殷革夏命。」你們先人的史冊上明明記載著，當夏代君主從有德變為無德的時候，你們的先祖成湯不是也曾革過夏的命嗎？[357]周公的這些話並非只是說給殷遺民聽的，在《無逸》篇中對成王、在《康誥》、《酒誥》中對康叔也用同樣的歷史材料說明了同樣的的思想。所以，他所說的歷史是大體屬實的。而他所說的道理則是，夏商周三代的嬗迭是歷史之變，而其間興亡之理又是歷史之常；其變是常中之變，其常是變中之常。從這樣的角度來看，《尚書．周書》就既是原始的歷史，又是反省的歷史；而且在反省中不僅看到了常，同時還看到了變。我想，這就是中國史學裡通史傳統的源頭。

到戰國初、中期，隨著歷史的巨變，在《左傳》、《國語》裡屢屢反映出歷史之變，而且通過不同人的口說出這種變也屬於常理。例如，《左傳》（昭公三十二年）記史墨對趙簡子論魯國季氏出其君的事，不僅說明具體的事因，而且說：「社稷無常奉，君臣無常位，自古以然。故《詩》曰：『高岸為谷，深谷為陵，三後之姓，於今為庶。』王（據阮元校勘記，『王』字當為『主』）所知也。」[358]

---

357 《尚書．多士》，阮元校刻：《十三經注疏》。類似思想還見於《多方》等篇。
358 孔穎達《春秋左傳正義》，見阮元校刻：《十三經注疏》。

　　經過秦的統一到西漢帝國建立，先秦時期的歷史局面已經根本改觀。司馬遷於漢興七十餘年後撰寫《史記》，就正式把「通古今之變」[359]作為自己的著作目標之一。《史記》寫了君位由禪讓而世襲之變、制度由封建而郡縣之變、風俗由忠而敬而文之變等等，同時也寫了變中之不變，而此不變之常即在變化之中。拙作《論司馬遷史學思想中的變與常》[360]對此有較詳的說明，此處恕不備論。我們可以這樣說，到了司馬遷《史記》的出現，中國史學的通史傳統，已經不僅在時曆古今的體例層面而且在通古今之變的思想層面上基本確立了。

　　第三，現在再來對中西兩種史學傳統的產生的哲學思想背景作一些比較的分析。柯林武德在《歷史的觀念》中指出希臘羅馬史學的兩個特點是：人文主義（Humanism）和實質主義（Substantialism）。[361]史學要從神話中走出來，變成人的歷史，人文主義自然是必不可少的。在古代希臘羅馬，從「荷馬史詩」到希羅多德的《歷史》，情況如此；在古代中國，從甲骨卜辭到以人心向背解釋天命的《尚書·周書》，同樣也如此。這是古代中西史學傳統相同之點。因為這一點是人所共知的，這裡就不再作具體的論述。中西古代史學傳統的不同，在我看來，是在柯林武德所說的第二個方面，即古代西方的重實質主義，與中國古代殊為逕庭。

　　柯林武德說希臘羅馬史學是實質主義的，這在其《歷史的觀念》第一編第三節「希臘思想的反歷史傾向」裡有相當詳細的說明。[362]他說：「歷史學是關於人類活動的一門科學；歷史學家擺在自己面前的是人類在過去所做過的事，而這些都屬於一個變化著的世界，——在

359　《報任少卿書》，載班固：《漢書·司馬遷傳》，第2735頁。

360　載《北京師範大學學報》（人文社會科學版），2000年，第2期。

361　The Idea of History , pp.40-45.《歷史的觀念》，第46-51頁。

362　The Idea of History, pp.21-22.《歷史的觀念》，第22-24頁。

這個世界之中事物不斷地出現和消滅。這類事情，按照通行的希臘形而上學觀點，應該是不可能的。」「他們（指希臘人）完全肯定，能夠成為真正的知識的物件的任何事物都必須是永恆的；因為它必須具有它自己某些確切的特徵，因此它本身之內就不能包含有使它自己消滅的種子。如果它是可以認識的，它就必須是確定的；而如果它是確定的，它就必須如此之完全而截然地是它自己，以致於沒有任何內部的變化或外部的勢力能夠使得它變成另外的某種東西。」他舉出柏拉圖對於「知識」（episteme）與「意見」（daxa）的區分作為自己的論據，所謂的「知識」就是對於不變的實質（實質不變）的真知實見，而「意見」則是對應於變動不居的現象的感性的認識而已。所以，實質主義就是反歷史主義的。柯林武德還在《歷史的觀念》第一編第五節裡指出了「希臘歷史方法及其局限性」。[363]這就是，希臘人的歷史有待於歷史事件目擊者的作證，這種方法有助於第一手材料的運用和記載的真實，但是也使史家的眼光無法伸到更古的時代和更遠的地方，結果只能寫當代、當地的歷史。這也就是黑格爾所說的原始的歷史了。在柯林武德看來，古希臘人在史學方法上的局限性實與其實質主義思想有關的；不過，到了希臘化時代和羅馬時代，這種方法上的局限性因世界帝國的出現而有所突破，但是，其實質主義的思想傳統則在希臘化和羅馬時代的史學領域裡繼續流傳下來。[364]

　　與西方古代史學思想傳統形成對比的是，古代中國思想家認為，對於當前的歷史事件，當然要有、最好要有事件目擊者的作證，不過，對於事件本身的認識卻不是只憑事件本身就能真正認識到位的。

363　The Idea of History, pp.25-28.《歷史的觀念》，第28-31頁。

364　克羅齊也談到了古希臘羅馬人的「反歷史的哲學」，不過他是以他們的未能接觸到
　　精神概念的「自然主義」來作解釋的。History: Its Theory and Practice, p.191-192.
　　《歷史學的理論和實際》，第151頁。

例如，周人伐紂而代殷為天子，這一事件是當時周人和殷人同時共知的，可以信而無疑。但是。怎樣才能認識這件事情的本質呢？周公不是去追究某種永恆不變的實質來加以解釋，相反，他是從成湯伐桀代夏的歷史事件中獲得周伐紂代殷的理由或根據的。他是從變化的現象裡尋取其背後的本質的。這種本質是變中之常（也是常中有變），不同於希臘人的永恆不變的實質。正如柯林武德所指出的，希臘人看到了世界萬事在變，於是就追求其背後的不變的實質，經過抽象而獲得的這種實質本身就是抽象的「一」，就是在其內部不能有對立方面的「一」。這種形而上學的「一」，當然是反歷史的。古代中國思想家並非不求現象背後的本質（essence, that which makes a thing what it is. 或者 das Wesen.），不過他們尋求到的不是抽象的、無差別的「一」或永恆不變的實質，而恰恰相反，是變中之常。中國古代思想家認為，真理不能在永恆不變中去尋求，而只能從變化不居中去把握。《易‧繫辭上》：「一陰一陽之謂道，繼之者善也，成之者性也。」[365]對於這一段話，歷來解釋甚多，愚以為《周易折中》對「一陰一陽」句的案語甚好，案云：「一陰一陽，兼對立與迭運二義。對立者，天地日月之類是也，即前章所謂剛柔也；迭運者，寒來暑往之類也，即前章所謂變化也。」[366]萬物並無抽象不變的實質，也非抽象的無差別的「一」，而是「一陰一陽」組成的道或本質。這種道或本質包含著對立，所以與西方的實質相反。惟其「一陰一陽」，這樣的道或本質就不能不變，也就是不能不迭運。不直接說「本質」而說「道」者，因為「道」兼體用。自其體而觀之，道是對立的統一；自其用而觀之，道又是迭運和不斷的運動的途徑。「繼之者善」：迭運不窮自然為

---

365 孔穎達：《周易正義》，見阮元校刻：《十三經注疏》。

366 〔清〕李光地等奉清聖祖（康熙）之命編撰：《周易折中》，見臺北影印《文淵閣四庫全書》，臺北商務印書館1986年版，第38冊，第381頁。

善；「成之者性」：「道」（大一）運成物（小一或具體的一），即成為
此物之性，個性猶有道之一體。因此，古代中國人所選擇的是與希臘
人相反的思想路徑，即反實質主義或歷史主義。

古代希臘羅馬人的史學思想是人文主義加實質主義（反歷史主
義），而古代中國人的史學思想是人文主義加歷史主義（反實質主
義）。這一點也就是西方普世史傳統與中國的通史傳統的區別的淵源
所在。

（四）通史體例與通史精神

我們討論和研究通史，實際上是在兩個既有聯繫又有區別的層面
（通史體例和通史精神）上進行的。從體例層面上說，通史似乎是最
容易理解的。一本歷史書、一門歷史課，只要是時貫古今的，那就是
通史。可是，什麼是「通」呢？前引《易・繫辭》云：「往來不窮謂
之通」。真正的通，是往來不窮的，因此在時間上是無限的。那麼，
真有貫通一切時間的通史嗎？克羅齊早已說明包羅一切時間的普世史
（即我們所說的通史）是不可能存在的。[367]人們根本無法寫包括過去
一切時間的歷史，更不要說寫未來的事了。因此，包括一切時間的
「通」，在實際上是沒有的。我們所看到的一切中外古今的通史，如
果按「通」的嚴格意義來說，那就都成了斷代史，例如以通史著稱的
《史記》，假如只從時間上來看，那也只是自黃帝至漢武帝這一段時
間的斷代史，它和《伯羅奔尼薩斯戰爭史》的區別那也就只在於斷代
的時間段的長短不同而已。所以，如果只是從撰寫體例來看一本書是
否通史，深究起來，那還是有難以說清的問題的。換一個角度來說，
李維的《建城以來》（《羅馬史》），如果只從時間的長度看，那也是足

---

367 克羅齊說已見前引。

夠稱為通史的。可是人們都把它當作普世史。因此，一部史書所述時間長且經歷不止一朝一代，嚴格地說，這只是作為通史的必要條件，還不具備作為通史的充分條件。怎樣才能算是真正的通史呢？那就還要涉及問題的另一個層面，即必須具備通史精神。

那麼，什麼是通史精神呢？施丁教授曾說：「不通古今之變，則不足以言通史。」[368]我覺得，他的話說得很好，「通古今之變」就是通史的精神。當然，通史精神必須寓於具有反省可能與必要的、覆蓋較長時間的史書中，古典希臘史家所擅長撰寫的以當時之人用當時之精神寫當時之事件的「原始的歷史」（如《伯羅奔尼薩斯戰爭史》）是無論如何不能成為通史的。這就是說，只有通史精神而無通史的題材，那也是寫不出通史來的。不過，有了一項在時間上有足夠長度的歷史題材，也有了史家的反省（die Reflexion，或譯作反思），那仍是以今人思想去反思古代歷史，因此寫出的還只能是黑格爾所說的「反省的歷史」，如李維的《羅馬史》。「反省的歷史」（包括黑格爾所說的四種）都是後人（今人）用自己的精神對於前人（古人）歷史進行反思的結果，因此它失去了直接性而成為間接的，思維的概括性出現了，（黑格爾本人也認為寫過去長時期的反省的歷史要用概括的方法，說已見前引。）而歷史的生動活潑的直接性消失了。為了形成通史，那還需要對反思再反思，用黑格爾的話說，那就是要有「後思」（das Nachdenken）。[369]經過「後思」，黑格爾寫出了他的《歷史哲學》，一部通古今之變的、以他的「世界精神」為主體的普世史。司馬遷不是經過對某種預設的精神的後思寫一部「哲學的歷史」，而是經過對於古今歷史的反覆思索，寫出了一部紀傳體通史——《史

---

368 見《說通》，載《史學史研究》1989年第2期。

369 參考〔德〕黑格爾：《小邏輯》，賀麟譯，第39、42、74頁。這個詞，漢文或譯「後思」（第39頁），或譯「反復思索」（第42頁），或者就譯為「反思」（第74頁）。

記》。在《史記》裡，三代時期和春秋戰國時期的歷史人物，沒有由
於經過作者的反思而變得抽象、乾癟、像漢代人一模一樣，而是經過
反覆思索，寫出三代時人不同於春秋戰國時人，春秋戰國時人不同於
漢代的人，可是相互間又是可以溝通理解的。這就是古今有變而又相
通，使得古代歷史具備了直接性與間接性的統一。那麼，《史記》就
只有古今歷時性縱向之通，而沒有空間裡的共時性的橫向之通？從而
完全沒有任何的普世性？不是的。《史記》寫先秦歷史，講天子與諸
侯、諸侯與卿大夫、華夏與夷狄，寫秦漢歷史講天子與諸侯、中央與
地方、華夏與夷狄、中國與外國。古今縱向歷時性之變，正是這些內
外橫向共時性之變的結果；而一切時代的橫向的共時性的結構，又正
是縱向的歷時性發展的產物。縱向的歷時性的發展與橫向的共時性的
變化是一而二、二而一的。通史作為傳統，既是中國史學體例的一種
表現也是史學精神的一種展現；如果推展而言，這也是中國文明發展
的連續性與統一性相互作用的一種在精神上的反映。

四　先秦儒家歷史理性的覺醒

（一）弁言

　　理性（reason）指合乎規則和道理的思想，又指事物自身的規則
和道理。

　　歷史是人類社會發展演進的過程，作為著述的歷史要成為理性
的，首先必須是人類自己的，是人文的，而非神性的。歷史又是變化
的，是諸多殊相的呈現，歷史要成為理性的，就必定是有規則或有
道理的，就必定是有共相的，而規則、道理或共相則是恆常的，歷史
有了這些恆常的東西，才能被合乎理性地思考，於是，歷史就成為變

與常相統一的了。以上這兩點是歷史之成為理性的必要條件和基本條件。

歷史可以被合乎理性地思考，這固然可以說已經踏上了通往歷史理性的發展道路，但還不足以說明歷史理性的最終實現。道理很清楚，歷史如果被抽象地思考，就成了靜止不動的，就會走向自己的反面，或曰反歷史的。抽象也是理性活動。可是這樣的理性思考是不會使歷史理性實現的。只有在辯證的思考中歷史變化才會展現出其內在的真實根據，如此，歷史理性才會實現（當然，即使這樣的歷史理性也還是有區別的，那就是，究竟是歷史的理性，還是理性的歷史）。

古代希臘擁有豐富的歷史著述，從中可以看出，歷史是人文的，既是人類的思考和行為的過程，又是這個過程的記錄；不過，古代希臘的主流哲學具有實質主義（substantialism）的特點，認為歷史是變化莫測的，沒有恆常的規則在，因而無法為思想所把握，不會形成確定的知識[370]。

古代中國則不同，殷周之際，出現了歷史理性的曙光。武王伐紂，強大的殷商被臣屬的周邦滅亡。面對這個歷史變局，時人進行了深刻的反省，周公是傑出的代表。在他看來，殷周遞嬗，是天命變革的結果，而天命歸屬是由民心決定的，在天人關係中，人變成決定的力量。這樣的歷史觀念已經是人文主義的了。周公還多次指出，相對於殷紂王迷信的天命不變來，天命是無常的，它的變化決定了朝代的更替；不過，天命雖然變化，卻總是以人心為依據的，因而又總是可以把握的，從這個意義上說，天命又是有常的。天命無常又有常，反映了周人對歷史的變與常、殊相與共相之統一關係的最初覺醒。由此可見，周公的思想已經屬於歷史理性的範疇了。不過，由於時代的局

370　〔英〕柯林武德：《歷史的觀念》，何兆武、張文傑譯，第78-79，80-84頁。

限，周公以為人心能夠決定歷史，這說明對於歷史的客觀必然性，還沒有足夠的認識，因而顯現了最初的理性的天真。

春秋戰國時期，社會發生了深刻變革。新的統一趨勢日見明朗，世道人心與古代大異其趣，政治策略更加傾向於求富和圖強。面對複雜、務實的形勢，對歷史的理性思考也出現了急遽發展和分化的趨勢，突出的表現是，西周初年天人合一的歷史理性遭到懷疑，歷史理性和道德理性發生背離，歷史理性與自然理性的比附也越來越流行。在這種情勢下，傳統的歷史理性還有沒有存在的價值和可能？如有，應該怎樣應對新的挑戰？儒家學者結合時代的需要，對歷史作了深入的思考，對以周公為代表的傳統的歷史理性有所繼承，有所發展，特別是在變與常、天與人、古與今、性與習這樣幾種重要關係上，展開了辯證的探討，為後來中國思想和文化的發展奠定了厚實的基礎。本文將通過對先秦儒家三大師孔子、孟子和荀子思想資料的梳理，初步揭示儒家歷史理性發展的內在理路及特點，以就教於方家。

（二）歷史中的變與常

我們知道，周公對天命無常與有常相統一的認識具有一定的歷史理性的意義，但還處在傳統宗教和道德理性的繈褓中，因而是稚嫩的。到了春秋戰國時期，情況發生了較大變化。

儒家學派的創始人孔子承認歷史變化，他的歷史思想具有變常統一的傾向。《論語》記載：「子張問：『十世可知也？』子曰：『殷因於夏禮，所損益，可知也；周因於殷禮，所損益，可知也。其或繼周者，雖百世可知也。』」[371]夏商周三代更迭，說明歷史是變化的，這變化中有沒有常規可尋？回答是肯定的，那就是因襲和損益，後代因

---

371 劉寶楠：《論語正義》，國學整理社編：《諸子集成》，第一冊，第39頁。

襲前代的禮制而有所損益，三代莫不如此。這是一層意思。還有一層，就是這種常規本身又有變與常的分別：所謂損益，是說變化的；所謂因，即因襲，是說不變的。損益，是因襲的必要條件；因襲又是損益的必要條件。損益和因襲互為充分必要條件。這說明，在孔子思想中，歷史中的變與常形成了張力。歷史上有多重的變與常的關係，而且經過了三代歷史的檢驗，據此，孔子斷定，周代以後，即使過了百世，不同朝代的人們依然會這樣因襲和損益下去，所以，不但歷史可知，未來也因歷史的可知而成為可知的了[372]。

　　孟子在具體的歷史討論中闡述了對變與常之關係的看法。據《孟子·萬章上》記載：弟子萬章問：堯有沒有把天下讓與舜？孟子斷然否定，指出天子沒有資格把天下讓與他人。萬章又問：那麼舜有天下是誰給的呢？孟子答曰：「天與之。」萬章又問：到了禹而德衰，不傳賢而傳子，有沒有這回事？孟子又加否認，說：「天與賢則與賢，天與子則與子。」天憑什麼這樣做呢？孟子引《泰誓》曰：「天視自我民視，天聽自我民聽。」[373]由傳賢到傳子，這是傳說中古代王位繼承制度的一大變革，其中有沒有恆常不變的東西？孟子的回答是肯定的，那就是天命，就是民心。這與周公的天命論是一致的。不同的是，孟子對「天命」的必然性有了更深一層的體會，他說：「莫之為而為者，天也，莫之致而至者，命也。」[374]他在總結這段歷史變遷時引用孔子的話說：「唐虞禪，夏後殷周繼，其義一也。」正義曰：「義，得宜也。」[375]所謂義，就是合乎時宜的意思，這就是某種必然

---

372 此處解釋從朱熹《論語集注》卷一《為政》，《四書章句集注》，第59-60頁。劉寶楠引陳澧《東塾類稿》，以為「十世可知」「百世可知」是指不論多久，後代仍可知三代之禮。可備一說。見國學整理社編：《諸子集成》，第一冊，第40頁。

373 焦循：《孟子正義》，國學整理社編：《諸子集成》第一冊，第381頁。

374 同上書，第383頁。

375 同上書，第385頁。

性。從禪到繼,是由天命決定的,是由民心決定的,這就是歷史的恆常因素,就是歷史的必然性。孟子在討論從唐堯虞舜到商湯武王的歷史時,以同樣的道理對王朝更迭方式從禪讓到征誅的變化做了說明。

荀子也對歷史中的變與常進行了深入的思考。《天論》云:「百王之無變,足以為道貫,一廢一起,應之以貫,理貫不亂。不知貫,不知應變。」[376]「貫」即「條貫」,指禮。百王的歷史是變化的,但他們應對變化的道或條貫(禮)卻是不變的,不知這個條貫,就無法應對變化。這個「條貫」就是歷史中的常。《儒效》:「百王之道一是矣。」「與時遷徙,與世偃仰,千舉萬變,其道一也。」[377]百王的統治方略可以隨時變化,但作為原則的「道」卻是相同的,這「道」就是歷史中的常。《解蔽》:「夫道者,體常而盡變。」[378]「道」是決定萬物發展的「體」,是常的,萬物發展皆由這個體來,所以才能決定所有的變,才能「盡變」。這些都是歷史經驗的總結,是對歷史上變化與恆常相同一的理性思考。

仔細分析以上材料,可以看出,孔、孟、荀是有差異的。孔子側重在歷史和未來的可知上;孟子側重在說明天命民心上;荀子則重在掌握規律實施有效統治上,這些反映了他們各自思想和時代的特點。儘管如此,他們都承認在歷史中有變與常的存在,而且變與常是一體的。

(三)歷史中的天與人

天人關係是有關歷史發展動力的重要問題,也是表現歷史的常與變的重要方面。周公以人心作為根據和標準,對古代天命論進行了初

---

376 王先謙:《荀子集解》,國學整理社編:《諸子集成》,第二冊,第212頁。
377 同上書,第84、87頁。
378 同上書,第262頁。

步的人文化改造。到了春秋戰國時期，孔子、孟子、荀子對歷史中天人關係的認識更加表現出理性化的特點。

　　孔子不語怪、力、亂、神（《述而》），敬鬼神而遠之（《雍也》），重人事輕鬼神，重生輕死（《先進》），也很少言天道和性命（《公冶長》、《子罕》），有重人事輕天命（道）的傾向。但對命及與命相關的天表現出濃厚興趣。《論語・雍也》：「伯牛有疾，子問之，自牖執其手，曰：『亡之，命矣夫！斯人也而有斯疾也！斯人也而有斯疾也！』」[379]《論語・顏淵》：「子夏曰：『商聞之矣：死生有命，富貴在天。』」[380]《論語・憲問》：「子曰：『道之將行也與？命也。道之將廢也與？命也。公伯寮其如命何？』」[381]《論語・堯曰》：「子曰：『不知命，無以為君子也。』」程子曰：「知命者，知有命而信之也。人不知命，則見害必避，見利必趨，何以為君子？」[382]孔子在以上材料中所說的命及與命相關的天乃是冥冥之中的一種決定力量，不論疾病，還是死生，還是富貴，還是成敗，都由它來決定。因此，孔子主張君子必須知命不苟，惟有知命才能堅定信心，才不會被困難所嚇倒。當然，孔子這裡所謂的知命，並非知識論上對「命」或歷史必然性的了解和掌握，而只是要人們知道天命這種必然性的重要性，承認必然性的存在。孔子重視這樣的命或必然性，說明他所處的時代，較比從前非人為的客觀因素所起的作用更大。

　　孟子對歷史上的天人關係表現出很大興趣。《萬章上》認為歷史上傳賢到傳子、禪讓到征誅的變化，都是天命人心決定的。

　　天或天命有怎樣的特點呢？《梁惠王下》：「君子創業垂統，為可

379　《論語正義》，國學整理社編：《諸子集成》第一冊，第119-120頁。
380　同上書，第264頁。
381　同上書，第322頁。
382　同上書，第195頁。

繼也。若夫成功，則天也。君如彼何哉？」[383]「吾之不遇魯侯，天也。臧氏之子焉能使予不遇哉？」[384]《萬章上》:「舜、禹、益相去久遠，其子之賢不肖，皆天也，非人之所能為也。莫之為而為者，天也；莫之致而至者，命也。」[385]這裡的天與命相通，是指不以人的主觀意志為轉移的某種客觀力量。

荀子的天有很多含義，有的指自然界，有的指自然規律，有的指天然，有的指不以人的意志為轉移的必然性。在天人關係上，最引人注意的是「天人之分」說。《天論》:「天行有常，不為堯存，不為桀亡。」「治亂天邪？曰:日月星辰瑞曆，是禹桀之所同也，禹以治，桀以亂，治亂非天也。……非時也……非地也」。「天不為人之惡寒也輟冬，地不為人之惡遼遠也輟廣，君子不為小人匈匈也輟行，天有常道矣，地有常數矣，君子有常體矣」。自然界的天與人類社會是有區別（分）的，各有自己的規則，天不會有目的、有意識地干預人類社會。人類社會有自己的規律，在這個意義上，「君子敬其在己者，而不慕其在天者。」「故錯人而思天，則失萬物之情」，所以不求知天[386]。

但是，人也是自然界的一部分，人本身就有天（性），人以及與人相關的許多東西都是自然的，人心叫做「天君」、感官叫做「天官」……所以，為了治理天下，「聖人清其天君，正其天官……如是則知其所為，知其所不為矣。則天地官而萬物役矣。其行曲治，其養曲適，其生不傷，夫是之謂知天。故大巧在所不為，大智在所不慮，所志於天者，已其見象之可以期者矣。」「大天而思之，孰與物畜而

383 《孟子正義》，國學整理社編:《諸子集成》第一冊，第96頁。
384 同上書，第101頁。
385 同上書，第383頁。
386 《荀子集解》，國學整理社編:《諸子集成》，第二冊，第205、207-208、206頁。

制之？從天而頌之，孰與制天命而用之？」[387]為了治理天下，聖人又必須知天、用天。不過，這裡的知天、用天，仍然不是知識論上對自然及其規律的了解和掌握，而只是順應、利用而已，只以經驗預期的效果為目標，不會傷害自然，因為沒有使用大巧和大智。在這個意義上，又從天人相分回到天人合一。

總之，在天人關係上，孔子有重人事輕天命的傾向，孟子高舉天命論的旗幟，但他的天命仍然以人心為轉移，荀子提出天人相分，主張天命不與人事，而以人事為本，這些都表現了人本主義的色彩。孔孟荀都重視命運，對歷史必然性有了不同以往的認識。

（四）歷史中的古與今

古與今是有關歷史發展樣式的重要問題，也是歷史之變與常如何表現的重要問題。周公在向被征服的殷人訓話時多次援引商湯革夏的故事，證明武王伐紂的合理性，這是古今一體的觀點，表現了變常統一的特點。先秦儒家有了進一步的發展。

孔子自稱「好古」，以為自己有知皆因努力學習古代文化，並以傳承古（周）代文化為己任（《述而》）；對古代文化遭到破壞而感到惋惜和義憤（《論語·八佾》）。

孔子的古指的是什麼時候呢？孔子生活在東周，他經常稱讚堯舜這樣的遠古聖人，但在具體論述上又常以西周為政教的理想。《論語·八佾》：「子曰：『周監於二代，郁郁乎文哉！吾從周。』」[388]三代比較起來，周借鑑了夏商的文化，有更高的造詣，因此從周。對於古代文化，孔子主張述而不作（《述而》），通過述來作，即在尊重傳統

---

387 同上書，第206-207、211頁。
388 《論語正義》，國學整理社編：《諸子集成》，第一冊，第56頁。

中求傳統的延續和發展。孔子的思想表現出古今一體的特點。對於春
秋時期王權式微、諸侯力政、陪臣執國命的歷史現象，孔子是不滿意
的[389]，不過，相對於三代，春秋只不過是短暫的歷史時期，對於生活
於其中的孔子來說，那只是眼前的現實，他的好古，恰好是不滿意於
現實的表現，不足以代表他的歷史觀的全部。更何況，孔子對他的時
代並未絕望，對諸侯甚至陪臣，也沒有仇恨到不共戴天的地步，他和
弟子們出入於季氏門下，與三桓往來密切，他本人甚至曾想過要投奔
反叛季氏的陪臣公山弗擾，希望借助他的力量在東方復興周道[390]。

　　孟子也重視古今相通。他指出：「舜生於諸馮，遷於負夏，卒於鳴
條，東夷之人也。文王生於岐周，卒於畢郢，西夷之人也。地之相去
也，千有餘里，世之相後也，千有餘歲，得志行乎中國，若合符節。
先聖後聖，其揆一也。」朱熹注釋：「揆，度也。其揆一者，言度之
而其道無不同也。」又引范氏曰：「言聖人之生，雖有先後遠近之不
同，然其道則一也。」[391]舜當「上世」，文王大概在「中古」，時代相
去「千有餘歲」，治理天下如出一轍，這說明，「先聖」與「後聖」，
古今雖異，其道則相同。《告子下》：伊尹、伯夷、柳下惠時代不同，
行道各異，「其趣一也」，「一者何也？曰：仁也。君子亦仁而已矣，
何必同？」[392]古今是相通的，根據在於仁，在於人人皆有的仁心。

　　孟子一方面「言必稱堯舜」[393]，盛讚湯武，認為五霸是三王的罪
人，一代不如一代，似乎歷史是在不斷地衰退。另一方面，周遊列
國，遊說諸侯（如齊宣王、梁惠王等），鼓動他們力行王道，統一天

---

389 同上書，第354-356頁。

390 同上書，第369-370頁。

391 朱熹：《孟子集注》，《四書章句集注》，第289頁。

392 《孟子正義》，國學整理社編：《諸子集成》，第一冊，第498頁。

393 同上書，第251頁。

下，承擔起古代天子的責任。在他的思想中，儼然沒有周天子的地位
（其時周天子仍然存在），被他貶斥為三王（包括周王在內）的罪人的
諸侯王則成了擁護的對象。可見，在仁的基礎上，古今也是一體的，
「當今」的諸侯王同樣可以行仁政，一天下，就像古代聖王一樣。

　　荀子也有明確的古今一體的思想。《非相》：「夫妄人曰：『古今異
情，其以治亂者異道。』而眾人惑焉。彼眾人者，愚而無說，陋而無
度者也。……聖人何以不欺？曰：『聖人者，以己度者也。故以人度
人，以情度情，以類度類，以說度功，以道觀盡，古今一度也。類不
悖，雖久同理。』」[394]在荀子看來，「妄人」以為古今相異，緣於只知
道古今治道的不同（即歷史變化）。眾人受此迷惑。聖人的看法則是
真實不虛的，因為聖人知道古人今人都是人，道理是相同的。就憑這
一點，今人就會根據自己的情況衡量（度）古人，在可以衡量（度）
這一點上，古今是一體的，這就是他所謂的「古今一度」。

　　荀子還有尊古重今的傾向，表現在對法先王和法後王的認識上。
他曾主張「原先王，本仁義」[395]。宣稱：「儒者法先王，隆禮義」[396]
「先王之道，仁之隆也，比中而行之。曷謂中？曰：禮義是也。」[397]
《荀子》書中還有法後王的思想。《不苟》：「天地始者，今日是也。
百王之道，後王是也。君子審後王之道，而論於百王之前，若端拜而
議，推禮義之統，分是非之分，總天下之要，治海內之眾，若使一
人，故操彌約而事彌大，五寸之矩，盡天下之方也。故君子不下室
堂，而海內之情舉積此者，則操術然也。」[398]《非相》：「欲觀聖王之

394　《荀子集解》，國學整理社編：《諸子集成》第二冊，第51-52頁。

395　同上書，第9頁。

396　同上書，第75頁。

397　同上書，第77頁。

398　同上書，第30頁。

跡，則於其粲然者矣，後王是也。彼後王者，天下之君也。舍後王，而道上古，譬之是猶舍己之君而事人之君也。故曰：欲觀千歲，則數今日；欲知億萬，則審一二；欲知上世，則審周道；欲知周道，則審其人所貴君子。故曰：以近知遠，以一知萬，以微知明，此之謂也。」[399]《儒效》：「道過三代謂之蕩，法二後王謂之不雅」[400]《王制》：「王者之制，道不過三代，法不貳後王。道過三代謂之蕩，法貳後王謂之不雅。」[401]先王是道德的理想典範，後王是政治的現實君主，兩者並不矛盾。

在古今關係上，孔、孟、荀都主張古今相通，古今一體，根據在於人性的相通之處；他們也都推崇堯舜禹湯武等古代聖人，尊重周道。但在具體論述上是有差異的。孔子、孟子都有今不如古的思想，但孔子認為周代勝過前代，是最為理想的時代；孟子則把實現王道的理想寄託在當時的諸侯王身上。到了荀子，乾脆提出法後王的口號。

（五）歷史中的性與習

性與習是關於歷史發展根據的大問題，也是有關歷史之常與變的根本原因的大問題。歷史發展的根據，終究要落在人的身上，歷史的變也好，常也好，概莫能外。周公的時代，以人心為歷史的根據，雖未提出人性的概念，但事實上已經進入了人性的領域。春秋戰國時期，儒家提出了人性問題，並進行了深入的思考，大大豐富了歷史理性的內涵。

按性，本即生字，一謂生來如此：《荀子・正名》：「生之所以然

---

399 同上書，第51頁。

400 同上書，第93頁。

401 同上書，第101頁。

者，謂之性。」「性者，天之就也」。楊注：「性者成於天之自然。」[402]
一謂滋長、生生不絕。《荀子・王制》：「草木有生而無智」。楊注：
「生謂滋長。」[403]《易・繫辭上》：「生生之謂易」。孔穎達疏：「生
生，不絕之辭。陰陽變轉，後生次於前生，是萬物恆生，謂之易
也。前後之生變化改易」[404]。《呂氏春秋・貴當》：「性者萬物之本
也。」[405]萬物之所以如此叫做性。《易・繫辭下》：「天地之大德曰
生」[406]。天地最大的品德叫做生。性或生自然包含生和長兩個方面，
無生無長天地萬物何以會如此呢。生來如此，說明事物有其一定的穩
定性；滋生長養，又說明事物終究是發展變化的。因此，在中文裡，
性這個字就包含著穩定與變動、恆常與變化相統一的意義。不論是它
的穩定，還是變動，恆常，還是變化，都離不開習的作用。先秦儒家
對這個思想有重要貢獻。

　　孔子曰：「性相近也，習相遠也。」[407]在古代中國首次提出性與
習的關係問題。

　　孔子的性指的是什麼呢？《里仁》：「子曰：『富與貴，是人之所
欲也。不以其道得之，不處也。貧與賤，是人之所惡也。不以其道得
之，不去也。』」[408]如果說人性是人類共有的普遍本性，那麼，人人
共有的欲富欲貴、惡貧惡賤的東西就可以納入人性的範疇。孔子所謂
「性相近也」的性，應該包含這種共性的東西。

　　《論語》中有君子和小人之分，按照孔子的理解，他們在性上不

402　《荀子集解》，國學整理社編：《諸子集成》，第二冊，第274、284頁。
403　同上書，第104頁。
404　孔穎達：《周易正義・繫辭上》，阮元校刻：《十三經注疏》。
405　《呂氏春秋新校正》，國學整理社編：《諸子集成》第六冊，第315頁。
406　孔穎達：《周易正義・繫辭下》，阮元校刻：《十三經注疏》。
407　《論語正義》，國學整理社編：《諸子集成》第一冊，第367頁。
408　同上書，第76頁。

應有什麼根本的區別。造成這種區別的只能是習染。儒家倡導仁和禮，目的就是建設一種道德風尚，營造一種環境習尚，使人性得以提升，《論語・里仁》:「子曰:『里仁為美。擇不處仁，焉得知？』」[409]說的就是這個道理。當然，人之能變成君子小人，這說明人性本身就有著朝向善惡的內在根據。

孟子持性善論，今本《孟子》中有很多材料，恕不備引。在孟子看來，人皆可以為堯舜（《告子下》），因為人類共有的本性裡面，有一種向善的傾向，基本內容是「不忍」之心或「惻隱」、「羞惡」、「辭讓」、「是非」之心，即不學而能的「良能」和不慮而知的「良知」。這是人類的天性，也是人異於禽獸的地方。孟子以為這樣的人性是仁義禮智的基礎，是道德教化的根據。

孟子又援引孔子「里仁為美，擇不處仁，焉得智？」[410]強調習染的重要性。這就引出一個問題:如果性完全是善的，先天是善的，那還有什麼必要強調習染的重要性呢？或曰，在成長的過程中人性仍不免被習染所汨沒，所以需要良好的教育以恢復之。可問題是，人性之所以能被汨沒，不恰恰是因為其中還有不善的東西，或曰朝向惡的根據在麼？今本《孟子》中有許多材料可以說明這一點。如「天下之士悅之，人之所欲也」;「好色人之所欲」;「富人之所欲」;「貴人之所欲」[411]。「孟子曰:『口之於味也，目之於色也，耳之於聲也，鼻之於臭也，四肢之於安佚也，性也，有命焉，君子不謂性也。仁之於父子也，義之於君臣也，禮之於賓主也，知之於賢者也，聖人之於天道也，命也，有性焉，君子不謂命也。』」[412]。這樣看來，孟子的思想

---

409 同上書，第74頁。

410 《孟子正義》，國學整理社編:《諸子集成》第一冊，第142頁。

411 同上書，第362頁。

412 同上書，第582-583頁。

中，人性是包含兩方面或兩部分內容的：一是不忍之心，或曰良知良能；一是感官欲望。前者是人類所獨有的，後者是人類和禽獸所共有的，所以，雖有兩部分，但他把前者叫做性，卻不把後者叫做性。

　　荀子持性惡論，原文較長，恕不備引。荀子認為，人生來就有向惡的傾向，聖人擔心人的這種傾向，所以起禮義制法度，以矯治之，這叫做偽。他說：「凡性者，天之就也，不可學，不可事；禮義者，聖人之所生也，人之所學而能，所事而成者也。不可學不可事而在人者，謂之性。可學而能可事而成之在人者，謂之偽。是性偽之分也。」[413]按照荀子的論證，性是天生的，不可學而能的，偽是後天的，可學而能的。這樣說當然不錯。可問題是，可學而能是不是人人共有的內在根據？如果不是，那麼，禮儀還有什麼用處？如果是，那麼把性惡理解為性的全部內容就是不周全的了。荀子曾宣稱「塗之人可以為禹」（《性惡》），看來是承認「可學而能」是人所共有的內在根據的。這樣看來，即使在荀子的思想中，人性也可劃分為兩部分，一部分是感官欲望，另一部分就是辨別是非的理性能力了，這能力不必趨向惡、而有可能趨向善，如何把這可能變為現實呢？那就要有習染和教化，《勸學》「故君子居必擇鄉，遊必就士，所以防邪僻而近中正也」[414]，說的就是這個意思。

　　總之，孔、孟、荀都承認人有共同的性，這性是天賦的，又是可以改變的，因此他們才都承認習染和教化對人性的培養和改造具有重要意義。在孔子那裡，這個問題剛剛提起，還未能深入探討。孟子有性善論，但又承認人有感官嗜欲，因此在強調發揚道德良知良能的同時，還重視教育和環境習染的作用；荀子有性惡論，但又承認人有辨

413　《荀子集解》，國學整理社編：《諸子集成》第二冊，第290頁。
414　同上書，第4頁。

別是非的能力，因此強調後天學習的重要性。儒家人性思想為歷史上的變與常、天與人、古與今的觀點提供了人性論的基礎。

（六）結語

我們知道，以亞里斯多德為代表的古希臘哲學家看到了經驗世界中萬事萬物都在變化，但他們追求的是事物背後不變的實質，經過抽象獲得的這種實質本身只是抽象的「一」，即內部不能有對立方面的「一」，這種形而上學的「一」，被稱做實質主義，是反歷史的。具有實質主義思想的哲學家輕視歷史，這是極其自然的事情。可是，在古希臘的史家著述中也可看到實質主義的影響，這就不能不引起我們的注意了。修昔底德在《波羅奔尼撒戰爭史》中記述了大量的歷史事實，似乎承認歷史是變化的，但須知，那只是經驗層次上的，在更深層次上決定這些事實的人性，卻是永遠不變的，如此看來，經驗層次上的各種現象，不過是同樣的人性在各種情境下的表現，這樣的歷史其實是沒有變化的，沒有變化還怎麼成其為歷史呢？由此可見，修氏的歷史觀是反歷史的，仍深陷實質主義的桎梏中而不能自拔。古代中國思想家並非不追求現象背後的本質，不過他們尋求的不是抽象的、無差別的「一」或永恆不變的實質，恰恰相反，是變中之常。《易・繫辭上》：「一陰一陽之謂道，繼之者善也，成之者性也。」[415]《周易折中》這樣解釋這段話：「一陰一陽，兼對立與迭運二義。對立者，天地日月之類是也，即前章所謂剛柔也；迭運者，寒暑往來之類是也，即前章所謂變化也。」[416]可見，中國人的解釋認為萬物並無抽象不變的實質，卻有著運動發展的本質，它不是抽象的無差別的

---

415 孔穎達：《周易正義・繫辭上》，阮元校刻：《十三經注疏》。

416 李光地等：《周易折中》，影印文源閣四庫全書：第38冊，第381頁。

「一」，而是「一陰一陽」組成的道或體，其中包含著對立，這與西方的實質相反。惟其一陰一陽，這樣的道或本質就不能不變，也就不能不更迭。按中國人的理解，道兼體用，自其體而觀之，道是對立的統一；自其用而觀之，道又是迭運和不斷運動的途徑。「繼之者善」，迭運不窮自然為善。「成之者性」，道（大一）運成物（小一或具體的一），即成此物之性，個性猶有道之一體[417]。先秦儒學三大師有關人類社會發展的辯證性思考生動顯露出歷史理性覺醒的這條軌跡。

五　試論道法兩家歷史觀的異同

（一）問題的提出

最近，劉家和先生提出了歷史理性在古代中國產生和發展的問題，在中國哲學史和思想史的研究上，開創了一個新的領域。在這項研究中，他指出，歷史理性在古代中國的發生大致經歷了三個階段，那就是殷周之際與周初的歷史理性，名之曰「以人心為背景的歷史理性的曙光」；西周晚期至秦，「與人心疏離的歷史理性的無情化」；漢代，「天人合一的歷史理性的有情有理化」。在這個發展過程的第二個階段，道法兩家思想構成了主要內容[418]。

不過，劉先生這篇文章的任務是闡述歷史理性在古代中國發生的總體的辯證過程，每個階段的具體情況，仍有進一步研究的餘地。就第二階段而言，由劉先生的思路，很自然地會引出以下問題：在歷史的進程中，道法兩家歷史觀的異同是如何發生的？有哪些具體表現和發展？這些表現和發展與它們在思想體系或道論上的異同是否一致？

---

417 劉家和：《論通史》，《史學史研究》2002年第4期。
418 劉家和：《論歷史理性在古代中國的發生》，《史學理論研究》2003年第2期。

這是從歷史發展和理論整體上全面認識和深入理解道法兩家歷史理性[419]的必然要求。

本文按照時間順序分別對道法兩家的主要代表老子、莊子和韓非子[420]展開討論,在歷史的過程和結構中體會道法兩家歷史思想的異同;然後,綜合起來,對這些異同在道論上的根源進行分析和比較,以便理解它們的特點和理論深度。

(二)老子對周代主流歷史觀中宗教和道德因素的否定

道家的歷史理性是如何產生的?

據《詩》、《書》所載,西周初年,武王、周公對周取代商的歷史變局進行了深刻的反省,認識到,天命是無常的,它以民心為最終依歸,只有敬德保民的人(王),才能獲得天命,而有天下。王朝更迭之所以發生,就是因為上天從那些不恤民心,不敬厥德的統治者那裡將天命收回,轉交給另一些有德的人物。在這個觀念中,歷史變化(以王朝更替為代表)的決定因素已不再是單純宗教性的上天,還有

---

419 「歷史理性」(historical reason)是本文的一個重要關鍵字,指歷史的理性(the reason of history),即作為客觀歷史過程的所以然或道理及對歷史過程的所以然或道理的探究。題目之所以用「歷史觀」一詞,是為了強調,我們所要討論的,不是客觀歷史過程的所以然或道理,而是道家和法家對歷史過程的所以然或道理的認識。關於「理性」一詞的考證,請參閱劉家和:《論歷史理性在古代中國的發生》,《史學理論研究》2003年第2期。

420 依學術界多數同志的意見,我以為道家思想產生於春秋戰國之際,《老子》的成書時間,由於近年發現了郭店楚簡《老子》甲乙丙本,而大大提前,其主體部分寫成於戰國中期不成問題。《莊子》約成書於戰國後期(參考張恆壽:《莊子新探》,湖北人民出版社1983年版)。法家思想出現於戰國中期,《韓非子》成書於戰國末年(可參考蔣重躍:《韓非子的政治思想》,北京師範大學出版社2000年版)。引用古籍皆以通行注本,並盡可能利用已有研究成果,《老子》以郭店楚簡、馬王堆漢墓帛書補通行本的不足。另,本文只討論整體的學派思想,對其人其書及各篇寫定時間,不作過細分辨。

道德和民心，這是一種理性的覺醒。在這次覺醒中，歷史理性（對「民心」的認識）與道德理性（對「敬德」的認識）是合一的，歷史變化與道德狀況的變化相一致，表示了中國古代歷史觀從原始宗教向天人合一的理性天命論的轉變。不過，決定歷史變化的仍然是上天；德是上天作出判斷的憑據，位居其次；保民只是敬德的一項內容。與天和德比起來，民的力量和作用仍然十分有限。這說明，此時的歷史理性是非常微弱的，尚不能直接呈現出來。

從西周後期到東周，原有統治秩序被打破，社會矛盾加深，可儘管如此，仍未見天命轉移的跡象，於是人們逐漸失去耐心，《詩經》「變風」、「變雅」中的許多篇章表現了怨天尤人的情緒，《左傳》也有許多類似的材料。對西周天命論的懷疑幾乎成為一種時尚。

春秋戰國之際，老子擒住周代天命論的要害，率先在理論上把普遍的懷疑，推向徹底的否定。

西周以來的歷史觀是建立在天命論之上的，認為，天是仁慈的，它會福善禍淫，施於有德，罰於有禍。對此，老子卻公開提出：

天地不仁，以萬物為芻狗，聖人不仁，以百姓為芻狗。[421]

天地原本就無所謂仁慈，在它面前，萬物相同，沒有哪個會受到特殊關照；聖人效法天地，當然無需對百姓施以仁慈。

天地為什麼會沒有道德品格呢？老子指出：

有物混成，先天地生。寂兮寥兮，獨立而不改，可以為天地母。吾不知其名，字之曰道，強為之名曰大，大曰逝，逝曰

---

421 王弼：《老子道德經》，第5章，國學整理社編：《諸子集成》，第三冊，第3頁。。

> 遠，遠曰反。故，道大，天大，地大，王亦大。域中有四大，
> 而王居其一焉。人法地，地法天，天法道，道法自然。422

原來，天之有道德性，是由於它的宗教品格，即它的終極性和人格性。可在老子看來，天地遠不具有終極性，更不具有人格性，在它之前或之上，還有更為永恆廣大和冷漠自然的道，天只是國中的四大之一，而且還要以道為自己的法則，而道卻不過是無邊的混沌和無知的自然。老子肯定了道的終極性和自然性，否定了天的終極性和人格性，這就替歷史理性的直接呈現和獨立發展打開了一個突破口。

過去，人們承認歷史變化（以王朝更替為代表），認為天命有德是這種變化的最終根據。按照這個邏輯，歷史的前進與道德的進步應該是一致的。現在，老子卻揭露了相反的現實：

> 大道廢，有仁義。慧智出，有大偽。六親不和，有孝慈。國家
> 昏亂，有忠臣。423

仁義、大偽、孝慈、忠臣，這些都是文明時代的成果，老子卻從中看到大道廢棄、國家昏亂的衰退現象，也就是說，從歷史前進中看到它的退步。面對歷史的這個矛盾，老子會作出怎樣的選擇呢？

---

422 《老子》第25章，根據帛書本校改，見高明撰《帛書老子校注》，中華書局1996年版，348-353頁。《老子》還有道「似萬物之宗」、「象帝之先」（第4章，《諸子集成》本，第3頁），「天地根」（第6章，《諸子集成》本，第4頁），「樸雖小，天地莫能臣」（今本第32章，根據楚簡校改，見荊門市博物館編：《郭店楚墓竹簡・老子甲》，第112頁）等表述，皆謂道為天地之先，為萬物之原，與此段引文意義相當。

423 《老子》第18章，《諸子集成》本，第10頁。

絕聖棄智，民利百倍。絕仁棄義，民復孝慈。絕巧棄利，盜賊無有。[424]

　　棄絕聖智、仁義、巧利這些文明成果，回復淳樸、真誠、安寧的自然狀態，這就是老子的回答。老子描繪的「小國寡民」的理想社會圖畫，更生動地表白了這個態度。

　　不過，在《老子》中又有某些主張是為「侯王」「取天下」、「治大國」、「以御今之有」所用的，可以肯定，這些主張不是小國寡民的社會所需要的，這說明老子對歷史進步的否定還是有一定保留的。

（三）莊子對「性」、「命」的思考及其歷史觀的內在矛盾

　　在今本《莊子》中，有所謂「至德之世」的論述[425]，係對老子的歷史衰退論的繼承和發展。除此之外，在道家歷史理性的其他方面，莊子是否還有更大的發展或突破呢？這就要看他能否提出新的概念，能否開拓新的領域。莊子在論述「至德之世」時，使用了「性情」兩個字[426]，值得注意。何謂「性」？《莊子》云：「性者，生之質也。」[427]質與文相對，有樸實之義[428]。「夫子之問也，固不及質。」

424　《老子》第19章，《諸子集成》本，第10頁。按楚簡《老子甲》則作：「絕智棄辯，民利百倍。絕巧棄利，盜賊亡有。絕偽棄慮，民復孝慈。」（見《郭店楚墓竹簡》，第111頁）其中無「聖」、「仁義」之語，而且更突出知識和智慧的副作用，在時間上可能更早。

425　見《馬蹄》、《胠篋》兩篇。與此相近的描述，還見於《駢拇》、《在宥》、《天地》、《天運》、《盜跖》、《繕性》諸篇，可見這是莊子思想中的重要內容。

426　郭慶藩：《莊子集釋‧馬蹄》，國學整理社編：《諸子集成》，第三冊，第151-152頁。

427　同上，第352頁。

428　子曰：「質勝文則野，文勝質則史。文質彬彬，然後君子。」（《論語‧雍也》，見劉寶楠：《論語正義》，《諸子集成》本，第124頁）質與文相對，有粗鄙樸實之義，為野人的品德。按野人，在西周春秋時期，為居住在城邦以外、未進於禮樂即沒有公民身分的居民。

成玄英疏：「質，實也。」[429]這裡的質有事物的本質、實質、性質之義。何謂「情」？《莊子》云：「吾未至乎事之情」，宣云：「未到行事實處。」「行事之情而忘其身」。王先謙注：「情，實也。」「傳其常情，無傳其溢言。」[430]「常情」與「溢言」相對，「情」即「實」。可見，性情即是樸實、本質、實質、性質。

與「性情」相關的，莊子還引入了「命」的概念。

> 受命於地，唯松柏獨也在，冬夏青青。受命於天，唯舜獨也正。[431]

郭象注：「夫松柏特稟自然之鍾氣，故能為眾木之傑耳，非能為而得之也。」「言特受自然之正氣者至希也，下首則唯有松柏，上首則唯有聖人，故凡不正者皆來求正耳，若物皆有青全則貴於松柏，人各自正則無羨於大聖而趣之。」按郭象的解釋，這裡的「命」即是自然之正氣。松柏受地之正氣，所以冬夏常青；舜受天之正氣，所以為政之正者。再如：

> 仲尼曰：死生存亡，窮達貧富，賢與不肖毀譽，饑渴寒暑，是事之變，命之行也。[432]

這裡的「命」與上面的略有不同，相當於事，它的存在方式（行）與「事之變」相當，當此變者，不僅有正面的，還包括反面的

---

429 郭慶藩：《莊子集釋・知北遊》，《諸子集成》本，第327頁。
430 王先謙：《莊子集解・人間世》，國學整理社編：《諸子集成》，第三冊，第25頁。
431 郭慶藩：《莊子集釋・德充符》，《諸子集成》本，第88頁。
432 同上，第96頁。

現象，不論是自然，還是社會現象，都是如此。

> 死生，命也，其有夜旦之常，天也。人之有所不得與，皆物之
> 情也。[433]
> 吾思夫使我至此極者，而弗得也。父母豈欲吾貧哉？天無私
> 覆，地無私載，天地豈私貧我哉？求其為之者而不得也，然而
> 至此極者，命也夫！[434]

　　所謂命，就是天，就是性情，人不能參與其間，而且無能為力，
不僅無能為力，甚至對它的所以然也是不可致詰的。這樣的命，實際
上就是某種不可抗拒的客觀必然性。

　　《說文》口部：「命，使也，從口令。」段玉裁：「令者，發號令
也。君事也。非君而口使之，是亦令也。故曰：『命者，天之令
也。』」[435]對臣而言，君之令，是不可抗拒的；對人而言，天之令，
同樣是不可抗拒的。莊子所說的命，即自然的性情，也就是天之令，
當然也是不可抗拒的。

　　按照這個邏輯，歷史的演進，是自然的性情，是自然的命，因此
也是不可抗拒的。莊子是否認識到了這一層呢？請看下面這幾段材料：

> （黃帝答北門成問音樂）……一死一生，一僨一起，所常無
> 窮。……變化齊一，不主故常。……或謂之死，或謂之生，或
> 謂之實，或謂之榮，行流散徙，不主常聲，世疑之，稽於聖
> 人。聖也者，達於情而遂於命也……

433　郭慶藩：《莊子集釋・大宗師》，《諸子集成》本，第108-109頁。
434　同上，第129頁。
435　段玉裁：《說文解字注》，第57頁。

（師金答顏淵問孔子游衛能否見用）……夫水行莫如用舟，而
陸行莫如用車，以舟之可行於水也，而求推之於陸，則沒世不
行尋常。古今非水陸與？周魯非舟車與？今蘄（求）行周於
魯，是猶推舟於陸也。……故夫三皇五帝之禮義法度，不矜
（美）於同，而矜於治。……故禮義法度者，應時而變者也。
今取猨狙而衣以周公之服，彼必齕齧挽裂，盡去而後慊，觀古
今之異，猶猨狙之異乎周公也……
（老聃答孔子問道）……唯循大變無所湮者，為能用之……
（老聃答孔子問六經不用）……性不可易，命不可變，時不可
止，道不可壅。[436]

　　莊子借黃帝、師金、老子之口，表達了這樣的歷史思想：性情和
命貫穿人類社會的全部，也貫通歷史過程的始終，變化就是性情，生
是命，死亦是命，興旺是命，衰敗亦是命，萬物變化，無所不是性
情，無所不是命。人不能破壞萬物之性情，不可抗拒萬物之命，只能
適應萬物之性情，只能順從萬物之命，符合道家原則的聖人就是「達
於情而遂於命」的人。比如水行有舟，陸行有車，不能錯位，古今不
同就如同水陸不同，周魯不同也猶如舟車不同。三皇五帝時代不同，
不以治道相同為高，只以效果最好為尚。所以，禮義法度要「應時而
變」，不能拘泥。如果把周公時代的服飾穿在猿猴身上，後者一定會
撕扯淨盡而後甘心，古今之不同，猶如周公與猿猴的不同一樣，不同
階段的人們，只有遵循變化的法則而不存滯礙，才能順應時勢。性命
是不可改變的，時勢是不可阻止的，道是不可壅塞的。這就是歷史的
必然性。

---

436 郭慶藩：《莊子集釋・天運》，《諸子集成》本，第223-235頁。

　　順從歷史的必然性，是不是莊子一貫的態度呢？今本《莊子》中有多處流露出這樣的思想情緒。例如：「知其不可奈何，而安之若命，德之至也」[437]；「與世偕行而不替」[438]；「虛己以遊世」[439]；「無譽無訾，一龍一蛇，與時俱化」[440]；「變化無常，……以與世俗處」[441]；等等。這些略帶自我嘲諷和調侃的言論，既表現了對歷史必然性的深刻領悟，又表達了無可奈何的順從，還顯示了某種言不由衷的老於世故，如此複雜的歷史感慨，已經不同於「至德之世」的緬懷，與老子「小國寡民」的歷史倒退論相去更遠。它表明，道家的歷史理性已經遠離天命論的宗教道德觀而更加貼近現實了。

　　不過，莊子的歷史觀明顯地存在著一個矛盾：一方面，在「至德之世」，淳樸天真的生活是性情的自然呈現，聖人的所作所為是對性情的破壞；可是另一方面，破壞性情的歷史倒退也是性情使然，聖人的所作所為也是出於性情。這不啻是說：人類的本性中原來就存在著矛盾的兩個方面，用莊子的話說，就是無知、淳樸的性情和智慧、機巧的性情。按照這個邏輯，人類社會的進步是後者克服前者、戰勝前者、否定前者的過程，是人類自身矛盾推動的必然結果。莊子對歷史理性的認識，之所以引起我們作如此的思考，恰恰說明，它已深入到了人性的內部，揭示了人性的內在矛盾，是難能可貴的。

---

437 成玄英疏：「安心順命，不乖天理，自非至人玄德，孰能如茲也。」（《莊子集釋‧人間世》，《諸子集成》本，第71-72頁）另一處作：「知不可奈何，而安之若命，唯有德者能之。」（《莊子集釋‧德充符》，《諸子集成》本，第90頁）

438 郭慶藩：《莊子集釋‧則陽》，《諸子集成》本，第382頁。

439 郭慶藩：《莊子集釋‧山木》，《諸子集成》本，第296頁。

440 同上，第293頁。

441 郭慶藩：《莊子集釋‧天下》，《諸子集成》本，第475頁。

（四）韓非子的純粹歷史理性的歷史觀

老子和莊子對「小國寡民」和「至德之世」心存幻想，這說明，他們的歷史觀裡還沒有剔淨道德理性的「雜質」，到了韓非，情況則完全不同了。韓非沿著道家前輩的思路不斷改造，不斷前進，終於從道德和宗教的雙重羈絆中掙脫出來，在古代中國歷史觀從天人合一到純粹歷史理性[442]的轉變中，起了關鍵的作用。

韓非這樣描述歷史演進的過程：

> 上古之世，人民少而禽獸眾，人民不勝禽獸蟲蛇，有聖人作，構木為巢，以避群害，而民悅之，使王天下，號之曰有巢氏。民食果蓏蚌蛤，腥臊惡臭，而傷害腹胃，民多疾病，有聖人作，鑽燧取火，以化腥臊，而民悅之，使王天下，號之曰燧人氏。中古之世，天下大水，而鯀禹決瀆。近古之世，桀紂暴亂，而湯武征伐。今有構木鑽燧於夏後氏之世者，必為鯀禹笑矣。有決瀆於殷周之世者，必為湯武笑矣。然則今有美堯舜湯武禹之道於當今之世者，必為新聖笑矣。[443]

歷史是由「上古之世」、「中古之世」、「近古之世」和「當今之世」構成的，第一階段以解決吃住問題為首要任務；第二階段以解決水患問題為主要任務；第三階段以消除暴政為主要任務。第四階段自有與前三個階段不同的問題要解決。不同的階段有各自不同的問題，絕對不能相躐。從以上描述可以看到，歷史是人類文明進步的過程。決定這個進程的最根本的力量，不是上天和神靈，而是人民對生存條

---

442 這裡的「純粹歷史理性」是指不摻雜具體的宗教和道德理性因素的歷史理性。

443 王先慎：《韓非子集解・五蠹》，國學整理社編：《諸子集成》，第五冊，第339頁。

件的基本要求[444]。而且這四個階段沒有高下之分，每個階段都有自己要解決的問題，在這一點上，四個階段是相同的。

關於歷史進步的原因，韓非是這樣論證的：

> 古者丈夫不耕，草木之實足食也，婦人不織，禽獸之皮足衣也，不事力而養足，人民少而財有餘，故民不爭，是以厚賞不行，重罰不用，而民自治。今人有五子不為多，子又有五子，大父未死而有二十五孫，是以人民眾而財貨寡，事力勞而供養薄，故民爭。雖倍賞累罰而不免於亂。[445]

接下來列舉道：堯禹勤勞為民，禪讓天下，無所獲利；「今」之縣令，身死之後，還要澤及子孫。這說明：「古之易財，非仁也，財多也。今之爭奪，非鄙也，財寡也。輕辭天子，非高也，勢薄也；重爭土橐，非下也，權重也。」[446]又列舉周文王行仁義而王天下，徐偃王行仁義而喪其國等故事，說明「世異則事異」，「世異則備變」的道理。並得出結論：「上古競於道德，中世逐於智謀，當今爭於氣力。」[447]

韓非用人口和財富多寡的關係來說明歷史的進步和道德衰退的客觀原因，的確有異於常人的地方。在這種歷史觀中，雖然承認歷史有倒退的一面，這顯然是道家的影響，但卻發現了決定道德水準的物質力量。據此，人們完全可以從利害關係上解釋堯舜禹禪讓的動機，戳

---

444 任繼愈：「他（韓非）看到了在歷史中起作用的是人而不是神。」（《中國哲學史》，人民出版社1966年版，第240頁）。

445 王先慎：《韓非子集解·五蠹》，《諸子集成》本，第339-340頁。

446 同上，第340-341頁。

447 同上，第341頁。

穿上古美德的假面具；也可以從利害關係上理解後世的利祿追求，以為是適應時勢潮流的合理之舉。在這種觀點之下，道德就不是一個恆定不變的概念，而是隨著時代進步而改變的東西，不同的時代便會有不同的道德，上古以「道德」為道德，中古以「智謀」為道德，「當今」以「氣力」為道德。從這個角度看，以往的所謂歷史「衰退」，竟可以是歷史的進步！從這裡，不但看不到傳統宗教的蹤跡，也看不到道德理性的影響，就連回歸自然的幻想也徹底放棄了，剩下的，只有赤裸裸的欲望，這樣一種歷史觀，不是純粹歷史理性又是什麼呢？

比較起來，韓非承認歷史的進步，同時也在某種程度上承認歷史有倒退的現象，這是道家歷史觀的影響。但是，與道家又有明確的區別：首先，對於歷史的進步，他的態度是積極的，自覺的，既不同於老子的抵觸甚至抗拒，也不同於莊子的無奈和順從。其次，從人性論上看，韓非認為歷史發展是直線式的，不論怎樣劃分階段，歷史都不會有實質性的逆轉，因為每個階段都是人的欲望決定的，這是他的性惡論在歷史觀上的表現，而老子的「小國寡民」和莊子的「至德之世」卻是道德淳樸美好的理想階段，此後，則是每況愈下的歷史倒退。

此外，韓非也承認聖人在歷史前進中的決定作用，這和道家是一致的。不同的是，他對聖人採取了歌頌的態度，這點與道家恰恰相反。道家把文明的發生看作是歷史的逆轉，是人性惡劣的一面由於聖人的誘導而氾濫的結果，因而對聖人採取了嚴厲批判的態度；法家也曾批評某些聖人，但不是因為他們誘發了人類惡劣的性情，而是因為他們做了不合時宜的事情。兩家的趨向是頗為不同的。

總之，法家的歷史觀有純粹歷史理性的特徵，把人看作是單純滿足欲望的動物，把社會看作是欲望的鼓勵和壓制相統一的人類群體，把歷史看作是由欲望驅動的時間中的社會活動，這種簡單化的作法，

無法揭示社會的內在矛盾，這是他們的理論較之道家，特別是莊子，膚淺的地方。

（五）道法兩家歷史觀之異同與其道論的一致

以上通過文獻資料的解釋，對道家和法家的歷史理性進行了歷史的挖掘和整理。不過，這種理解是否符合兩家的本意？要回答這個問題，還必須對道法兩家的道論重新梳理一番，看看與上面的理解是否一致。為什麼要這樣做呢？這是由道論在各家思想體系上的地位決定的。

我們知道，在中國古代，「道」這個字的本義指道路，可引申出途徑、方式、方法、手段、技藝等意義，各家思想都把道作為某種現實的或理想的存在方式。道又可作言說理解，言者心之聲，心者思慮之主，所以道又可做思想的代名詞。道論——對道的理解，構成了對事物包括思想的現實的或理想的存在方式的認識，因而成為各家思想體系的核心內容。道論如何，往往決定著其他內容也應如何，對於成熟的理論來說，這種一致性是屢驗不爽的。古人對此也早有所見：「道同者，其事同；道異者，其事異。」[448]根據這個理解，也可以反過來說，一個思想體系的某項內容如何，必然會在它的道論上找到一致的根據；思想體系之間的異同，也必然會表現為道論的異同。如此看來，在道論上進一步比較道法兩家的異同，是判斷我們對道法兩家歷史理性之異同的認識是否可靠的一個重要途徑，也是衡量各自理論深度的一個重要標準。下面先讓我們引述諸家的有關資料[449]，然後進

---

448 馬王堆漢墓帛書整理小組：《經法・十大（六）經・五政》，文物出版社1976年版，第54頁。

449 本節所引材料為論家常用，我只取其關於道論的基本意義，故不在文中作詳細的解析和考證。

行分析和比較。

　　關於《老子》的道，請看如下材料：

> 反者，道之動。……天下萬物生於有，有生於無。[450]
> 道生一，一生二，二生三，三生萬物。[451]
> 物壯則老，是謂不道，不道早已[452]。
> 道沖，而用之或不盈，淵兮，似萬物之宗。……湛兮似或存，吾不知誰之子，象帝之先。[453]
> 穀神不死，是謂玄牝，玄牝之門，是謂天地根。[454]
> 生之畜之，生而不有，為而不恃，長而不宰，是謂玄德。[455]
> 玄德深矣，遠矣，與物反矣。[456]

　　道在天地之先（所謂「萬物之宗」、「象帝之先」是也），它產生萬物（所謂「天下萬物生於有，有生於無」，「道生一」，「玄牝」，「天地根」等是也），並與萬物相反（所謂「反者道之動」，「物壯則老，是謂不道」，「與物反矣」等是也）。第一節中引述的《老子》二十五章那段話與此相同。可見，老子的道有本原性的意義。

　　關於莊子的道，請看下面兩段話：

---

450 《老子》，第40章，《諸子集成》本，第25頁。
451 《老子》，第42章，《諸子集成》本，第26頁。
452 《老子》第30章，《諸子集成》本，第17-18頁。又見第55章，同本第34頁，文作：「物壯則老，謂之不道，不道早已。」
453 《老子》，第4章，《諸子集成》本，第3頁。
454 《老子》，第6章，《諸子集成》本，第4頁。
455 《老子》，第10章，《諸子集成》本，第6頁。
456 《老子》，第65章，《諸子集成》本，第40頁。

夫道，有情有信，無為無形。可傳而不可受，可得而不可見。
自本自根，未有天地，自古以固存。神鬼神帝，生天生地。在
太極之先，而不為高，在六極之下，而不為深，先天地生，而
不為久，長於上古，而不為老。狶韋氏得之，以挈天地，伏戲
氏得之，以襲氣母，維斗得之，終古不忒，日月得之，終古不
息，堪壞得之，以襲昆侖，馮夷得之，以遊大川，肩吾得之，
以處大山，黃帝得之，以登雲天，顓頊得之，以處玄宮，禺強
得之，立乎北極，西王母得之，坐乎少廣，莫知其始，莫知其
終，彭祖得之，上及有虞，下及五伯，傅說得之，以相武丁，
奄有天下。[457]

東郭子問於莊子曰：「所謂道，惡乎在？」莊子曰：「無所不
在。」東郭子曰：「期而後可。」莊子曰：「在螻蟻。」曰：
「何其下邪。」曰：「在稊稗。」曰：「何其愈下邪？」曰：
「在瓦甓。」曰：「何其愈甚邪？」曰：「在屎溺。」東郭子不
應。莊子曰：「夫子之問也，固不及質。正獲之問於監市履狶
也，每下愈況，汝唯莫必，無乎逃物。至道若是。」[458]

　　兩段雖都用譬喻，但其中的道所指不同，則是顯而易見的。按前
面那段話，道指萬物的本原，而不是萬物本身，因此與物是不同的，

---

457 郭慶藩：《莊子集釋‧大宗師》，《諸子集成》本，第111-113頁。
458 《莊子集釋‧知北遊》，《諸子集成》本，第326-328頁。「期而後可」，郭象注：「欲
　　令莊子指名所在。」「正獲之問於監市履狶也，每下愈況」，成玄英疏：「正，官號
　　也，則今之市令也。獲，名也。監，市之魁也。」郭象注：「狶，大豕也。夫監市
　　之履豕，以知其肥瘦者，愈履其難肥之處，愈知豕肥之要。今問道之所在，而每況
　　之於下賤，則明道之不逃於物也，必矣。」關於道無所不在，內篇也有線索：「夫
　　道未始有封」。郭象注：「冥然無不在也。」成玄英疏：「夫道無不在，所在皆無，
　　蕩然無際，有何封域也？」見《莊子集釋‧齊物論》，《諸子集成》本，第40頁。

得到這樣的道，或可以長生，或可以成仙，或可以為政。可是按後面
那段話，道卻指萬物本身，而不是萬物的本原，得到這樣的道，未必
能夠成為超人。可以說，前者有本原性的意義；而後者則有普遍性的
意義。至少在萬物有沒有本原、道與物是否相同這兩點上，《莊子》
關於道的論述是有矛盾的，這在《莊子》中還有許多例證[459]，看來並
非偶然。

　　《韓非子》中有很多關於道的論述，以下幾段頗有代表性：

> 道者萬物之始，是非之紀。是以明君守始以知萬物之源，治紀
> 以知善敗之端。[460]
> 夫道者弘大而無形，德者核理而普至。至於群生，斟酌用之，
> 萬物皆盛，而不與其寧。道者下周於事，因稽而命，與時生
> 死，參名異事，通一同情，故曰道不同於萬物，德不同於陰
> 陽。衡不同於輕重，繩不同於出入，和不同於燥濕，君不同於
> 群臣。凡此六者，道之出也，道無雙，故曰一，是故明君貴獨
> 道之容。[461]

---

459 例如：「道無終始，物有死生。」（《莊子集釋‧秋水》，《諸子集成》本，第259
　　頁）「有先天地生者，物邪？物物者非物。物出不得先物也。猶其有物也，猶其有
　　物也。無已。」（《莊子集釋‧知北遊》，同本，第332頁）「天門者，無有也。萬物
　　出乎無有。有不能以有為有，必出乎無有。」（《莊子集釋‧庚桑楚》，同本，第
　　348頁）這些是傾向於本原論的。「有始也者，有未始有始也者，有未始有夫未始
　　有始也者。有有也者，有無也者，有未始有無也者，有未始有夫未始有無也者。」
　　（《莊子集釋‧齊物論》，同本，第38頁）「夫道未始有封」。（《莊子集釋‧齊物
　　論》，同本，第40頁）這對萬物是否有個開頭是存疑的。「道者，萬物之所由也，
　　庶物失之者死，得之者生，為事逆之則敗，順之則成。故道之所在，聖人尊之。」
　　（《莊子集釋‧漁父》，同本，第448頁）「物物者與物無際」。（《莊子集釋‧知北
　　遊》，同本，第328頁）這有混合本原性和普遍性的傾向。
460 王先慎：《韓非子集解‧主道》，《諸子集成》本，第17-18頁。
461 王先慎：《韓非子集解‧揚權》，《諸子集成》本，第31-32頁。

道者，萬物之所然也，萬理之所稽也。理者成物之文也。道者
萬物之所以成也。故曰道，理之者也。物有理不可以相薄，物
有理不可以相薄，故理之為物，「之」制萬物各異理，萬物各
異理而道盡，稽萬物之理，故不得不化，不得不化，故無常
操。無常操，是以死生氣稟焉，萬智斟酌焉，萬事廢興焉。天
得之以高，地得之以藏，維鬥得之以成其威，日月得之以恆其
光，五常得之以常其位，列星得之以端其行，四時得之以御其
變氣，軒轅得之以擅四方，赤松得之與天地統，聖人得之以成
文章。道與堯舜俱智，與接輿俱狂，與桀紂俱滅，與湯武俱
昌。以為近乎，游於四極；以為遠乎，常在吾側；以為暗乎，
其光昭昭；以為明乎，其物冥冥。而功成天地，和化雷霆。宇
內之物，恃之以成。凡道之情，不制不形，柔弱隨時，與理相
應，萬物得之以死，得之以生，萬事得之以敗，得之以成。道
譬諸若水，溺者多飲之即死，渴者適飲之即生；譬之若劍戟，
愚人以行忿則禍生，聖人以誅暴則福成。故得之以死，得之以
生，得之以敗，得之以成。[462]

大體說來，前兩段中的道指始，與物不同，有本原性的特徵；而
後面一段中的道，由於有理的仲介，而與物同一，有普遍性的特徵。

概括起來，老子的道主要是本原性的；莊子的道既有本原性的特
徵，又有普遍性特徵；韓非子的道既有本原性的特徵，又有普遍性特
徵。為什麼這三個思想體系的道論有如此的不同？這種不同與他們各
自的歷史理性有什麼關係？以下試做分析。

這裡所謂的本原，取其中文詞義。從造字本義上說，本乃指事，

---

462 王先慎：《韓非子集解‧解老》，《諸子集成》本，第107-108頁。

指樹木之根；原乃會意，謂岩下泉水，乃江河源頭。從經驗上說，樹根不同於樹幹，泉源不同於江河，是理所當然的。如果道是以本原這個方式存在的，那麼，只有事物的本原才是合乎道的，事物本身就不是合乎道的；把這個道理應用在歷史上，就可以說，只有歷史的原初狀態是合乎道的，而後來的發展形態卻是不合乎道的；「小國寡民」和「至德之世」是合乎道的，而後來的歷史發展卻是不合乎道的。這是老莊歷史觀的重要內容。

不論中文「普遍」二字，還是英文 universal（源於拉丁文），都指全部，指無所不在，本文所謂普遍性，即是這個意思。根據這種理解，如果說道是普遍存在的，或者說，道不脫離事物，就在事物之中，那麼，天下就沒有不合乎道的物了；把這個道理應用到歷史上，就可以說，道貫穿歷史的全過程和各方面，全部歷史都是合乎道的；因此，「安之若命」、「世異則事異，世異則備變」的歷史觀就有了著落。這是莊子歷史觀的另一方面內容，更是法家歷史觀的重要內容。由此可見莊子歷史觀隱藏著深刻的矛盾[463]；而老子、特別是法家的歷史觀，卻顯得明確而單純些。

總之，老子的道基本上是本原性的，所以他主張「夫物芸芸，各復歸其根」[464]，歷史也是一樣，以回歸「小國寡民」的社會狀態為理

---

463 有學者指出：莊子的道是自然性的（相當於本文所謂的「普遍性」），《大宗師》中關於道的實體性、本原性的論述並非出自莊子之手，而是老子派的觀點。其他篇中還有少量的類似說法，也不能視作莊子的本體思想。這些有關道作為原始母體的議論文字，是編《莊子》一書者把非莊子所寫之其他道家文獻混入（見顏世安著《莊子評傳》，南京大學出版社1999年版，第187頁）。這說明《莊子》書的道論的確可以從不相協調的兩個方面來看待。還有學者曾經提到莊子思想中的若干對矛盾，如周啟成《莊子思想的矛盾》，載《中國哲學史研究》1988年第一期，第51-59頁。以上這些觀點是促使我們把歷史理性與道論結合起來，從而揭示莊子歷史理性中的矛盾的重要契機。

464 《老子》第16章，《諸子集成》本，第9頁。王弼注：「各返其所始也。」

想。莊子的道既是本原性的，又是普遍性的，這與他對待歷史的矛盾態度——即「至德之世」的理想與「安之若命」的態度——是一致的。[465]韓非的道雖也有本原性和普遍性兩個方面，但在歷史領域，卻只看重普遍性的一面，甚至把它貫徹到歷史的全過程，這與他把解決生存問題看作一切歷史階段的共同目的是一致的。

　　不過，這裡面還有兩個問題需要說明一下。第一，韓非的歷史觀是建立在道的普遍性基礎上的，他關於道的本原論是否還起作用呢？前面說過，法家歷史觀中承襲了道家歷史倒退論的某些因素，在他們的歷史觀中，原初階段與後來的歷史進步是有一定差異的，但是，法家關於道的本原論主要是為以力為德的政治觀和君臣不同道的統治術服務的，這在《主道》（「明君守始以知萬物之源」）《揚權》（「道不同於萬物」，「明君貴獨道之容」）裡面可以看得很清楚。道的本原性並非只為歷史觀服務的。

　　第二，與以上問題有關，道的本原論和普遍論是有矛盾之處的，為什麼還會在同一思想體系中並存？這個問題我已思考過若干年[466]，至今沒有在理論上找到更穩妥的解釋。我的看法是，這是由思想家現實目的的多元化決定的。本原性的道，可為不同於普通大眾的生存或

---

465 國外有漢學家認識到老莊的歷史衰退思想（decay pattern），甚至指出，《道德經》認為，秩序的恢復在原則上仍是可能的，而《莊子》則把日益嚴重的歷史衰退視為理所當然（Peter J. Opitz, "The Birth of 'history': Historical Speculation in Chou China", Hans Lenk and Gregor Paul, edited, Epistemological Issues in Classical Chinese Philosophy, State University of New York Press, 1993, pp. 144-147）。我認為，這已觸到了老莊歷史思想的要害。不過，問題是，他們未能把道家歷史理性與道論結合起來思考，所以未能使道家歷史理性中的矛盾呈現出來。

466 我曾在探討《管子》道論時提出這樣的問題：「本原的道何以與法則的道合而為一？」所謂「法則的」，相當於本文中「普遍性的」。參見拙論：《齊國道論綱要》，見《管子學刊》編輯部編：《管子與齊文化》，北京經濟學院出版社1990年版，第184頁。

行為方式提供理論支援，有一定神秘性，除了倒退論的歷史觀，養生、成仙、馭臣所遵循的道術，都可從中得到啟迪，這在《老子》、《莊子》、《韓非子》書中不難找到證據。而普遍性的道，只能為純粹歷史理性和現實的生存或行為方式提供理論支援，就歷史觀而言，不管態度如何，《莊子》、《韓非子》都承認歷史進步，這與它們都承認道的普遍性是吻合的。莊子為什麼一方面要回到「至德之世」，另一方面又表示要「安之若命」？我以為，前者表示他對歷史進步的否定和批判，後者表示他對歷史進步的無奈和順從，這是他的實際處境和心態的寫照，沒有什麼神秘的。社會轉變時期，總有許多持此種矛盾心態的人。至於韓非的道論，為什麼會在高倡普遍性的同時，又對神秘的本原性有所保留？我想，是不是可以這樣理解：為了順應時代需要，推進法治改革，自然要把握歷史進步的客觀規律；為了加強集權，在「上下一日百戰」的激烈鬥爭中，更有效地駕馭臣下，同樣需要冷靜地分析客觀形勢，掌握切實可行的統治方法。這是他強調理性思考，重視普遍性的現實動機。可是作為君主的統治術，是不能公開的，它的實施，必然是神出鬼沒、與眾不同的，這樣不同尋常的道術，當然也需要找到一個不同尋常的生命依託，這就是韓非之所以對本原性有所保留的現實根源。可是，韓非自以為神秘的本原，在我們眼裡，依然逃不脫普遍性的「天網」，沒有什麼神秘的。

總之，如果說本原性表明道仍帶有某種神秘因素，而普遍性卻表示著道已成為純粹歷史理性的代名詞，那麼，從老子到莊子，從道家到法家，古代中國的歷史觀正經歷著一場不斷排除神秘因素，迅速奔向純粹歷史理性的劇變。

六　五德終始說與歷史正統觀

（一）問題的提出

眾所周知，五德終始說宣揚五種自然力量依某種規則循環運轉，這種對自然的關注，與希臘早期自然哲學有一定的相近之處。如果可以把這種觀點納入自然理性的範疇，那麼，這種自然理性具有怎樣的特點呢？

深入一步，又會發現，五德終始說之重視自然力量，是為了說明歷史變動的規律，它不但與中國古代歷史理性有著許多一致之處，而且就在歷史理性發生的潮流中誕生。作為一種歷史觀，它又具有怎樣的特點？在理性主義歷史觀興起的潮流中起到了怎樣的作用？

再深入一步，還會發現，五德終始說具有為某種現實的政治統治提供合法依據的更為直接的功能，也就是說，它實質上是關於統治的合法性的學說，是一種正統觀，運用這種觀點看待歷史，那就是歷史正統觀。這是五德終始說的根本所在。要想真正了解五德終始說，必須把握住這個根本；要想回答前面幾個問題，同樣必須把握住這個根本。

本文首先對正統概念的內涵進行考證，然後抓住正統觀這個根本，對五德終始說作歷史的考察，對上面幾個問題試作回答，不妥之處，尚祈指正。

（二）「正統」概念的定義

歷史正統觀是五德終始說的根本。可是，就在這個根本問題上，卻存在著分歧，歸納起來，大概有三種看法。一派以宋代歐陽修為代

表，認為：正統之論「始於《春秋》之作。」[467]當代研究歷史正統觀最有成就的饒宗頤教授贊成此說[468]。按照這個時間，五德終始說應該屬於古代正統論的內容。一派以清儒顧炎武為為代表，認為：「正統之論，始於習鑿齒，不過帝漢而偽魏吳二國耳。」[469]一派系今人孫家洲先生的觀點，認為正統思想形成於漢代[470]。按照後兩種觀點，五德終始說就不在正統論的範疇。

為什麼會有分歧？我以為對概念的內涵未能取得一致意見應是一個重要原因。為了使研究建立在可靠的基礎之上，必須對「正統」概念作出準確定義。

何謂「正統」？從宋代開始，學者們作了許多的討論，但大多是從當時的政治需要出發來界定的，至於訓詁上的研究，迄今尚未見到。

關於「正」。《說文解字》二篇下正部：「正，是也。」「是，直也。從日正。」[471]十二篇下乚部：「直，正見也。」段注：「《左傳》曰：『正直為正，正曲為直。』引申之義也。見之審則必能矯其枉，故曰正曲為直。」[472]可見，漢人認為「正」就是正直，與「曲」即不正相反對。古今意義相當。《易傳》：「象曰：『王居無咎，正位也。』」王弼注：「正位不可以假人。」孔穎達疏：「『正位者』，釋『王居無

---

467 歐陽修：《原正統論》，《歐陽文忠公文集》五十九《外集》卷第九，明正德七年（1512）劉喬刻嘉靖十六年（1537）季本、嘉靖三十九年（1560）何遷遞修本，第6頁，第二面。

468 饒宗頤：《中國史學上之正統論——中國史學觀念探討之一》，龍門書店1977年版，第1頁。

469 顧炎武：《日知錄》卷之二十「年號當從實書」條，清康熙三十四年（1695）潘未遂初堂刻本，第16頁，第一面。

470 孫家洲：《「正統之爭」與「正統史觀」》，《爭鳴》1988年第2期。

471 段玉裁：《說文解字注》，第69頁。

472 段玉裁：《說文解字注》，第634頁；孔穎達：《春秋左傳正義》，阮元校刻：《十三經注疏》。

咎』之義，以九五是王之正位，若非王居之，則有咎矣。」[473]《禮記・文王世子》：「正君臣之位。」[474]可見，「正」字很早就與君主和王朝統治有關，表示最高權力的合法性。

　　關於「統」。《說文解字》十三篇上糸部：「統，紀也。從糸充聲。」段注：「《淮南・泰族訓》曰：『繭之性為絲，然非得女工煮以熱湯而抽其統紀，則不能成絲。』按此其本義也，引申為凡綱紀之稱。《周易》『乃統天。』鄭注云：『統，本也。』《公羊傳》：『大一統也。』何注：『統，始也。』」「紀，別絲也。」段注：「別絲者，一絲必有其首，別之是為紀，眾絲皆得其首，是為統。」[475]按此解釋，可知「大一統」是一個複合動賓結構，第一層（外面這一層）動賓結構是「大」（動）「一統」（賓），即張大、表揚、表彰「一統」；第二層（裡面的一層）動賓結構是「一」（動）「統」（賓），即使眾絲之端（統）纘而為一。

　　《漢書》注引李奇、張楫：「統，緒也。」[476]《文選・甘泉賦》「拓跡開統」注引李奇曰：「統，緒也。」[477]《說文解字》「緒，絲耑也。」段注：「耑者，艸木初生之題也，因為凡首之稱，抽絲者得緒而可引。引申之，凡事皆有緒可纘」[478]。《方言》：「紀，緒也……或曰端」[479]。

473　孔穎達：《周易正義》，阮元校刻：《十三經注疏》。

474　孔穎達：《禮記正義》，阮元校刻：《十三經注疏》。

475　段玉裁：《說文解字注》，第645頁。

476　《漢書》，第962頁。

477　《文選李善注》卷七，同治八年（1869）九月金陵書局校刊汲古閣毛氏本，第1頁第二面。

478　段玉裁：《說文解字注》，第643頁。

479　錢繹：《方言箋疏》卷第十，李發舜，黃建中，點校，北京：中華書局，1991年版，第370頁。

《文選・笙賦》「統大魁以為笙」李善注：「總，統也。」[480]《荀子・議兵》：「功名之總也」[481]，《韓詩外傳》四「總」作「統」[482]。《漢書・兒寬傳》「統楫群元」注引臣瓚曰：「統猶總覽也。」[483]《說文解字》「總，聚束也。」段注：「謂聚而縛之也。恖有散意，糸以束之，禮經之總，束髮也；禹貢之總，禾束也。引申之為凡兼綜之稱。」[484]

根據以上資料，可知，「統」可訓「紀」，「紀」通「緒」，為絲之端，即頭緒，是「統」為本、為元、為始、為端；此外，「紀」為絲之別，指眾絲之頭緒，統通紀，但不強調別，因而含有綜括眾絲之頭緒，即聚束、揔攬和兼綜之義。所謂「統天」即本於天，所謂「大一統」，即重視（大）統（眾紀）的集中（一）。公羊學家認為，《春秋》書「王正月」，就是為了在每歲開始之時，突出諸侯曆法始於王、總於王的意思。「統」的這種解釋強調空間上的延展或兼綜。

不過，「統」既然為始，為端，當然也可用為時間上的「起源」和「始於」的意思，用作動詞，就有追溯源頭、反本尋根之義[485]。凡物皆有「統」，此物之「統」乃承接他物而來，是「統」又隱含著「接續」或「承接」之義。《漢書・賈山傳》注引如淳曰：「統，繼也。」[486]《說文》段注：「虞翻注《易》曰：『繼，統也。』」[487]是

---

480 《文選李善注》，卷七，同治八年（1869）九月金陵書局校刊汲古閣毛氏本，第14頁第二面。

481 王先謙：《荀子集解》，《諸子集成》，第2冊，第186頁。

482 《韓詩外傳》卷第四，乾隆五十五年（1790）校刻，亦有生齋刻本，第4頁第1面。

483 《漢書》第2631頁。

484 段玉裁：《說文解字注》，第647頁。

485 《荀子・議兵》多見「本統」一詞，是個複合詞，「統」與「本」相通。《荀子集解》第183，186頁。

486 《漢書》，第2332-2333頁。

487 段玉裁：《說文解字注》，第645頁。

「統」可訓「繼」。按「繼」，左邊是一個「糸」字，右邊是古文「繼」字，左右翻轉，就是斷絕的「絕」字（其實，在古代，這兩種寫法都兼含繼絕二義，訓詁學家有稱之為「反訓」的），《說文》：「（絕之古文）象不連體，絕二絲」。《說文》：「繼，續也。」「續，連也」。可見，「繼」字內部兼有斷、連兩義，是個會意字，可作「連接斷裂」解釋[488]。「統」的這種解釋更強調時間中的延續，有克服斷裂而後繼續的意思，當然，也有空間的接續之義。

「正統」是一個複合詞，根據以上考證，可以確信，「正」代表王朝統治在其合法性（正）上直承（統）前面的王朝，既是兼綜天下，又是上溯於天。這個複合詞出現的時間，最早可追溯到兩漢典籍。《漢書·王褒傳》（王褒對宣帝）：「記曰：『共惟《春秋》法五始之要，在乎審己正統而已。』」集注：服虔曰：「共，敬也。」張晏曰：「要，《春秋》稱『元年春王正月』，此五始也。」師古曰：「元者氣之始，春者四時之始，王者受命之始，正月者政教之始，公即位者一國之始，是為五始。共讀曰恭。」[489]這是公羊家觀點，認為「五始」的關鍵在於正統。這個解釋強調兼綜，符合上述「統」字的第一種含義。

又班固《典引》云：（高祖、光武之龍興）「蓋以膺當天之正統，受克讓之歸運，蓄炎上之烈精。」[490]根據李善注，可知，這裡所謂的正統是說漢承周後，為火德，像唐堯克讓一樣，歸運謂堯歸運於漢。這裡的正統即是指承繼，而承繼必在時間延續中進行，這個解釋強調時間上的承接，符合「統」字的第二種含義。

---

488 段玉裁：《說文解字注》，第645頁。

489 《漢書》，第2823-2824頁。

490 班孟堅：《典引》，《文選》卷四十八，同治八年（1869）九月金陵書局校刊汲古閣毛氏本，第9頁，第二面，第11頁第1 面。

這兩種解釋在漢代及以後的學術發展中有沒有形成傳統呢？回答仍然是肯定的。

公羊家倡導「春秋大一統」。董仲舒：「《春秋》曰王正月……何以謂之王正月？曰：王者必受命而後王。王者必改正朔、易服色、制禮樂、一統於天下，所以明易姓，非繼人（各本作仁，今改）通以己受之於天也。王者受命而王，制此月以應變（應天革命），故作科以奉天地，故謂之王正月。」[491]漢宣帝時有王吉上書：「《春秋》所以大一統者，六合同風，九州共貫也。」[492]何休《解詁》：「統者，始也。摠繫之辭。夫王者始受命改制布政施教於天下，自公侯至於庶人，自山川至於草木昆蟲，莫不一一系於正月，故云政教之始。」[493]開了以統為中心的先河。到了宋代，學者更加強調統的橫向兼綜關係。歐陽修：「夫居天下之正，合天下於一，斯正統矣。」[494]司馬光云：「竊以為苟不能使九州合為一統，皆有天子之名而無其實者也。」[495]「夫統者，合於一之謂也。」[496]

董仲舒《春秋繁露・三代改制質文》有「三統循環」論。司馬遷「三王之道若循環，終而復始。周秦之間，可謂文蔽矣。秦政不改，反酷刑法，豈不繆乎？故漢興，承敝易變，使人不倦，得天統矣。」[497]所謂「天統」，即統於天，原本於天，天道是「循環」和

---

491 蘇輿：《三代改制質文》，《春秋繁露義證》卷七，第184-185頁。

492 《漢書》，第3063頁。

493 《春秋公羊傳注疏》隱西元年，阮元校刻：《十三經注疏》；「夫王者始受命改制」原文為「天王者始受命改制」，「夫」誤為「天」，據阮元《校勘記》改正。

494 歐陽修：《正統論下》，《歐陽文忠公集》十六論三首，明正德七年（1512）劉喬刻嘉靖十六年（1537）季本、嘉靖三十九年（1560）何遷遞修本，第5頁第1面。

495 《資治通鑑》第5冊，中華書局1956年版，第2187頁。

496 司馬光：《郭長官純書》，《司馬太師溫國文正公傳家集》卷第六十一，明萬曆十五年（1587）第十六世孫司馬祉刻本，第10頁第2面。

497 《史記》，第394頁。

「變易」的，那麼，三王循環，承蔽易變，就是合乎天道的，也就是本於天的了。邯鄲淳《魏受命述》云：「聖嗣承統，爰宣（宜）重光。」[498]「統」既然可承，當然就可以沿時間接續。《宋書·禮志三》：「尊祀世統，以昭功德。」[499]世代有統（元子，嫡長子也），尊祀不輟，才能代代相承，故《辭源》解「世統」云：「家族世代相承的系統」[500]。清人魯一同：「夫居得其正之謂正，相承勿絕之謂統。」[501]「相承勿絕」可作「繼」字的訓解，更加說明統有縱向連接斷裂的含義。《國語·齊語》：「以為民紀統」注：「……統，猶經也，……以為治民之經紀。」[502]《說文解字》「經，織從（縱）絲也。」段注：「織之從（縱）絲謂之經。必先有經而後有緯。」[503]

　　雖然以上兩種觀點有分道揚鑣、獨立發展的趨勢，但自覺到兩者辯證關係的也大有人在。如西晉人陳壽著《三國志》，以曹魏為正統，以蜀、吳為僭偽，是站在西晉官方立場上看待歷史正統觀的典型例證，他的做法既體現了空間的兼綜，即以魏晉統一天下，又體現了歷時性的承接，即魏承東漢、晉承曹魏的正統意識。東晉人習鑿齒著《漢晉春秋》，以蜀漢為正統，表揚蜀漢以復興漢室為職志的功業，這是站在東晉政權的立場上，為東晉北伐，「光復」舊物，統一全國服務的，這種正統觀同樣既有縱向的承接關係，也有橫向的兼綜關係。唐人皇甫湜云：「王者受命於天，作主於人，必大一統，明所

498 邯鄲淳：《魏受命述》，《古文苑》卷第十二《頌述》，明萬曆癸巳（1593）二月刻本，第13頁第1面。

499 沈約：《宋書》，第420頁。

500 《辭源》，商務印書館1988年版，第43頁。

501 魯一同：《正統論》，《通甫類稿》卷一，清咸豐九年（己未，1859）刻本，第21頁，第2面。

502 《國語·齊語》上冊，上海古籍出版社1988年版，第224-225頁。

503 段玉裁：《說文解字注》，第644頁。

授,所以正天下之位,一天下之心。」[504]「一統」與「所授」相通,表明有縱向的授受關係,但同時卻又是橫向的統一的根據。誠然,由於政治形勢的影響,中國古代的歷史正統觀念,在唐以前,更重視縱向的承接關係;宋以後,更傾向於兼綜關係,但從理論上說,兩者是無法割裂的。

如此看來,我們可以有把握地說,「正統」概念說的是最高統治權的合法性,它既指這個權力在空間裡的兼綜,又指在時間上的延續,前者體現了統一性,後者體現了連續性,兩者結合構成了這個概念不可動搖的基本內涵。

(三)鄒衍的五德終始說

依古人的理解,五德終始說必屬於歷史正統觀的範疇。班固《典引》所謂「膺當天下之正統,受克讓之歸運」。李賢等注:「正統謂漢承周,為火德」。這說明,漢唐學者們相信,禪讓式的政權授受(克讓)及五德運轉(歸運,火德,這些都是五德終始說的重要內容)就在「正統」概念的外延之中。可是,為什麼至今還會有人把五德終始說排斥在歷史正統觀之外呢?我們知道,五德終始說更強調王朝統治縱向的連續性,而以往有關「正統」概念的定義中,恰恰缺少縱向的連續性這一面。如果以為前者只有縱向連續性的意義,而後者只有橫向的統一性的意義,當然不會把兩者看作相容的了。現在好了,我們知道,除了橫向的兼綜之義,「正統」概念原本就有縱向的承接之義,這樣一來,強調縱向連續性的五德終始說就可以理所當然地歸於正統觀的範疇了。

---

504 皇甫湜:《東晉元魏帝正閏論》,《皇甫持正文集》卷第二,《四部叢刊》集部,上海涵芬樓藏宋刊本,第3頁第2面。

　　在古代中國，歷史正統觀究竟起源於什麼時候呢？作為歷史正統思想，五德終始說又是何時興起的呢？揆情度理，思考最高統治權的合法性問題，肯定要早於「正統」概念的提出。它的一個必要條件就是已經存在著某種程度上代表國家統一的政權，同時還存在著政權的承繼或更替，統一和正當的更迭，前者是橫向的，後者是縱向的，兩者的結合，就是王朝合法性的根據。對這種合法性及其根據進行自覺的反省，就應屬於歷史正統觀的範疇。

　　殷紂王有一句名言：「我生不有命在天！」[505]這表明，在部分商朝最高統治者的心目中，王朝統治權的合法根據來自上天，儘管他們的統治權在空間上有對諸侯發號施令的權威，在時間上有在王室內部繼承的連續性，但對天和上帝的迷信，妨礙了對王權合法性以及統一性和連續性的關係進行理性的思考，因此還不能說他們已經形成了自覺的歷史正統觀。

　　周人推翻商朝以後，情況發生了很大變化。周武王和周公兄弟二人對殷周嬗遞的歷史變局進行了深刻的反省，認為，作為天下共主的最高政治權力，雖然得自天命，但統治者若不能敬德保民，就會失去民心，上天也會根據民心的向背，把最高統治權從舊王朝那裡收回來，轉交給新王朝的統治者。得天命的統治者享有天下共主的最高權力。這樣，周初統治者就在天命論的基礎上，對天下共主的更迭，也就是對王朝統治的合法性問題，作出了理性的回答，他們的解說理應屬於歷史正統觀的範疇。周人的這個觀念構成了中國古代歷史正統觀的基本框架，後代所有關於王朝合法性的討論，都不出這個範圍，鄒衍所創造的五德終始說正是這個框架內的一家之言。

　　五德終始說的興起，當然也離不開最高統治權的合法性這個必要條件。

---

505 孔穎達：《尚書正義》卷十，《西伯戡黎》第十六，阮元校刻：《十三經注疏》。

　　我們知道，周室東遷以後，形勢發生了很大變化。春秋戰國時期，天子式微，王綱解紐，諸侯力政，大夫專權，天下共主式的王朝統治秩序徹底崩潰。看起來，代表著統一的王朝和正當的王朝更替，已不復存在，那麼，討論統一和正當的更迭，即討論王朝合法性的歷史正統觀也就失去了前提條件。可恰恰就在這個時候，五德終始說出現了。這究竟是為什麼呢？

　　原來，春秋戰國時期的天下大亂，從一個角度看，是統一的崩潰，從另一個角度看，卻又是新的更大的統一的孕育，是從天下共主式的統一王朝，到新的中央集權式的統一王朝的過渡。何況，在精神文化的領域中，武王、周公開創的天命傳統早就告訴人們，王朝統治是絕而可續，斷而可連的，歷史的連續性不會因為朝代的更迭而消失。歷史事實也正是如此。戰國七雄紛紛把耕戰作為實施政治的首要任務，他們千方百計地擴大領土、擴充軍隊，謀劃外交，相互間展開鐵與血的較量。可是在輿論上，他們的矛頭對準的卻不是和自己匹敵的諸侯王，而是名存實亡的周天子[506]

　　以地處東部的齊國為例。出土的《陳侯因齊敦》銘文提到：「皇考孝武桓公恭哉，大謨克成。」[507]這裡的桓公是戰國時期的齊國君主桓公田午，他所祈望「克（能）成」的「大謨」是什麼？下文有個交代，那就是：「高祖黃帝，邇嗣桓文，朝問諸侯」，也就是說，他要仿效黃帝和齊桓晉文，成為諸侯的霸主，甚至帝王（天下共主）。他的後代齊宣王曾向孟子透露自己有「大欲」，這個「大欲」被孟子說

506　到了西元前二五六年（秦昭王五十一年），秦滅掉周赧王；前二四九年（秦莊襄王元年），秦滅東周君，周竟連名存也做不到了。參見《史記》卷十五，《六國年表》第三，第747，750頁。

507　郭沫若：《兩周金文辭大系圖錄考釋》，上海書店出版社1999年版，上冊圖錄，第260頁，第2面，下冊考釋，第219頁，第2面；郭沫若：《十批判書》，人民出版社1954年版，第134頁。

破，那就是「欲辟土地，朝秦楚，蒞中國而撫四夷也」[508]；到了齊泯王時，野心更大。西元前二八八年（泯王十三年），泯王自稱「東帝」二月（秦昭襄王稱「西帝」二月），後二年，齊國伐宋，割楚，西侵三晉，「欲以並周室，為天子」[509]，泗上諸侯、鄒魯之君，莫不俯首稱臣，大有併吞天下的氣勢。此時下距周赧王之死只有三十二年，距東周君亡也不過三十九年，周已經是一個毫無實際意義的政權，根本不能構成任何大國的對手。齊國在與秦等大國爭雄兼併的同時，卻表示要取代毫無實際意義的周，唯一的解釋只能是正統思想在作怪。這也恰恰是五德終始說出現的直接契機。鄒衍創造五德終始說，憑藉的就是這個歷史條件。

鄒衍的行事和思想，《史記‧孟子荀卿列傳》有記載[510]，其中有這樣幾點頗值得注意：第一，鄒衍有《終始》、《大聖》、《主運》等著作；所謂《終始》、《主運》，從文字上可知與五德終始說有關；第二，鄒衍有「五德轉移，治各有宜，而符應若茲」思想，與五德終始說相符；第三，鄒衍關於小九州、大九州的描述，隱含天下合一的思想；第四，鄒衍受到齊、梁、趙國諸侯最隆重的禮遇，其程度遠非前輩學者和同儕所能比擬。這恰恰說明，懷有取代周室，吞併天下之「大欲」的，決不止於田齊一家。

據《史記索隱》：「劉向《別錄》云鄒子書有《主運篇》。」是《主運》一篇在西漢後期尚可見。唐時已佚。《史記集解》引如淳曰：「今其書有《五德終始》。五德各以所勝為行。秦謂周為火德，滅火者水，故自謂水德。」[511]《漢書‧藝文志》陰陽家著錄《鄒子》四

508　焦循：《孟子正義》，國學整理社編：《諸子集成》，第一冊，第53-54頁。

509　《史記》，第1900頁。

510　《史記》，第2344-2346頁。

511　《史記》，第1369頁。

十九篇。班固注：「名衍，齊人，為燕昭王師，居稷下，號談天衍。」又著錄《鄒子終始》五十六篇[512]。這兩部著作東漢時應該還在。就目前所知，《史記》記載的鄒衍著作皆已不傳。那麼，從哪裡才能了解到鄒衍五德終始說的詳細內容呢？《呂氏春秋‧有始覽‧應同篇》中的一段文字與五德終始說最為接近，其文如下：

> 凡帝王之將興也，天必先見祥乎下民（高誘注：「祥，徵應也。」）。黃帝之時，天先見大螾大螻，黃帝曰：「土氣勝。」土氣勝，故其色尚黃，其事則土。及禹之時，天先見草木秋冬不殺，禹曰：「木氣勝。」木氣勝，故其色尚青，其事則木。及湯之時，天先見金刃生於水，湯曰：「金氣勝。」金氣勝，故其色尚白，其事則金。及文王之時，天先見火赤鳥銜丹書集於周社，文王曰：「火氣勝。」火氣勝，故其色尚赤，其事則火。代火者必將水，天且先見水氣勝，水氣勝，故其色尚黑，其事則水。水氣至而不知，數備將徙於土。[513]

近人許維遹認為：「此陰陽家之說而散見於此者。馬國翰據《文選‧魏都賦》李注引《七略》云『鄒子終始五德，從所不勝，木德繼之，金德次之，火德次之，水德次之。』定篇首至此為鄒子佚文……」[514]可見《應同》篇的這段文字可視為鄒衍作品的孑遺。

---

512 《漢書》，第1733頁。

513 《呂氏春秋》，國學整理社編：《諸子集成》，第六冊，第126-127頁。

514 許維遹：《呂氏春秋集釋》下冊，卷十三，中國書店1985年版，第8頁；所引《七略》之文見《文選李善注》卷六，左太沖：《魏都賦》注，第13A頁，文作「鄒子有終始五德」，多一「有」字。同治八年（1869）九月金陵書局校刊汲古閣毛氏本。《淮南子‧齊俗訓》高誘注引略同，其文作：「舜土德也，夏木德也，殷金德也，周火德也，《鄒子》曰：『五德之次，從所不勝，故虞土、夏木。』可為佐證。《諸子集成》，第七冊，第176頁。

　　從這段文字，可以看出，鄒衍的五德終始說有以下幾個特點：第一，採用當時已經流行的五行相勝說，五行順序是木剋土，代土，金剋木，代木，火剋金，代金，水剋火，代火，土剋水，代水，從土開始，經過木、金、火、水，又回到土，是為一個循環；第二，也是最為重要的，就是按照五行「從所不勝」（反過來說就是相勝或相剋）的關係，安排歷史上王朝的承繼過程，以為黃帝土德、禹木德、湯金德、文王火德，其後繼者應是有水德的帝王，之後再回到有土德的帝王，如此循環不已，這是明確的五德終始說的歷史觀；第三，黃帝、夏、商、周都是天下共主，它們之間的關係是後面的王朝消滅並取代前面的王朝，以此類推，未來的新的天下一統的王朝，也應是消滅並取代周朝的那個王朝。這與齊國君臣的「大謨」或「大欲」恰好吻合了。水德來了，渾然不知，那麼德運又將繼續轉到有土德的帝王那裡。根據古代天象和五行相結合的傳統，齊地為玄枵之分野，德運屬水；又根據古代氏族與五行相結合的傳統，田齊為陳之後裔，陳為顓頊之族，故為「水屬」；陳又是大舜之後，舜應土德，齊國田氏又自稱高祖黃帝（見《陳侯因齊敦》銘文），黃帝土德。這樣一來，田齊就既有水德，又有土德[515]，與「水氣至而不知，數備將徙於土」的曆運完全對應起來了。

　　然而，歷史發展並沒有按照鄒衍或齊國君臣的意願進行。泯王敗亡後，稷下學士奔走四方。五德終始說也傳到遠居西土的秦國。不過，鄒衍的五德終始說保留在《呂氏春秋》中，並不表明其實際價值受到秦國君臣多麼的重視，要想真正引起秦國統治者關注，還需要特

---

[515] 《左傳》昭公八年：晉國史趙說「陳，顓頊之族也」；昭公九年：鄭國大夫裨灶說：「陳，水屬也。」孔穎達疏：「陳是舜後，舜為土德。」見孔穎達《春秋左傳正義》，阮元校刻：《十三經注疏》。今本《管子》有《水地》篇，可見水、土並重，在齊國的確有深厚的基礎和深遠的淵源。

別的契機。據《史記・封禪書》記載:「自齊威、宣之時,鄒子之徒論著終始五德之運,及秦帝而齊人奏之,故始皇採用之。」[516]《史記集解》也認為:「《漢書・郊祀志》曰:『齊人鄒子之徒論著終始五德之運,始皇採用。』」[517]可見,從西漢的司馬遷,到東漢的班固,再到劉宋的裴駰,都認為,秦始皇是直接從齊人那裡採信了五德終始說的,時間大概在剛剛統一不久,即西元前二二一年(秦王政二十六年)。

《史記》的《封禪書》[518]和《秦始皇本紀》[519]都記載了始皇採用五德終始說的詳細情況。不過,我們的問題是:秦始皇信奉三晉法家學說,可為什麼又要採信齊人的五德終始說呢?看來,是為了彌補單純法家理論的不足。我們知道,關於政權轉移的合法性和統治方略的理論基礎,法家學說是有一定缺陷的,其一,法家雖然承認歷史變化,承認歷史的階段性進展,但同時也有反對革命,反對以下犯上,以臣篡君的思想。《韓非子》認為古代盛傳的所謂堯舜禹的禪讓和湯武革命,其實是「逼上弒君而求其利也」,是「暴亂之兵也」[520],「堯舜湯武,或反君臣之義,亂後世之教者也。」[521]因而堅決反對覬覦或奪取最高統治權的犯上作亂之舉。漢景帝時黃生以冠弊屨新不能倒置的譬喻,駁斥儒者贊成湯武革命的觀點,指出:「湯武非受命,乃弒也」[522]。可以推知,秦始皇兼併天下,以取代往日周天子的正統地位,要想在他所信奉的韓非法家學說裡面找到合法的依據,是有一定困難的,弄不好,還會自相矛盾,成為法家思想批判的對象。而五德

---

516 《史記》,第1368頁。

517 《史記》,第238頁。

518 《史記》,第1366頁。

519 《史記》,第237-238頁。

520 王先慎:《韓非子集解》,國學整理社編:《諸子集成》,第五冊,第311頁。

521 同上書,第358頁。

522 《史記》,第3122頁。

終始說卻標榜「從所不勝」的「相勝說」，這恰恰可為秦國以征伐手段，吞併周室，兼併天下，重新在全國建立統一政權提供合法（理）根據[523]。其二，法家主張嚴刑峻法，是建立在性惡論基礎上的，雖然是與時俱進，適應了政治社會發展的需要，但必然會引起普遍的反感。按照五德終始說的邏輯，情況就不同了。根據《管子》，五德的特性是這樣的：木，色青，數用七，時為春，「其德喜嬴，而發出節」；火，色赤，數用九，時為夏，「其德施捨修樂」（尹注：「施捨，謂施爵祿舍逋罪。修樂，謂作樂以修輔也。」）；土，色黃，數用五，（時為長夏，其實不占一個季），「其德和平用均，中正無私」；金，色白，數用八，時為秋，「其德憂哀靜正嚴順」；水，色黑，數用六，「其德淳越溫怒周密」。按「淳」即純，不雜為淳；「越」通於；「溫」，王引之讀「慍」，意即怒[524]；淳於慍怒周密，意思就是純然（行事）暴戾無情、（執法）苛刻嚴密。這和《史記》所說的水德「剛毅戾深，事皆決於法，刻削毋仁恩和義」意思如出一轍[525]。《史記集解》引瓚曰：「水陰，陰主刑殺，故尚法。」[526]這樣，在上天失去信仰的權威，道理只為少數人所理解的條件下，給法家揭示的「當

---

523 德國學者Peter J. Opitz對法家學說缺少合法性的理論（即正統觀）有所發現。Peter J. Opitz, "The Birth of 'History': Historical Speculation in Chou China", in Epistemological Issues in Classical Chinese Philosophy, edited by Hans Lenk and Gregor Paul, State University of New York Press,1993, p153.

524 戴望：《管子校正》，《諸子集成》，第5冊，第238-240、239頁；《漢書》卷二十七，《五行志》第七上：「天以一生水，地以二生火，天以三生木，地以四生金，天以五生土。……水之大數六，火七，木八，金九，土十。」順序是水、火、木、金、土，與《洪範》以特性排列的順序相合，為後世《五行志》或《災異志》所取法。《管子》引文的順序是水、木、金、火、（土），不在生勝之列，形態較原始。《漢書》，第1328頁。

525 參見劉家和：《論歷史理性在古代中國的發生》，《史學理論研究》2003年第2期。

526 《史記》，第1366頁。

今爭於氣力」的時代精神和施政措施提供一個自然理性的基礎，罩上一件「德運」的流行外衣，效果之好是可想而知的。這樣做，就使秦國在正統地位和施政措施兩個方面公然實行「變周」，成為順應自然的發展趨勢，符合時代的精神和品德的合法之舉。

楚漢戰爭的結局，劉邦取得勝利，漢朝成為統一全國的政權。可是劉邦出身布衣，在血統和社會地位上毫無憑藉，卻能代秦而有天下，這遠比「小邦周」取代「天邑商」更加出乎人們的預料，註定要引起深刻的反省。在這次反省中，五德終始說仍然占有一定的地位。賈誼對秦亡漢興的歷史變局進行了總結，從秦亡中得出結論，認為民為國家及君主之本、之命、之功、之力，與民為敵，遲早必亡。這種認識與《尚書》的天命人心說是相通的，表現了在歷史理性中重新確立道德理性的地位，而且論證更加明確透徹。在這同時，他還表示對自然理性的重視，「以為漢興至孝文二十餘年，天下和洽，而固當改正朔，易服色，法制度，定官名，興禮樂，乃悉草具其事儀法，色尚黃，數用五，為官名，悉更秦之法。孝文帝初即位，謙讓未遑。」[527]這是五德相勝說在新的歷史條件下的努力，主張漢朝是用土德戰勝並取代秦的水德，同時，也表明，在施政措施上，漢朝政治應該採用「和平用均，中正無私」的土德政治，代替秦的「剛毅戾深，刻削毋仁恩和義」的水德政治。與此同時，魯人公孫臣也上書文帝，稱：「始秦得水德，今漢受之，推終始傳，則漢當土德，土德之應黃龍見。宜改正朔，易服色，色上黃。」[528]可是由於文帝即位未穩，再加上丞相張蒼堅持高祖時確定的水德曆運[529]，所以終文景之世，土德政治未能實施。直到武帝時代，情況才有所改變。「太初元年夏五月，

---

527 《史記》，第2492頁。
528 《史記》，第1381、429頁。
529 《史記》，第1260、2681頁。

正曆，以正月為歲首。色上黃，數用五，定官名，協音律。」[530]土德
政治終於在漢朝取得了合法地位，可是此時，五德相勝說的發展勢頭
已經是強弩之末了。

（四）五德終始說的轉型

漢朝末期，作為王朝統治的正統論的五德終始說出現了新的轉
變，從相勝，一變而為相生。

五行相生說起源較早。楊向奎先生以為，相生說的產生要早於相
勝說[531]。我以為，五行相生說在五方四時排列順序中隱含政治意圖，
出現的時間當在春秋戰國之際，從《管子》中的《幼官》、《四時》、
《五行》等篇可以看出。此後，《月令》和《十二紀》圖式更加完
備。不過，從戰國兼併到楚漢相爭，武力征伐異常激烈，相生說在政
治上一直未能得到合適的機會。今本董仲舒《春秋繁露》有關五行者
九篇，論述五方五時（其實是四時，土為「夏中」），施政要因地制
宜，聲稱「故為治，逆之則亂，順之則治。」[532]以《五行相生》篇為
代表，諸篇似乎更重視相生，但並無與朝代更迭相比附的跡象。因
此，不在歷史觀的範疇。

西漢從中期開始，政治和學術都表現出新的動向。

漢初奉行水德政治，以法家思想為實質內容的黃老學說占統治地
位，所以景帝時黃生與轅固生爭論湯武革命，堅決反對以下犯上。不
過，轅固生倡言湯武革命，景帝並未表示反對，這說明，儒家天命政

---

530 《漢書》，第199-200頁；《史記》，第1402頁。另據《史記》記載，武帝喜神仙、封
　　禪之事，迷信黃帝羽化飛升之說，於太初元年，宣布「改曆，以正月（建寅之
　　月）為歲首，而色上黃。」見《封禪書》。

531 楊向奎：《五行說的起源及其演變》，《文史哲》1955年第11期。

532 蘇輿：《三代改制質文》，《春秋繁露義證》卷七，第362頁。

治觀仍有一定影響，這是後來禪讓說的理論淵源。

董仲舒傳授五行相生說，但未把它與政權遞嬗相結合，他在天人三策中提出漢應「更化」，即改變從前的法治政治，轉而以德教治民，他以天人相應說為依據，聲稱「王者欲有所為，宜求其端於天」，「天之任德不任刑」，所以，「王者承天意以從事，故務德教而省刑罰」[533]。這對法家以君主為獨尊，蔑視上天權威的偏向無疑是一個有力的針砭。

稍後，在公羊家陣營中出現禪讓的呼聲。昭帝初立，霍光執政，泰山出現圖讖，謂：「公孫病已立」，有眭弘者，解釋說：「先師董仲舒有言：雖有繼體守文之君，不害聖人之受命。漢家堯後，有傳國之運。漢帝宜誰差天下，求索賢人，襢以帝位，而退自封百里，如殷周二王后，以承順天命。」孟康曰：「誰，問；差，擇也。問擇天下賢人。」師古曰：「襢，古禪字也。」霍光下令以「妄設妖言惑眾、大逆不道」罪名，誅殺。後來，漢宣帝即位，徵召弘子為郎[534]。

宣帝時，蓋寬饒曾在奏封事中引《韓氏易傳》曰：「五帝官天下，三王家天下，家以傳子，官以傳賢，若四時之運⋯⋯」結果，被大臣指為「指意欲求襢，大逆不道」，下吏，自盡[535]。

王氏親信谷永曾上書成帝，云：「垂三統，列三正，去無道，開有德，不私一姓，明天下乃天下之天下，非一人之天下也。」[536]因為有王氏為後臺，谷永雖言辭激烈，但無任何危險，善終。

劉向曾著《洪範五行傳論》，他的活動主要也在成帝之世，此時，他看出王氏取代劉氏的危險，多次上書成帝，以田氏代齊、六卿

---

533 《漢書》第1031-1032頁。

534 《漢書》第3153-3154頁。

535 《漢書》第3247-3248頁。

536 《漢書》，第3467頁。

專晉為前車之鑑，極諫：「王者必通三統，明天命所授者博，非獨一姓
也……自古及今，未有不亡之國也。……世之長短，以德為效。」[537]
《說苑・至公》：「古有行大公者，帝堯是也。貴為天子，富有天下，
得舜而傳之，不私於其子孫也。」[538]

　　綜合以上幾例，可知，西漢中後期，不論是正面的煽惑，還是反
面的諷喻，都傳達了這樣一些資訊：「漢家堯後，有傳國之運」；傳賢
傳子，乃「四時之運」；天下為公，非一姓之私；漢朝應該求賢禪
位。顧頡剛先生曾指出：「到了漢代，禪讓說已漸征服了整個的智識
界。」[539]目前看來，雖然很難說「征服了整個的知識界」，但在西漢
後期已經相當流行，則是可以肯定的。這些思想，顯然非相勝的五德
終始說所能容納。

　　相勝說可為征伐式的政權更迭提供理論支援，卻不適合禪讓式的
王朝更替，在這種情況下，讓位給相生的五德終始說就成了歷史的
必然。

　　東漢以來，人們相信，五行相生的古史系統乃劉向及其子劉歆的
發明[540]，目前看來，說劉歆曾系統地闡述過五行相生的五德終始說，

537　《漢書》，第1950-1951、1962頁。

538　劉向：《說苑》，程榮，纂輯：《漢魏叢書》，吉林大學出版社1992年版，第439-441
　　頁。

539　顧頡剛：《禪讓傳說起於墨家考》，呂思勉、童書業：《古史辨》第七冊，上海古籍
　　出版社1982年版，第96頁。

540　《漢書》，第1271頁；荀悅：《前漢紀》卷一，《高祖皇帝紀》，《四部叢刊》史部，
　　民國上海涵芬樓用無錫孫氏小綠天藏明嘉靖本影印，第1頁，第2面；沈約：《宋
　　書》，第259頁；李石：《續博物志》卷一，光緒紀元（1875）夏月湖北崇文書局刻
　　本，第5頁，第2面。班固：《漢書・郊祀志》贊：「劉向父子以為帝出於《震》，故
　　包羲氏始受木德，其後以母傳子，終而復始，自神農、黃帝下歷唐虞三代而漢得
　　火焉。」荀悅：《前漢紀》：「及至劉向父子，乃推五行之運，以子承母，始自伏
　　羲；以迄於漢，宜為火德。其序之也，以為《易》稱帝出乎《震》，故太暭始出乎
　　《震》，為木德，號曰伏羲氏。」沈約：《宋書》：「且五德更王，惟有二家之說，

有遺文可稽。

劉歆曾與王莽同為黃門郎，哀帝崩，王莽專漢政權，劉歆任中壘
大夫、羲和、京兆尹，封紅休侯，考定律曆，著《三統曆譜》，其中
有《世經》一篇，保留在今本《漢書‧律曆志下》，以五行相生順序
重新排列朝代：

> 太昊帝……炮犧繼天而王，為百王先，首德始於木，故為帝太
> 昊。
> 炎帝……以火承木，故為炎帝。教民耕農，故天下號曰神農
> 氏。
> 黃帝……火生土，故為土德。始垂衣裳，有軒冕之服，故天下
> 號曰軒轅氏。
> 少昊帝……土生金，故為金德，天下號曰金天氏。
> 顓頊帝……金生水，故為水德，天下號曰高陽氏。
> 帝嚳……水生木，故為木德，天下號曰高辛氏。
> 唐帝……木生火，故為火德，天下號曰陶唐氏。
> 虞帝……堯嬗以天下，火生土，故為土德。天下號曰有虞氏。
> 伯禹……虞舜嬗以天下。土生金，故為金德。天下號曰夏後
> 氏。
> 成湯……金生水，故為水德。天下號曰商，後曰殷。
> 武王……水生木，故為木德。天下號曰周室。
> 漢高祖皇帝……伐秦繼周，木生火，故為火德。天下號曰漢。
> ……《祭典》曰：「共工氏伯九域。」（師古曰：「《祭典》，即

鄒衍以相勝立體，劉向以相生為義。」李石：《續博物志》：「自古帝王五運之次有
二說，鄒衍以五行相勝為義，劉向則以相生為義。漢魏共尊劉說。」

《禮經・祭法》也。」）言雖有水德，在火木之間，非其序也。任知刑以強，故伯而不王。秦以水德，在周、漢木火之間（師古曰：「志言秦為閏位，亦猶共工不當五德之序。」）[541]。

　　從這段文字可以歸納出以下幾條：第一，太昊伏羲氏「繼天而王」，為百王之先，所謂「繼天」，即「統天」，從此而下，就是天命的正統王朝的傳承序列。由此可知，《世經》把五德終始說從以往的相勝變為相生，正統觀念不但沒有削弱，反而更加增強。第二，從太昊伏羲氏開始，直到漢高祖，德運皆按木火土金水的相生順序，周而復始，循環代謝。這種新的排列方法無視五行德運的施政原則，似乎只關心朝代的更迭。第三，秦仍為水德，夾在周之木德和漢之火德之間，正如共工氏之水德夾在伏羲木德和炎帝火德之間一樣，於相生序列不倫，故定為閏位。這表明，作者一方面否定秦朝的正統地位，另一方面又承認它曾奉行水德政治的歷史，在確定正閏的標準上，缺乏始終如一的原則，表現了左右失據的心態。第四，在前後正統德運之關係上，皆用「生」字，閏統之後，情況少異，炎帝「以火承木」、漢世「伐秦繼周」，似有意跨越閏位，承接木德王朝，有強削歷史之足，以試五行相生說之履的弊竇。第五，於「唐帝」、「虞帝」、「伯禹」之下特注：「讓天下於虞」、「堯嬗以天下」、「讓天下於禹」、「虞舜嬗以天下」，突出相生說與禪讓的一致，有為王朝禪讓張目之嫌。

　　古史系統的五行相生說是否可以稱為五德終始說呢？《漢書・郊祀志》：「劉向父子以為……包羲氏始受木德，其後以母傳子，終而複始，自神農、黃帝下歷唐虞三代而漢得火焉。」[542]《白虎通・五

541　《漢書》，第1011-1023頁。

542　《漢書》，第1270-1271頁。

行》：「五行所以更王何？以其轉相生，故有終始也。」[543]《魏書》載
王旭請東魏帝禪位北齊文宣帝言曰：「五行遞運，有始有終。」[544]這
裡的「五行」，指的是相生說。可見，不論在學術上，還是在實際政
治中，人們都認為五行相生說也是「終而複始」、「有始有終」的，因
此，仍可稱為五德終始說，只不過是變了形的而已。

　　五行相生的五德終始說在古代政治生活和學術思想上均產生了重
大影響。從新莽開始，到趙宋初建，政權嬗遞多採用所謂「禪讓」方
式[545]，不論其具體情況有何差異，大家不約而同地遵循劉歆預設的五
行相生的運次，以證明自己的政權為正統所系。如，王莽即根據漢為
火德，來確定自己的新朝為土德，光武帝劉秀復興漢室，接受西漢末
年的這個成果，自以為火德之運，曹丕篡漢，再一次宣稱用土德接替
漢的火德，此後王朝遞嬗，依次類推，晉為金德，晉朝滅亡後，接續
晉朝的分為南北兩路：南朝一路，劉宋水德，南齊木德，梁火德，陳
土德；北朝一路，拓拔魏水德，北周木德，隋朝火德，唐朝本來是征
伐而起，但唐高祖立隋恭帝，然後又上演了一出禪讓的把戲，德運上
也承接隋朝，為土德，後梁金德，後漢水德，後周木德，趙宋火德。
其間雖有關於某一朝代德運的爭論，但總的來說，在歷史上，這個系
統是得到多數人承認的。如果加上劉歆根據五行相生原則排列的上古
帝王次序，那麼，從太昊伏羲氏木德開始，直到趙宋初建火德[546]，在

543　《白虎通》，光緒紀元（1875）夏月湖北崇文書局刻本。

544　魏收：《魏書》，中華書局1974年版，第314頁。

545　趙翼《廿二史札記》有「禪代」、「魏晉禪代不同」二條，綜述、辨析漢唐間政權
　　　攘奪之史事，可參考，見趙翼著、王樹民校：《廿二史札記校正》，第143-148頁。

546　元明清時期，五德終始說從主流的官方意識形態中游離出來（參見《春秋繁露義
　　　證》卷七《三代改制質文》，第186頁），這是中國古代歷史正統觀的新動向。我們
　　　知道，元明清統一的建立都是在大戰之後，這無法與相生說的五德運轉觀相協
　　　調，而且，隨著歷史理性的進一步覺醒，五德終始說逐漸失去往日的神威，從宋
　　　代開始就受到學者的質疑和批評，這些都會對五德終始說的衰落產生一定的影響。

中國古代的觀念世界中，就形成了四千年一脈相承的王朝遞嬗系統，一部中國史，儼然就是一個正統王朝綿延不絕的煌煌鉅著！

（五）餘論

作為古代正統觀的重要內容，五德終始說對中國古代的政治和學術（包括史學）具有深遠影響，這在以上的論述中可見一斑。

不過，還有兩個理論問題更值得關注。那就是：作為一種歷史觀，五德終始說在中國古代歷史理性發生的過程中，占有怎樣的地位呢？在人類認識史上具有怎樣的特點呢？劉家和先生在《論歷史理性在古代中國的發生》一文中提出：歷史理性在古代中國的發生大致經歷了三個階段，那就是殷周之際與周初的歷史理性，名之曰「以人心為背景的歷史理性的曙光」；西周晚期至秦，「與人心疏離的歷史理性的無情化」；漢代，「天人合一的歷史理性的有情有理化。」[547]如上所述，五德終始說用想像的五種自然力量依次運轉，來說明王朝更迭（歷史變化的重要現象）的根據，這是一種比附的歷史觀，具有自然理性的特徵。其中，相勝說與相生說是不同的，前者支持武力征伐，後者標榜和平授受；前者主張一個朝代戰勝和取代上一個朝代，強調歷史的環環相扣，表現了更多的歷史理性的特點；後者則主張一個朝代的合法地位是從前某個朝代的合法性的延續，它在德運上承接的不必是直接戰勝或取代的那個朝代，因而更多地表現了與道德理性結合的色彩；前者發生在戰國中期，正值道、法思想興盛之時，對第二期歷史理性的無情化，具有推波助瀾的作用；後者則興起於西漢後期，深受第三期歷史理性之有情有理化潮流的推動。從相勝到相生，可以清晰地看出歷史理性從無情化向有情有理化轉變發展的軌跡。

---

547 劉家和：《歷史理性在古代中國的發生》，《史學理論研究》2003年第2期。

　　五德終始說具有自然理性的特徵。我們知道，自然理性以關注自然為主要特徵，在古希臘哲學史上，愛奧尼亞哲學家就是以關注自然著稱的，不過，他們的關注自然，是出於對自然現象的驚異，是以探求自然奧秘為己任的。在古代中國，五德終始說也以關注自然著稱，不過，它的關注自然，目的卻不在自然本身，而是另有所屬，那就是現實政治，就是建構一種歷史觀念，以為現實政治服務。可見，與古希臘的自然哲學相較，由於歷史正統觀的制約，五德終始說的自然理性走的卻是另一條道路。

七　董仲舒《春秋》學的通史精神初探

　　古代中國學術有注重通史的傳統。通史何以可能？除了編纂技巧，某種符合通史特點的理論性條件是絕對不能少的。《史記》是通史的開山之作，它出現在西漢前期。我們知道，司馬遷深受董仲舒《春秋》學的影響。由此看來，研究董仲舒的《春秋》學，對於理解西漢前期學術界與通史特點相關的理論性條件，對於理解《史記》這樣的通史巨著的出現，有著重要的意義。

　　公羊家確信，《春秋》為孔子所作。戰國秦漢間，出現了圍繞著《春秋》及三傳的經學學術活動，後世統稱「《春秋》學」。董仲舒是這個時期的《春秋》學大師，他服膺《公羊傳》。公羊學擅長闡發《春秋》的「微言大義」，在這方面，董仲舒曾作出過重要的貢獻。因而，要想真正理解董仲舒《春秋》學中與通史特點相關的理論特質，就不得不遵循傳統學術的路徑，對董仲舒的相關著作再下一番實在的功夫，這樣或許會有所收穫。

（一）「《春秋》謂『一』為『元』者，示大始而欲正本也」[548]——關於歷史的斷與續

《春秋》開篇曰：「隱西元年，春，王正月」。《左傳》云：「元年，春，王周正月。不書即位，攝也。」《穀梁傳》云：「雖無事必舉正月，謹始也。」《公羊傳》云：「元年者何？君之始年也。春者何？歲之始也。王者孰謂？謂文王也。曷為先言王而後言正月？王正月也。何言乎王正月？大一統也。」[549]《左傳》為史筆，對經文未做過多解釋。《穀梁傳》則指出這段經文有「謹始」的意義，但也僅此而已。只有《公羊傳》以問答方式，從經文中特別挖掘出「大一統」的含義，加以表揚。董仲舒恰恰是沿著《公羊傳》的路數，對經文做逐字逐句的解釋，以闡發他的歷史觀念。

《春秋》所書元年的「元」字有沒有微言大義？除了一個「始」字，《公羊傳》並無更多的說解；而董仲舒卻在《天人三策》和《春秋繁露》中做了比較詳細的解釋。

《天人三策》的第一策指出，「一」是萬物由來的開始，「元」則有「本」的意思。《春秋》把「一」叫做「元」，就是表示要強調開始（即「大始」），而且要端正根本。《春秋》追尋到深處，發現所謂本應從貴者開始，人君最貴，人君正心才是為政的根本。人君正心，朝廷、百官、萬民、四方才能由近及遠相因而正。遠近都統一於正，天人才能和諧，萬方才能來朝，福瑞才能來全，王道的理想才能達成。

548　語出「天人三策」的第一策，見《漢書·董仲舒傳》，第2502頁。「示」今本原作「視」，師古曰：「視讀曰示」；又據《漢紀》武皇帝紀二卷第十一校正。見荀悅撰、張烈點校：《兩漢紀上》，中華書局2002年版，第174-175頁。又見清儒陳卓人（立）：《公羊義疏》一，《續經解春秋類彙編》，第四冊，臺灣藝文印書館印行，第3841頁下左。

549　《春秋公羊傳注疏》隱西元年，何休解詁，徐彥疏，阮元校刻：《十三經注疏》。

可見，在董仲舒看來，《春秋》把「一」叫做「元」，是為了使君主能夠「大始」而「正本」，而所謂「正本」就是「正心」。[550]

這一基本思路，在《春秋繁露‧玉英》篇中也有較為充分的論述。該篇認為，《春秋》之道就是用「元」的深遠來正天時的開始（「春」），用天時的開始來正「王」政的開始（「正月」），用王政的開始來正諸侯的「即位」，用諸侯的即位來正境內的治理。這就是公羊家所謂的「五始」。在董仲舒看來，《春秋》重元，最終應該落腳在國君的即位上，所以，他在接下來的文字中就用《春秋》有關即位的幾則史實和相關的書法予以說明：

其一，隱公三年，《春秋》書「八月，庚辰，宋公和卒。冬十有二月……癸未，葬宋繆公。」《公羊傳》曰：「葬者曷為或日或不日？……當時而日，危不得葬也。此當時，何危爾？」隨後，《公羊傳》就敘說了故事原委：原來，宋宣公臨終時傳位給弟弟繆公，而沒有傳給自己的兒子與夷。繆公臨終時則把君位傳給與夷，而沒有傳給自己的兒子馮。後來，馮殺害與夷自立。公羊家認為《春秋》善讓，但對於這段公案，《公羊傳》則從實際效果的角度，提出了批評：「故君子大居正。宋之禍，宣公為之也。」所謂「君子大居正」，疏云：「君子之人，大其適子居正，不勞違禮而讓庶也。」[551]宋宣公沒有做到，才引起後來的禍亂，因而難辭其咎。董仲舒也認為，這是「非其位而即之，雖受之先君，《春秋》危之」的典型事例，所以，宋宣、繆的所為是違背《春秋》之法的[552]。

其二，襄公二十九年，《春秋》曰：「吳子使札來聘。」據《公羊傳》所記，季札同母兄弟四人，謁、餘祭、夷昧和季札。季札賢。三

---

550 原文較長，載《漢書‧董仲舒傳》，第2502-2503頁，恕不備引。

551 《春秋公羊傳注疏》，阮元校刻：《十三經注疏》。

552 謂宣公繆公的讓是「不中法」。見蘇輿：《春秋繁露義證》，第78頁。

個哥哥為了最終能讓季札即位，便約定兄終弟及。謁死後，餘祭立。
這年餘祭卒，不料，長庶兄僚自立為王，結果被謁之長子公子光（闔
廬）派刺客專諸殺死[553]。這個故事正說明僚「非其位，不受之先君，
而自即之，《春秋》危之」。不過，董仲舒認為，如果能夠「行善得
眾」，那麼《春秋》並不危之。

其三，隱公四年，《春秋》書「冬，十有二月，衛人立晉。」《公
羊傳》曰：「立者何？立者不宜立也。其稱人何？眾立之之辭也。然
則孰立之？石碏立之也。石碏立之，則其稱人何？眾之所欲立也。眾
雖欲立之，其立之非也。」[554]董仲舒指出：同是「不宜立」，宋繆公
受之先君而危，衛宣公弗受先君而不危，這說明「得眾心之為大
安」。

齊桓公和魯桓公的故事也是如此。兩人即位皆非以其道，但齊桓
公能夠知恐懼而憂其憂，所以才能立功名而霸諸侯；魯桓公則忘其憂
而禍及於身。結論：「凡人有憂而不知憂者凶，有憂而深憂之者吉。」
由此可見，董仲舒所謂《春秋》重元，是有具體的歷史依據的[555]。

553　見《春秋公羊傳注疏》，阮元校刻：《十三經注疏》。

554　見《春秋公羊傳注疏》，阮元校刻：《十三經注疏》。

555　原文見《春秋繁露義證・玉英》，第71-72頁。關於《春秋》重元，《王道》篇也有
　　相近論述：《春秋》為什麼要貴「元」？因為元即始，說的是其本的端正。所謂道
　　乃是王道，王乃是人民的根本。王正，就元氣和順，天降祥瑞；王不正，就賊氣
　　並出，天降災異。五帝三王「不敢有君民之心」，他們實行德政，合乎王道，天下
　　就呈現出一派和樂自然的景象（合乎儒道兩家憧憬的至德之世）。桀紂驕溢妄行，
　　結果身遭誅戮，天下大亡。東周以來，禮壞樂崩，災異迭生，孔子作《春秋》，目
　　的就是為了「反王道之本」，這就是貴元。概括起來，元即始，即為政的根本，也
　　即是王道，行王道則天下治，失王道則天下亂，所以為政要貴元，貴元就是貴王
　　道。這就是董仲舒以「元」「正本」的思想。（《王道》，第100-102頁）《二端》篇則
　　提出「貴微重始」乃是《春秋》大義。以天譴明元之深也，所謂元之深，即天譴
　　也。知天譴而修己，則為王者也。《春秋》之所以有災異，端在於「貴微重始」，
　　在於元之深也。（《二端》第155-156頁）說來說去，都是強調《春秋》重元就是要
　　君主正己修身，以為政治的根本。

不過,《玉英》篇有兩個地方是有爭議的,牽涉到對整篇文義的理解,對於這段公案,有必要給予簡要說明。其一,原文有「元者為萬物之本」,「安在乎?乃在乎天地之前」句。蘇輿引俞云:「『乃在乎』三字衍。安在乎天地之前,言不必在天地之前也。《易》曰:『有天地然後有萬物。』聖人之言,未有言及天地之前者。」蘇輿云:「何(休)注言『天地之始』,即本此文。三字非衍,所謂以元統天也。宋周子(敦頤)無極而太極之說,亦本於此。《易》『太極生兩儀』,聖人之道,運本於元,以統天地,為萬物根。人之性命,由天道變化而來,其神氣則根極於元。溯厥胚胎,固在天地先矣。《說文》列『元』字於『天』字前,亦即斯旨。《鶡冠子》『有一而有氣』,宋佃(陸氏)注云:『一者,元氣之始。』由是言之,人本於天,天本於元,元生於一,是故數始於一,萬物之本也。」[556]其二,原文還有「元,猶原也。其義以隨天地終始也」句。蘇輿云:「隱元年注:『變一為元。元者氣也,無形以起,有形以分,造起天地,天地之始也。故上無所系,而使春系之也。』疏引宋氏注云:『元為氣之始,如水之有泉。泉流之原,窺之不見,聽之不聞。』《三統曆》:『元者,體之長也。合三體而為之原,故曰元。』《易緯》:『太初為氣之始。』《春秋緯》:『太一含元布精,乃生陰陽。』劉敞《春秋權衡》云:『元年者,人君也,非太極也。以一為元氣,何當於義?其過在必欲成五始之說,而不究元年之本情也。』按:劉糾何氏。其實何本於董,義當有所受之。但董不言元氣,何足成之耳。至說《春秋》一元之旨,自以對策數語為至純全。此則推元義言之,隨天終始。語又見《符瑞篇》。」[557]

---

556 同上書《玉英》篇,第69頁。
557 同上書《玉英》篇,第68頁。

按《王道》篇有「王正則元氣和順、風雨時、景星見、黃龍西。王不正則上變天，賊氣並見」句[558]，從上下文可以看出，所謂的「元氣」只是作為「大本而重始」在自然界的一個結果，而不是元本身。何休把元年的「元」解釋為「元氣」[559]，大概是受當時學術觀點的影響，用在《公羊傳》上，顯然是誇大了。對此，劉敞的批評是有道理的。俞樾是晚清古文家，當然不會喜歡太極、本原的說法，不過，他斷言「聖人之言，未有言及天地之前者」，則未免有偏絕對。比較而言，董仲舒的理解比較穩妥，也更有哲理意味。他認為「元」就是「本」，「一」則是「萬物之所從始」，「謂一為元」，不過是為了「大始」而「正本」。

把「一」理解為「萬物之所從始」，除了強調以「德教」為本以外，對於歷史研究來說，還有重要的理論意義。「一」是對經驗事實進行抽象的結果，它捨棄了雜多的經驗內容，所以才可表示「萬物之所從始」；同時「一」既然是「萬物之所從始」，那就是說它不止一個，可以是多個，說天地之始為「一」可以，說某物之始為「一」，同樣可以，這樣，「一」就成了「多」。如果把「一」換成「元」，也就是說天地之始可以叫做「元」，萬物之始同樣可以叫做「元」。「一」或「元」本身就包含著一與多的矛盾，矛盾運動就構成了事物的發展過程，或者說「元」本身的內在矛盾，就構成了歷史的無限發展過程。《春秋》二百四十二年，書「元年」者十二，乃魯國十二公即位始年的標記，所謂「元」就是一個歷史階段的開始和前一歷史階段終結的標誌，《春秋》重元，既是對歷史發展階段的重視，又是對歷史無限發展可能的重視。歷史上無數的階段性發展造成其無限發展

---

558 同上書，第100頁。

559 《春秋公羊傳》隱元年，何注：「變一為元。元者氣也，無形以起，有形以分，造起天地，天地之始也。故上無所系，而使春系之也。」 阮元校刻：《十三經注疏》。

的可能，或者說，無限的歷史發展就存在於無數的歷史階段（「斷」）的無限相連（「續」）之中。

（二）《春秋》「大一統」與「通三統」[560]——關於歷史的復與往

以上分析了董重舒對《春秋》隱西元年之「元」所做的解說，揭示出其中包含著的斷與續相統一的歷史觀念，下面來看看他在「王正月」的解說中又有怎樣的歷史思想。其文具見《三代改制質文》，篇幅較長，恕不備引，請逐層擇要解釋：

與《左傳》、《穀梁》不同，《公羊傳》提出「王者孰謂？謂文王也」。董仲舒緊緊抓住這一條，由文王引申為一般的「王者」，即受命而王者，從而對《春秋》「王正月」做了具有創新意義的解釋：既然「王正月」的「王」指的是文王，而文王又是西周受命稱王的第一人，那就是強調「王者必受命而後王」，這樣，《公羊傳》的「大一統」，就必然成為「改正朔，易服色，制禮樂，一統於天下」，就成為「所以明易姓，非繼人，通以己受之於天也」。正因為王者受命，易姓而王，所以要「制此月以應變」，要「作科以奉天地」[561]。這就從形式到內容都注入了一個新的精神：王者受命改制！有了這個精神，隱西元年的「王正月」和《公羊傳》的「大一統」，就從頒行周王正朔，變為王者的「應變」。這就是董仲舒從《公羊傳》中挖掘出的微言大義，它使《春秋》學出現了一個重大的轉機。

「大一統」一旦被賦予「王者受命改制」的精神，就必然造成自我的否定和更迭，就必然使《公羊》學朝著新的革命的方向前進。董仲舒以「通三統」為代表的「復」的思想，就是這種發展的重要成果。

---

560 後者語出《春秋繁露・三代改制質文》。
561 原文載《春秋繁露義證・三代改制質文》，第184-185頁。。

什麼是「王者改制作科」？「科」即條、目，指具體的統治規範。所謂「一統」，即「改制作科」在曆法上的表現，也就是改正朔。每年十二個月，每月一種顏色，每種新的曆法都依其相應正月的顏色（正色）而定，這叫做「正」。但「正」的更迭不是無限的，只能是從當下向以往逆推三次再回到原位。這就叫「三而複」，這樣，「一統」就變成了「三統」，分別由當下和以往共三個王朝擔當。這三個王朝之前的王者就被從先前的「三統」中排除出去，「絀」為「五帝」，而五帝的第一位，則絀為「九皇」，第二位上升為第一位，向後順數到五為限，這就叫做「五而複」。禮樂各象其宜，順數四而相複（詳見下文）。皆作國號，遷宮邑，改官名，制禮作樂。揆諸歷史，湯受命而王，根據天命把國號從夏變為商，以當白統；以夏為親，以虞為故（即以虞、夏、商為「三代」）；絀唐堯為五帝，叫做「帝堯」；以神農為五帝之首，稱「赤帝」；相應的，定都於下洛之陽，宰相叫尹，以《濩樂》為國樂，禮尚質。文王受命而王，把國號從殷變為周，以當赤統，以殷為親，以夏為故（即以夏、商、周為三代）；絀虞舜為五帝，叫做帝舜；以軒轅為五帝之首，叫做「黃帝」；把神農推為九皇；相應的，定都於豐，相稱宰，以《武樂》為國樂，禮尚文……《春秋》時當黑統，以魯國為新王，絀夏為五帝，叫做帝禹；以周為親，以宋（殷後）為故[562]（即以殷、周、魯為三代，這就是後來何休概括的「一科三旨」的內容。[563]），以《招武》為國樂……[564]

---

562 《左傳》僖公二十四年：「宋及楚平，宋成公如楚，還，入於鄭，鄭伯將享之，問禮於皇武子，對曰：『宋，先代之後也，于周為客。天子有事，膰焉；有喪，拜焉。豐厚可也。』鄭伯從之，享宋公有加，禮也。」如果這段記載屬實，那麼，《公羊傳》的三統說就是有歷史根據的。

563 據徐彥《公羊注疏》引何休《春秋文諡例》，見《春秋公羊傳注疏》卷一，阮元校刻：《十三經注疏》。

564 「今《春秋》緣魯以言王義。」《春秋繁露義證·奉本》，第279頁。

　　這段文字包含著重要的歷史思想，基本思路是這樣的：歷史的動因是王者應天改制，新朝代要改變國號、官制、禮樂，對前兩個朝代要由近及遠親之故之，三個朝代各順時依次當黑白赤三色之一，這就是「三統」。再向前逆推，第四個王朝則由「三王」絀為「五帝」，稱「帝某」，而五帝之首的「帝某」則推為「九皇」（「九皇」之首的古代帝王則歸為「民」，是為「九而複」）。而向後順推，每一新王朝莫不如此。總之，黑白赤三統持續更迭，相應地，「五帝」、「九皇」的某些特徵也應該是循環的，這就是「五而複」、「九而複」。

　　三統說在《春秋》經文中能否找到證明呢？董仲舒給予了肯定的回答。據他說，按《春秋》之義，王者之後，應該書公，可事實上，杞國君主卻只書伯、書子（按公羊之義，《春秋》制爵三等，公、侯之外，合伯子男為一等），這就是《春秋》絀夏，錄其後以小國的明證，也就是「通三統」的明證。

　　董仲舒的這個歷史發展觀有怎樣的根據呢？或者說，「統」變換的根據是什麼？而且為什麼是三呢？

　　根據以上所述，可知，三統轉移的內在根據就在於「大一統」受命改制的根本大義上面。當然，三統之所以為三，則與三正相關。為什麼是三正？這與天文、曆法、節氣、物候這些自然條件有關。所謂黑統，以建寅之月即立春所在之月為歲首。本月，植物萌發，根部呈黑色；按照天人相應的規則，以此月為歲首的王朝，舉行重大禮儀時，禮器法物都要用黑色。所謂白統，即以建丑之月為歲首。此月，植物始發芽，根呈白色。以此月為歲首的王朝，禮器法物都要用白色。所謂赤統，即以建子之月即冬至所在之月為歲首。此月，植物始動，根呈赤色。以此月為歲首的王朝，禮器法物用赤色。三者各自的禮儀法度施政各隨其統而有變化。從天文曆法的角度說，以冬至月為歲首（即建子之月）最有根據，太陽回歸年恰於此月終始。而從農業

生產的角度說，以立春所在之月（即建寅之月）為歲首同樣也有道
理。因為從本月開始，中原地區開始進入春耕季節，這也意味著華夏
人民一年的生活週期從這個月開始了。三正恰好在這兩個月份之間。
由此可見，三統說有實際的根據，這是一種理性的說明。

　　不過，在政治和自然兩者之間，董仲舒當然更看重前者。他說：
「三統之變」是由「三代改正，必以三統天下」造成的。所謂「法天
奉本，執端要以統天下，朝諸侯也。」「其謂統三正者，曰：正者，
正也，統致其氣，萬物皆應，而正統正，其餘皆正，凡歲之要，在正
月也。法正之道，正本而末應，正內而外應，動作舉措，靡不變化隨
從，可謂法正也。」總之，由大一統到通三統，其內在契機就在於
「王正月」。這是董仲舒認識到的原因。

　　除了上面所說的「三而複」、「五而複」、「九而複」以外，董仲舒
還有「四而複」和「再而複」之說：

　　所謂「四而複」，即「王者以制，一商一夏，一質一文」，或者叫
做「主天法商、主地法夏、主天法質、主地法文」。仔細核對文字，
可知，「主天法商」與「主天法質」大同小異：例如：前者「其道佚
陽，親親而多仁樸。故立嗣予子，篤母弟，妾以子貴。昏冠之禮，字
子以父。別眇夫婦，對坐而食，喪禮別葬，祭禮先膟，夫妻昭穆別
位。制爵三等，祿士二品。制郊官明堂員，其屋高嚴侈員，惟祭器
員。玉厚九分，白藻五絲，衣制大上，首服嚴員。鸞輿尊蓋，法天列
象，垂四鸞。樂載鼓，用錫儛，儛溢員。先毛血而後用聲。正刑多
隱，親戚多諱，封禪於尚位。」後者只在「祭禮先嘉疏」、「制郊宮明
堂內員外槶」、「其屋如倚靡員槶」、「祭器槶」、「玉厚七分」、「白藻三
絲」、「衣長前衽」、「首服員轉」、「樂程鼓」、「用羽竽儛」、「儛益
槶」、「先用玉聲而後烹」等瑣屑的儀節上有很小的形制、數量差異以
外，在治道、宗法、禮制、喪俗、祭祀、爵制、官職、刑法等大節上

完全相同。「主地法夏」與「主地法質」也是一樣。比如，前者「其道進陰，尊尊而多義節。故立嗣與孫，篤世子，妾不以子稱貴號。昏冠之禮，字子以母。別眇夫婦，同坐而食，喪禮合葬，祭禮先享，婦從夫為昭穆。制爵五等，祿士三品。制郊宮明堂方，其屋卑污方，祭器方。玉厚八分，白藻四絲，衣制大下，首服卑退。法地周象載，垂二鸞。樂設鼓，用纖施俠，俠益方。先享而後用聲。正刑天法，封壇於下位。」後者也只是在「祭禮先稆鬯、制郊宮明堂內方外衡、其屋習而衡、祭器衡同、作秩機、玉厚六分、白藻三絲、衣長後衽、首服習而垂流、鸞輿卑、樂縣鼓、用《萬舞》、俠溢衡」等細節上有所差異外，重要的內容幾乎全同。由此可見，所謂「四而複」幾乎可用「再而複」來表現。

那麼，「四而複」或「再而複」是怎樣「複」的呢？

這裡仍是用虞、夏、商、周四代歷史予以說明。但卻有一個重要觀點，那就是：「四法如四時然，終而複始，窮則反本」。

仔細分析，可以發現，董仲舒闡明的這許多的「複」，是有所不同的，可大致分為兩類。其一，以「改正朔，易服色」為標準，「三而複」、「五而複」、「九而複」……歸入一類，形成相互連接的不同階段，由今而古，直至無窮。其二，以陰陽、質文為標準，「四而複」、「再而複」歸入一類。兩者內部都是循環的，而且像四時那樣，終而複始，窮則反本，從古至今，可貫穿各個歷史階段。以「三統」（「三而複」）為代表的前一種循環，與禮法制度關係密切，更多地表現了時代的宗法精神，相對來說更顯出具體的歷史色彩；而以「質文」（「再而複」）為代表的後一種循環，則表現了施政的精神氣質，表現出一定的理論色彩。無論如何，它們在以下意義上可以統一起來：歷史必將在王者改制的多重循環（復）中無限地發展（往）下去。正如董仲舒所言：「《春秋》大一統，天地之常經，古今之通誼（義）

也。」[565]「複」原於「大一統」，相應的，也就成了「天地之常經，古今之通誼」。

（三）「《春秋》分十二世以為三等」與「內其國而外諸夏，內諸夏而外夷狄」[566]——關於歷史的橫與縱

在董仲舒看來，《春秋》二百四十二年也是可以劃分為階段的。董仲舒有所謂「《春秋》分十二世以為三等」與「世逾近而言逾謹」之說，其中同樣包含著重要的歷史意義。

按《楚莊王》之文[567]，《春秋》二百四十二年就被劃分成三個階段，「有見」三世，哀、定、昭，共六十一年；「有聞」四世，襄、成、文、宣，八十五年；「有傳聞」五世，僖、閔、莊、桓、隱，九十六年。這就是何休所謂二科六旨的「張三世」的內容。

按何休的解釋，所謂「有見」是說孔子本人與父親生活的時代，「有聞」是孔子祖父的時代，「有傳聞」是孔子的高祖曾祖時代。這是以孔子為標準，從後向前劃分的。為什麼要這樣劃分？原來是由書法也就是禮法決定的。

按公羊家法，在「所見」之世，《春秋》書法要「微其辭」。比如昭公二十五年（前517），魯昭公借季氏與諸大夫內亂，欲除掉季平子，結果反被三桓趕走，流亡齊國。《春秋》書曰：「秋七月，上辛，大雩；季辛，又雩。」《公羊傳》曰：「又雩者何？又雩者，聚眾以逐季氏也。」按照《公羊傳》的解釋，所謂「又雩」就是《春秋》對這段公案的隱諱的書法。這一年，孔子三十五歲，當在魯國（見《孔子世家》）。董仲舒認為，所謂「又雩」就是孔子以「微其辭」的書法記

565　《漢書・董仲舒傳》，第2523頁。

566　語出《春秋繁露》的《楚莊王》和《王道》篇。

567　《春秋繁露義證・楚莊王》，第10-13頁。

錄這段公案的文字。為什麼要「微其辭」？司馬遷認為「孔氏著《春秋》，隱桓之間則章，至定哀之際則微，為其切當世之文而罔褒，忌諱之辭也。」[568]應該有所本。

在「所聞」之世，《春秋》書法要「痛其禍」。例如文公十八年（前609，孔子出生前58年），魯文公卒，嫡長公子赤（《左傳》作「惡」）即位，襄仲以齊為援，弒赤而立宣公。《春秋》書曰「冬十月，子卒。」不提弒君，也不標明具體日期，《公羊傳》曰：「子卒者孰謂？謂子赤也。何以不日？隱之也。何隱爾？弒也。弒則何以不日？不忍言也。」董仲舒認為，之所以不忍書日，就是因為「痛其禍」。

在「傳聞」之世，《春秋》書法要「殺其恩」。例如莊公三十二年（前662，孔子出生前101年），莊公卒，太子般即位，被慶父指使圉人犖殺害，《春秋》書曰「冬十月乙未子般卒」，雖同樣隱諱被殺情節，但卻明確記載了日期，董仲舒認為這就是「殺其恩」。據後來何休解釋，「所見之世，臣子恩其君父尤厚，故多微辭是也。所聞之世，恩王父少殺……所傳聞之世，恩高祖曾祖又少殺，故子赤卒不日，子般卒日是也。」[569]

董仲舒認為，《春秋》書法的這種「屈伸」、「詳略」都是由親情遠近來決定的，這就叫做「與情俱也」。在這個標準下，以近的為近，遠的為遠，親的為親，疏的為疏，貴的為貴，賤的為賤，重的為重，輕的為輕，厚的為厚，薄的為薄，善的為善，惡的為惡，陽的為陽，陰的為陰，白的為白，黑的為黑，這就叫做「百物皆有合偶，偶之合之，仇之匹之」，這樣才叫做「善」。總之，根據這個道理，《春

---

568 《史記・匈奴列傳贊》，第2919頁。
569 《春秋公羊傳注疏》桓二年注，阮元校刻：《十三經注疏》。

秋》必然是「世逾近而言逾謹矣」。

　　這段話包含著這樣一個歷史觀念，即不同歷史階段之所以有相應不同的歷史撰述，這是由血緣關係的遠近親疏決定的。其實，對於任何時代的人來說，都是時間近的親近者多一些，關係也要複雜些，時間遠的則親近著相對較少些，關係也較為簡單些。考慮到宗法關係這個因素，那麼在歷史撰述中，遠的就可以詳細去寫，近的反倒要簡略。董仲舒所說的「世逾近而言逾謹矣」就屬於這種情況。此外，這裡似乎又透露出以下的思想傾向，即縱向的歷史發展與橫向的社會交往有著某種內在聯繫。這個道理在《春秋》天子諸侯的君臣大義上表現得更為明顯。

　　例如《春秋繁露·王道》篇[570]，先從《春秋》大義說起，天子祭天地，諸侯祭社稷，即土神穀神，祭祀山川也只限於本國境內，不得專封、專討、專執，不得僭約天子之禮。接著又說到諸侯繼嗣問題。最後說到目的是為了「親近以來遠」。結論是「內其國而外諸夏，內諸夏而外夷狄，言自近者始也」。這就是三科九旨的「異內外」的內容。這是從政治上強調了橫向的關係。對諸侯而言，在本國與諸夏的關係上，先要「內其國而外諸夏」；而在諸夏與夷狄的關係上，則要「內諸夏而外夷狄」，如果再上升一步，就達到王道的境界，因為天地之間即天下天子唯大，「其國」、「諸夏」、「夷狄」都生活在天下，對於王者而言，天下為一，但此一並非單純的一，無差別的一，而是一統，即是由「其國」到「諸夏」，由「諸夏」到「夷狄」，分層次、逐層外推而形成的一，是由多到一的一，是一與多的統一。遠近的差別與其說是種族和血統上的，毋寧說是文化上的，所謂近者其實是華夏化的和文明化的，所謂遠者其實是粗鄙和野蠻，這樣由內而外、由

---

570 《春秋繁露義證·王道》，第112-116頁。

近及遠的橫向的擴展，都是在時間的縱向延續中實現的，恰是文明和
文化發展的歷史樣式。

（四）「《春秋》無通辭，從變而移」[571]——關於歷史的變
　　與常

　　《春秋》是斷代編年，但在公羊家看來，其大義卻不限於二百四
十二年，即使是具體的史事，在書法上也是有例有義，所謂義例都可
突破斷代的局限，適用於一切歷史的。而且，越是關乎核心的觀念越
是具有這種普遍性，直至成為萬世大法。其中的道理何在呢？董仲舒
有沒有更為深入的思考呢？

　　按《精華》篇[572]，在董仲舒看來，《春秋》之所以能夠「道往而
明來」，有一個必要的前提，那就是「得一端而多連之，見一空而博
貫之」。比如，看到魯國如此，就會知道他國也如此，看到他國如
此，就會知道天下莫不如此。這就叫做「連而貫之」。認為，有了這
一條，就會知道，不論天下古今，無往而不如此。該篇以是否任用賢
人來說明連而貫之的普遍道理。當然，「連而貫之」必須有一個前
提，那就是人與人、國與國、「往古」與「來今」必須有所同，否則
就不能「連而貫之」，就不能「明」。那麼，有哪些東西是同的呢？同
與異有何關係呢？

　　據《竹林》篇[573]，董仲舒認為，《春秋》對待具體的某人、某國
是「無通辭」且「從變而移」的。比如，「不予夷狄而予中國為禮」，
這本是《春秋》的一條常辭。但這裡的「夷狄」和「中國」卻不是固
定不變的。晉為中原霸主，曾肩負尊王攘夷、保衛華夏文化之重任；

---

571 語出《春秋繁露・竹林》，《精華》作：「《春秋》無達辭」，義同。
572 《春秋繁露義證・精華》，第96-98頁。
573 《春秋繁露義證・竹林》，第46-51頁。

楚是「蠻夷」，長期作為中原敵人而存在。但《春秋》在記載邲之戰時，卻貶晉為夷狄，褒楚為君子，董仲舒把這叫做「移其辭以從其事」。為什麼呢？這是因為楚莊王舍鄭，有可貴之美，晉人卻不知其善，而欲擊之。所救已解，卻還要與楚交戰，這叫做「無善善之心，而輕救民之意」，所以《春秋》批評晉國。可見，決定《春秋》褒貶的根本的東西是民，是愛民、重民，是任德不任力的仁愛之心，這就是《春秋》大義，就是常。這樣，《春秋》在辭的後面，又有了一層更根本的東西，董仲舒把它叫做「指」，相當與今天所謂的「意義」。同理，對待戰爭，《春秋》批評詐戰，表揚偏戰，但比之不戰，則又批評偏戰。相對於他者而言相應的本質，故一事會有多重本質。理論的辯證性和深刻性，於此可見一斑矣。《春秋》以愛人為「指」，所以「見其指者，不任其辭」，只有「不任其辭」，才「可與適道」。可見，在董仲舒看來，只有把握了「指」，才能適道，這種情況下就可不任其辭。這「指」其實就是愛民、重民的大道，大道是變化的，「指」也是變化的，因而《春秋》之辭，也就是可變的。以下幾例，更能說明問題。

據宣公十五年《公羊傳》所記，楚圍宋，司馬子反奉莊王之命前往宋城窺探軍情，與宋華元相見後得知宋國軍民饑餒，易子而食，析骸而炊，大為不忍，遂將楚軍只有七日軍糧的實情告訴華元，並促使鄭楚和談成功。董仲舒認為，按《春秋》常義，這叫人臣外交，犯了專政、擅名之忌，罪不容誅。可《春秋》卻偏偏表揚了他。這是為什麼呢？就是因為他有惻隱之心。批評者對此大為不解。董仲舒則認為，《春秋》之道本來有常有變，准以常義，子反的行為的確是不合適的，是一種變故，不過，這種變卻合乎人情，合乎仁愛之本性，這是更深一層的大道，是更深一層的常。比之於禮文之常來，這毋寧是一種仁質之常，是更根本的東西，為了這種質，就無須拘泥於文。這

就叫做「當仁不讓」啊。因此董仲舒呼籲，不要以「平定之常義，疑變故之大則」！[574]這是董氏經權思想的體現，它表明歷史評價中不但要看是否符合常義（又作「經禮」），更要看是否符合質仁。兩者相較，後者更為根本。董氏之所以對常與變有這樣深的理解，還與他對宇宙人生的最終根據的思考相關，這在他的《春秋》學中同樣有充分的表現。

董仲舒以為，《春秋》雖講王者改制，但改的只是禮文，是形式，目的是表明受命於天，易姓更王，所謂定新都、更名號、改正朔、易服色，是因為不敢不遵從天的意志以自我張揚，表示對天的敬畏和遵從。至於大綱、人倫、道理、政治、教化、習俗、文義則一仍其故，是不能改變的，因為這些東西包含著一個最基本的精神，那就是仁愛之心，這才是真正的大道。正因為如此，《春秋》才有「善復古，譏易常，欲其法先王」的宗旨。其實，道及其代表的仁愛本性，是不可隨意改變的終極之常；而禮這些社會規範只是仁愛本性在各個時代的某種表現，隨著時世的變遷，它們可能會與道發生脫離甚至齟齬，因而是可以而且應該隨時改變的。[575]由此可見，董仲舒所謂的「王者有改制之名，無易道之實」，並不意味著他只主張做改良的表面文章，而不贊成實質上的社會變革，而是說，他既主張改制，更追求政治改革的仁愛本質，比起前者來，後者更重要，如此而已！

相信天志，很容易走向災異說，古今中外大抵如此。《春秋》記錄災異，三傳中往往是《公羊傳》反映最為靈敏，董仲舒則做了更為系統的理論化工作（見《漢書・五行志》、《春秋繁露・必仁且智》等）。他認為，仁愛乃上天所確立的古今不易之道，《春秋》「變古易

---

574 《春秋繁露義證・竹林》，第51-55頁。
575 《春秋繁露義證・楚莊王》，第14-19頁。

常，而災立至。」（《順命》）這又從反面說明，天人之際、古今之變，要害就在仁義及其背後的天命或道上頭。所謂天命或道，就是仁愛這個人類共同的本質。「天不變，道亦不變」，不論何時，只要還是這個天下，仁愛的本質就不能改變。

　　總之，在董仲舒看來，作為事實的歷史有變有常：禮儀節文是可變的，仁愛的天道則是不可隨意改變的。這與孔子三代損益的歷史觀念是一致的。作為記錄的歷史同樣有變有常，但意義卻看似相反：常指常義（或「經禮」），即常規的禮法，在通常情況下是應該遵守的；變指變故（或「應變」），即變通的做法，就是在某種特殊情況下有違常義但卻合乎人性和天道的做法。前者表現了客觀歷史的變與常的統一，構成了歷史發展的基本樣式。後者雖以歷史評價的面貌出現，實際上卻更加深刻地揭示了一個道理：歷史正是在對常義的突破中不斷前進的。由此，人們似乎可以在變故中看出更根本的常道來，那就是仁愛的天道。這種主客統一意義上的歷史觀念又從更深層次上回復到變與常相統一的基本樣式。這就是董仲舒對歷史進步作出的更加意味深長的解說。

（五）結語：董仲舒《春秋》學的通史精神

　　由以上四節可知，董仲舒的《春秋》學的確有與通史相關的理論思考，我們力圖按照傳統學術的路數走進去，做了一番解讀，不過，在史學理論發展的歷史上，究竟應該作出怎樣的定性，看來還需借助更加精確的尺度。業師劉家和先生對中國古代通史傳統的研究，就提供了非常有價值的尺度。

　　通過比較研究，劉先生發現，西方史學有普世史的傳統，中國史學有通史的傳統。他指出：「普世史固然必須以時間為經，但其重點卻在共時性的普世的空間之緯；通史固然必須以空間為緯，但其重點

卻在歷時性的時間之經。」通史的基本精神，就是時間上的連續性。
再進一步，用司馬遷的話說，就是「通古今之變」。所謂「通古今之
變」，一方面是說「古今有變而又相通」，表現出古今歷時性縱向之
通；另一方面，「縱向的歷時性的發展與橫向的共時性的變化是一而
二，二而一的」；「古今縱向歷時性之變，正是這些內外橫向共時性之
變的結果；而一切時代的橫向的共時性的結構，又正是縱向的歷時性
發展的產物」[576]。根據這個尺度，可以斷定，董仲舒在他的《春秋》
學中對斷與續、復與往、橫與縱、變與常之關係的辯證思考，恰恰體
現了這樣的通史精神。

　　回到具體的歷史情境中，董仲舒《春秋》學所闡發的這種通史精
神，究竟有怎樣的歷史意義（significance）呢？

　　義大利哲學家克羅奇（Benedetto Croce）有一句名言：「一切歷
史都是當代史。」它的意思是說，「只有對當下生活的興趣才會促使
人們去探索過去的事實」[577]。當代性乃所有歷史的內在特質[578]。所謂
當代性（contemporaneity），即對當下生活的興趣、思考、經驗和理
解。編年所缺的，恰恰是這種當代性。正是在這個意義上，克羅奇才
說：「歷史是活的編年，編年是死的歷史。」不過，克羅奇仍相信，
死的歷史（即編年）也會復活，過去的歷史（此處指編年）也會成為
當下的歷史，如今對於我們已成為編年的許多緘默的檔也會開口說
話，但原則只有一個，那就是精神，只有精神才是歷史，才是使歷史

---

576 劉家和：《論通史》，載《史學史研究》2002年第4期，後收入《史學經學與思
　　想——在世界史背景下對於中國古代歷史文化的思考》，北京師範大學出版社2005
　　年版，第90-103頁。

577 Benedetto Croce, History: Its Theory and Practice, Authorized Translation by Douglas
　　Ainslie, Harcourt, Brace and Company, 1923. p.12.

578 Ibid, p.14.

在它存在的每一個階段都成為歷史的那個東西[579]。

　　從體例上看，《春秋》當然是編年之作，不過，當初卻未必沒有「當代性」，即「對當下生活的興趣、思考、經驗和理解」。也就是說，《春秋》曾經未必不是一部活的歷史。但它畢竟書缺簡脫，義例難通。古人曾有「斷爛朝報」的譏訟，可見有「死的歷史」之嫌。《公羊傳》曾以某種時代精神對《春秋》做了解釋，卻未能充分地挖掘出它的「當代性」，因而意義是有限的。只有到了董仲舒，才真正為《春秋》灌注了強大的通史精神，他的努力從總體上可以讓《春秋》二百四十二年脫離「死的歷史」的陰影，成為煥發著通史精神的「活的編年」。

　　有了這樣的通史精神，西漢前期能夠產生《史記》這樣的通史巨著，當然就不是不可理解的了。

八　論何休《公羊解詁》的歷史哲學

　　歷史哲學（philosophy of history）原是一個西方術語，按照目前學術界通行的用法，既可指關於過去發生的歷史的哲學思考，也可指對歷史研究的哲學思考，西方學者一般把前者叫做「思辨的歷史哲學」（speculative philosophy of history），後者叫做「分析的或批判的歷史哲學」（analytical or critical philosophy of history）[580]；國內學術

579　只是大意，原文見Ibid, pp. 24-25.

580　參見Paul Edwards, ed., The Encyclopedia of Philosophy, Volume 6, Philosophy of History 條，作者W. H. Dray (德雷), Macmillan Publishing Co., Inc. and Free Press, New York, Collier Macmillan Publishers, London, p. 247。又見〔英〕沃爾什：《歷史哲學導論》，何兆武、張文傑譯，第一章，廣西師範大學出版社2001年版，6-20頁。

界一般傾向於稱前者為歷史理論,後者為史學理論[581]。本文大體在前一種意義上使用這個概念。不過,在這個意義上,學術界仍有兩種不同的理解。一種是廣義的,即關於歷史發展的一般陳述或哲學思考;另一種是狹義的,即認為:歷史哲學是指關於「歷史遵循某種理性模式,為實現某種計畫或受某種普遍和必然規律所支配而發展」的整體觀點,這種觀念認為「人類歷史朝著一個目標發展,這目標只能在歷史之中並通過歷史來實現」,「歷史並非一系列的循環,而是朝著一個終極目標向前發展的過程」[582]。本文是在後一種意義上使用這個概念。之所以這樣做,是因為它可以比較鮮明地標示出研究物件的認識水準和特點。

就西方學術傳統而言,古希臘具有實質主義傾向的思想家否認歷史規律的存在[583];中世紀的奧古斯丁(St. Augustine, 354-430)雖然承認歷史規律,但卻受非歷史的目的論所支配[584];維柯(Giambattista Vico, 1668-1744)認為歷史是人類創造的、是有規律、分階段的社會進步過程,這種思想合乎狹義歷史哲學概念的基本內涵,所以學術界一般認為,西方歷史哲學始於維柯[585]。

何休在古代中國歷史思想的發展歷程中占有重要的地位,我們之所以要選用狹義的歷史哲學概念,目的正是為了借重這個概念的內在構成,準確把握何休歷史思想的理論特點和歷史地位。

---

581 何兆武:《歷史理論與史學理論──近現代西方史學著作選》,《編者序言》,商務印書館1999年版,第1頁。

582 Frederick Copleston, S. J., A History of Philosophy, Image Books, A Division of Doubleday &Company, INC. Garden City, New York, 1960. pp. 150,151.

583 〔英〕柯林武德:《歷史的觀念》,何兆武、張文傑譯,第80頁。

584 The Encyclopedia of Philosophy, Volume 6, Philosophy of History條,pp.250-251.

585 〔英〕柯林武德:《歷史的觀念》,何兆武、張文傑譯,第108-118頁,譯序17頁。

（一）「三世」說

何休（129-182），字邵公，東漢任城樊（今山東省濟寧市東）人，為人質樸訥口，卻雅有心思，精研六經，顯名當世，應太傅陳藩征辟，參與政事，後遭黨錮之禍，閉門覃思，十七年，完成《春秋公羊傳解詁》（以下簡稱《公羊解詁》或《解詁》）[586]。《公羊解詁》是何休的代表作，也是集公羊學之大成的著作。在書中，何休通過注解《公羊傳》，特別是通過對春秋二百四十二年的階段分析，闡述了對歷史的看法。

何休的歷史思想直接表現為「三世」說，該說系將「三科九旨」運用於歷史領域的理論成果。據徐彥《公羊注疏》引何休《春秋文謚例》云：

> 三科九旨者，新周、故宋、以《春秋》當新王，此一科三旨也。又云所見異辭，所聞異辭，所傳聞異辭，二科六旨也。又內其國而外諸夏，內諸夏而外夷狄，是三科九旨也。[587]

公羊家以為，「三科」是孔子作《春秋》遵循的「存三統」、「張三世」、「異內外」的三個原則。所謂「九旨」，是指三個原則及所包含的九個方面的要旨。其中「二科六旨」、「三科九旨」出自《公羊傳》，「一科三旨」則是何休根據董仲舒「通三統」說提煉出來的。「三科九旨」是何休思想體系的基本框架，也是其歷史理論的核心內容。在「三科九旨」中「張三世」又居於核心地位，何休幾乎把《春秋》的所有「書法」原則全部納入三世說的框架之中加以說明。三世說最集中地體現了何休的歷史理論。

---

586 範曄：《後漢書·儒林列傳》，中華書局1965年版，第2582-2583頁。
587 《春秋公羊傳注疏》卷一，阮元校刻：《十三經注疏》。

1 三世說

　　三世說係對《公羊傳》二科六旨「所見異辭，所聞異辭，所傳聞異辭」的闡發。

　　《公羊傳》三次提到這段話。《春秋》隱西元年：「公子益師卒。」《公羊傳》解釋說：「何以不日？遠也。所見異辭，所聞異辭，所傳聞異辭。」[588]《春秋》桓公二年：「三月，公會齊侯、陳侯、鄭伯於稷，以成宋亂。」《公羊傳》說：「內大惡諱。此其目言之何？遠也。所見異辭，所聞異辭，所傳聞異辭。」[589]《公羊傳》哀公十四年：「《春秋》何以始乎隱？祖之遺聞也。所見異辭，所聞異辭，所傳聞異辭。」[590]《公羊傳》認為，孔子作《春秋》，所記二百四十二年的歷史可分為「所見」（指孔子親自見到）、「所聞」（指孔子聽說）和「所傳聞」（指孔子聽前人傳述）三個時段，各個時段的史事記載有所謂「異辭」（措詞不同，或曰「書法」不同）。

　　西漢公羊學大師董仲舒發展了這個說法：

> 　　《春秋》分十二世（即十二公）以為三等：有見、有聞、有傳聞。有見三世，有聞四世，有傳聞五世。故哀、定、昭，君子之所見也。襄、成、文、宣，君子之所聞也。僖、閔、莊、桓、隱，君子之所傳聞也。所見六十一年，所聞八十五年，所傳聞九十六年。於所見微其辭，於所聞痛其禍，於傳聞殺其恩，與情俱也。（《春秋繁露·楚莊王》）[591]

---

588 《春秋公羊傳注疏》卷一，阮元校刻：《十三經注疏》。
589 《春秋公羊傳注疏》卷四，阮元校刻：《十三經注疏》。
590 《春秋公羊傳注疏》卷二八，阮元校刻：《十三經注疏》。
591 蘇輿：《春秋繁露義證》卷一，第9-10頁。

　　「三等」是指時間、書法、恩情有三個等級差別。在時間上，以孔子為起點，向前追溯，可以分為「有見」、「有聞」、「有傳聞」三個時段；在書法上，對三個時段的史事記載依次有「微」、「痛」、「殺」三種表述；在恩情上，由近及遠，有由親到疏的變化。董仲舒把春秋十二公分置於三個時段，並統計了每一時段的具體時間，指出三個時段之所以「異辭」是根據時間遠近、恩情薄厚決定的。不過，他沒有明確提出「三世」的概念，更沒有說明三個時段在春秋歷史上的地位，他所關心的還只是「異辭」，並未涉及歷史發展階段問題。不過，這些為何休三世說的提出，奠定了學術基礎。

　　何休《公羊解詁》有多處論及三世說（見《公羊解詁》隱西元年、宣公十一年、昭公六年、昭公三十年、哀公十四年等），最有代表性的要數對隱西元年「所見異辭，所聞異辭，所傳聞異辭」的闡釋，現將全文迻錄於下：

> 所見者，謂昭、定、哀，己與父時事也。所聞者，謂文、宣、成、襄，王父時事也。所傳聞者，謂隱、桓、莊、閔、僖，高祖、曾祖時事也。異辭者，見恩有厚薄，義有深淺，時恩衰義缺，將將以理人倫，序人類，因制治亂之法。故於所見之世，恩己與父之臣尤深，大夫卒，有罪無罪皆日錄之，「丙申，季孫隱如卒」是也。於所聞之世，王父之臣恩少殺，大夫卒，無罪者日錄，有罪者不日，略之，「叔孫得臣卒」是也。於所傳聞之世，高祖、曾祖之臣恩淺，大夫卒，有罪無罪皆不日，略之也，「公子益師、無駭卒」是也。於所傳聞之世，見治起於衰亂之中，用心尚粗觕，故內其國而外諸夏，先詳內而後治外。錄大略小，內小惡書，外小惡不書。大國有大夫，小國略稱人；內離會書，外離會不書是也。於所聞之世，見治昇平，

內諸夏而外夷狄，書外離會，小國有大夫。宣十一年秋「晉侯會狄於攢函」，襄二十三年「邾婁鼽我來奔」是也。至所見之世，著治大平，夷狄進至於爵，天下遠近小大若一，用心尤深而詳，故崇仁義，譏二名。晉魏曼多，仲孫何忌是也。所以三世者，禮，為父母三年，為祖父母期，為曾祖父母齊衰三月。立愛自親始，故《春秋》據哀錄隱，上治祖禰，所以二百四十二年者，取法十二公，天數備足，著治法式，又因周道始壞，絕於惠、隱之際。主所以卒大夫者，明君當隱痛之也。君敬臣則臣自重，君愛臣則臣自盡。公子者氏也，益師者名也，諸侯之子稱公子，公子之子稱公孫。[592]

由以上這番話可以看出何休的三世說對公羊學作出了重大貢獻，特別是在歷史思想上取得重要突破，具體言之，可以歸納為以下幾點：

第一，在董仲舒的基礎上，把作為《春秋》書法的異辭問題，發展為純粹的歷史思考，將春秋二百四十二年的歷史劃分為「所傳聞世」、「所聞世」、「所見世」三個階段，並正式命名為「三世」，甚至用「衰亂」、「昇平」、「大平」來概括三世治亂的特點。

第二，詳細說明了「三世」在統一局面、文明程度、國家以及「天下」治理等方面的不同。例如，「於所傳聞之世，見治起於衰亂之中，用心尚粗觕，故內其國而外諸夏，先詳內而後治外」；「於所聞之世，見治昇平，內諸夏而外夷狄」；「至所見之世，著治太平，夷狄進至於爵，天下遠近小大若一」。意思是說，衰亂世尚處在「內其國而外諸夏」階段，未能達到統一局面；昇平世推進到「內諸夏而外夷狄」階段，中原地區得到統一；到太平世則達到空前的「天下」統一

---

592 《春秋公羊傳注疏》卷一，阮元校刻：《十三經注疏》。

（即「王者無外」）的理想境界。特別需要指出的是：對於統一局面的推進，學者多從政治角度來談，強調其所包含的「天下」統一於「天子」、種族關係平等和睦諸含義，其實它還有在「中國」文化、文明這種先進文化、文明方面達成統一的含義。公羊學劃分「夷狄」與「諸夏」的標準是文明程度而不是種族或血緣關係親疏，「外夷狄」是因為「夷狄」未能在禮樂文化與文明方面華夏化，「夷狄進至於爵」是因為「夷狄」已經在禮樂文化與文明方面華夏化，所謂「天下遠近小大若一」，是因為隨著時代進步、文明程度提高，在先進的禮樂文化文明方面不論「諸夏」還是「夷狄」都沒有區別了，達成了統一。由於「夷狄」在先進的華夏禮樂文化文明方面得到提升而達到平等的程度，「夷狄」與「諸夏」的差別消除，自然不必再「外夷狄」了。

　　第三，通過對「三世」的描述，生動地表明「衰亂」世、「昇平」世、「太平」世各自在歷史中的地位，表明「三世」是三個不同而又前後遞進的歷史發展階段，一世比一世治，一世比一世王化更普及，一世比一世道德境界更高，一世比一世統一與民族融合程度更發展，從而使春秋二百四十二年的歷史呈現為一種階段性發展的進步過程。

　　第四，《公羊傳》的「所見」、「所聞」、「所傳聞」是從後向前不斷外推的三個階段，尚屬於《春秋》書法範疇，體現了儒家仁愛的倫理層次。上述引文中前一段關於「異辭」的解說即屬於這個範疇。而接下來三世說所描述的春秋二百四十二年歷史，在時間上則是從前向後，即從「所傳聞之世」開始，經「所聞之世」至「所見之世」，是發展的，進步的；在空間上是由內向外，即從「內其國而外諸夏」，經「內諸夏而外夷狄」直至「夷狄進至於爵，天下遠近小大若一」，時空合一，體現了向理想目標發展進步的趨勢。

不過，仔細分析起來，又會發現，何休三世說雖然以春秋史事作立論的憑依，可又不限於春秋二百四十二年的歷史，實際上是為人類歷史提供了一個縮小了的模型。何休三世說的內容具有可以放大性。比如，何休所謂的「天下遠近小大若一」不但在春秋時期無法實現，就是在他本人生活的漢朝，也是達不到的，因為不要說漢朝內部尚未達到「遠近若一」，即使達到了，漢朝也還遠算不上是「天下」。由此可見，何休在《春秋》中發現的這個歷史模型是可以隨著時間的變遷和空間眼界的擴大而不斷展開的。從何休的三世說可以看出，人類歷史，在時間上是不斷進步的三個階段，在空間上是不斷擴展的三個層次，最終走向「太平世」，即時空結合的，連續性與統一性高度同一的理想境界或目標。

2 理論上的悖論

何休把春秋二百四十二年看作由「衰亂」而「昇平」而「太平」的過程，這與人們根據傳統直觀到的歷史事實不相符合，特別是以昭定哀三公時期當太平之世更是如此。《論語・季氏》記載：「孔子曰：天下有道，則禮樂征伐自天子出；天下無道，則禮樂征伐自諸侯出。自諸侯出，蓋十世希不失矣；自大夫出，五世希不失矣。陪臣執國命，三世希不失矣。天下有道，則政不在大夫。天下有道，則庶人不議。」又記載孔子評論魯國說：「祿之去公室，五世矣。政逮於大夫，四世矣。故夫三桓之子孫微矣。」[593]孔子所描述的魯國及他國的禮樂徵發自諸侯出、自大夫出的現象是客觀事實。依照孔子的說法，春秋不是越來越太平，而是越來越亂。因此劉逢祿《春秋公羊經何氏釋例・張三世例》把這種現象概括為「世愈亂而《春秋》之文益

---

593 劉寶楠：《論語正義》，《諸子集成》本，第354-355、356頁。

治」、「魯愈微而《春秋》之化益廣」[594]。何休自己也說:「《春秋》定、哀之間文致太平。」(《公羊解詁‧定公六年》)[595]這樣就給人一種《春秋》直接與歷史相違戾的印象。因此公羊學的此類言論被認為背離歷史,成了「非常異義可怪之論」,也就是被認為是缺乏真實歷史基礎的奇談怪論。我們認為,對於問題的觀察不應該停留在這一點上,而應該對歷史客觀過程作進一步的分析,從而考察其中是否有在深層上與何休三世說相應之處。

　　首先,孔子所說的政權由天子而諸侯而大夫逐級下移是事實,不過,是否足以說明春秋歷史發展的總趨勢是越來越亂、每下愈況了呢?看來問題不能簡單地肯定或者否定。孔子是從「禮樂徵發」是否由「天子出」的角度提出問題的,自然會得出那樣的結論。因為從夏商到西周,「天子」一直是「天下」一統與有序的象徵,政權由天子而逐級下移自然意味著一統與有序被破壞,秩序越來越亂。孔子之說是有理由的。問題在於:單純由此考察春秋歷史,讓人覺得歷史到春秋時期就完全絕望了,可是歷史顯然並非如此。

　　從經濟上看,春秋是大發展時期。考古發現表明,春秋時期不但青銅冶煉技術得到發展,而且發明了冶鐵技術。由於鐵器的使用,促進了經濟的發展。正是與經濟發展相應,不少諸侯國得以興起。考古界對各諸侯國城市遺址所作勘探發掘的結果,就可以證明。[596]

　　從政治上看,春秋時期既是一種統一、秩序的解體,又是高一個層次的統一、秩序的開始。從周王室日趨衰微、周天子政令不行看,春秋確是在走向分裂。可是從由諸侯國林立逐漸走向戰國七雄來看,

---

594 劉逢祿:《春秋公羊經何氏釋例》,《清經解》本。

595 《春秋公羊傳注疏》卷二五,阮元校刻:《十三經注疏》。

596 參閱中國社會科學院考古研究所編:《新中國的考古發現和研究》,文物出版社1984年版,第334-339頁,第270-278頁。

從一些諸侯國開始實行郡縣制度來看，又是政權從分散而走向集中。顧棟高《春秋大事表‧春秋列國爵姓及存滅表序》已經看出，周王朝的衰落既是一種統一的解體，同時又是為另一種更高層次的統一作準備，甚至是新的更高層次的一種統一的開始。將西周（實行分封制）在諸侯國林立基礎上的統一與秦漢以來各王朝（實行郡縣制）在中央集權制基礎上的統一相比，不難看出前者的統一具有很大的表面性，在層次上低一級。

從族群交往、文化融合上看，春秋時期是一個空前進展的階段。楚國、吳國等已不再是「夷狄」。近年在楚國故地出土了許多器物和文獻，說明春秋時期（特別是後期）的楚國在掌握華夏文化、儒家文化方面達到較高水準。吳國的季札不但很熟悉中原各國的歷史（《左傳‧襄公十四年》），而且從他對魯國所奏樂歌的準確而深透的評論（《左傳‧襄公二十九年》）、結交叔向等不少一流的博雅君子來看，其禮樂文化修養不比華夏人物差。由此可見，何休三世說雖有誇大處（「天下小大遠近若一」，今天的世界上也達不到），卻並非是完全沒有歷史事實為依據的無稽之談，而是有其相當切實的歷史基礎的。如果在孔子那時還看不清楚，那麼漢代公羊學家回顧從春秋到秦漢的一統的歷史時，就不難看出春秋時代歷史變化的真正意義了。這樣看來，何休的一些「非常異義可怪之論」中原來包含著孤明卓識。

其次，何休歷史理論中確實還有一些悖論即所謂似非而是的說法。例如：上文提到的「實與而文不與」；承認歷史進步又表彰「善復古」、反對變古易常等。《公羊解詁》中關於何休贊同與主張「復古」、反對變古易常的例證有不少。《春秋》僖公二十年記載：「春新作南門。」《公羊傳》解釋說：「譏。何譏爾？門有古常也。」《解詁》注釋說：「惡奢泰，不奉古制常法。」[597]《春秋‧宣公十五年》

---

597 《春秋公羊傳注疏》卷一一，阮元校刻：《十三經注疏》。

記載：「秋，初稅畝。冬，蝝生。」《公羊傳》解釋說：「初者何？始也。稅畝者何？履畝而稅也。初稅畝何以書？譏。何譏爾？譏始履畝而稅也。何譏乎始履畝而稅？古者，什一而籍。古者曷為什一而籍？什一者，天下之中正也。多乎什一，大桀小桀；寡乎什一，大貉小貉。什一者，天下之中正也，什一行而頌聲作矣。……蝝生不書，此何以書？幸之也。幸之者何？猶曰受之云爾。受之云爾者何？上變古易常，應是而有天災。」何休《公羊解詁》注釋說：「應是變古易常而有天災。」[598]《春秋》昭公五年記載：「春，王正月，舍中軍。」《公羊傳》解釋說：「舍中軍者何？復古也。」《解詁》注釋說：「善復古也。」[599]其他還有反對魯國「作丘甲」（《解詁》成西元年）、反對魯國「作三軍」（《解詁》襄公十一年）等事例。

　　怎樣看待這些問題呢？首先何休的理想是太平世，對未來有信心，沒有像道家那樣主張人類社會回到原初狀態去，只是贊成、倡導在一些具體制度、規範上的「復古」，並不構成在整個歷史走向上的倒退。其次，中外古今打著復古旗幟而行變革之實的事例是相當多的，歐洲「文藝復興」就是一個很典型的例子。因此，問題的關鍵在於所反對的到底是什麼樣的「變」，而要「復」的又是什麼樣的「古」。例如對「初稅畝」的態度，儘管公羊學家對「初稅畝」的歷史情況未必清楚（今天學者們對此問題也難說有一致的定論），但是有一點很清楚，就是他們認為「稅畝」制度與原有的「什一之制」相比，會加重人民的賦稅負擔，因而加以反對。由於春秋時期的許多變化（包括戰國時期的變化）都具有加重人民負擔與痛苦的一面，所以儒家學者的反對變古往往與此有關。我們如此說，並非要否認何休與

598　《春秋公羊傳注疏》卷一六，阮元校刻：《十三經注疏》。
599　《春秋公羊傳注疏》卷二二，阮元校刻：《十三經注疏》。

儒家有保守的一面，而是說對何休的復古之說不能不加具體分析就一概籠統地斥為反對歷史的進步。歷史發展進步本身的情況是複雜的，充滿內在矛盾。一方面是前進，一方面又是倒退；一方面是一統和秩序的破壞，一方面又是一種一統和秩序的建立；一方面是社會歷史的進步，一方面又是傳統道德、甚至於是傳統美德的衰失。更值得注意的則是在古代往往是「惡」成為推動歷史進步的動力。而且，春秋戰國時期，正是社會大變革時期，破與立、是與非、善與惡、前進與後退複雜地交織在一起。這一點古代中國的老子早就看到了，而且有很深刻很精彩的描述。[600]對此，現代學者或稱之為「吊詭」，或稱之為「歷史的悖論」。正是「歷史的悖論」造成了何休的「史學的悖論」。換言之，何休歷史思想中的悖論也有歷史的悖論為基礎，不應簡單地斥之為倒退論者。[601]

3 「歷史循環論」的突破

我們知道，在三世說出現之前，「五德終始說」和「三統說」甚為流行，歷來被認為是所謂「歷史循環論」。

戰國後期，鄒衍用五行相勝來解釋朝代更替，把歷史的發展說成是「五德轉移」的結果，這就是所謂「五德終始說」，其大意見於《呂氏春秋・應同》[602]。五德終始說認為，各個朝代按土、木、金、火、水「五德」，根據木剋土代土、金剋木代木、火剋金代金、水剋火代火、土剋水代水的「五行相勝」原則依次相替代，始於以土德而

---

600 參見蔣重躍：《試論道法兩家歷史觀的異同》，載《文史哲》2004年第4期。

601 參見劉家和：《史學的悖論與歷史的悖論——試對漢代《春秋》公羊學中的矛盾作一種解釋》，原載《慶祝楊向奎先生教研六十周年文集》，收入劉家和《史學、經學與思想》。

602 《呂氏春秋》，《諸子集成》本。

王的黃帝，終於以水德而王的帝王。水德之後又是以土德而王的帝王，進入新的一輪循環。西漢中後期又出現用「五行相生」原則解釋朝代更替的新的五德終始說。劉歆《世經》說：太昊氏（炮羲氏）「為百王先，首德始於木」；炎帝（神農氏）「以火承木」；黃帝（軒轅氏），「火生土，故為土德」；少昊帝（金天氏），「土生金，故為金德」；顓頊帝（高陽氏），「金生水，故為水德」；虞舜帝（有虞氏），「火生土，故為土德」；禹（夏後氏），「土生金，故為金德」；湯，「金生水，故為水德」；周武王，「水生木，故為木德」；「漢高祖皇帝，著紀，伐秦繼周。木生火，故為火德」。[603]此說提出後，在思想界幾乎占了統治地位，在中國歷史上長期流行，影響甚巨。

「三統說」又稱「三正說」，產生於西漢。《尚書大傳‧略說》就有記載。董仲舒更在《春秋繁露‧三代改制質文》中結合曆法、天象、物候推衍出一整套「三統論」。他認為，夏為黑統，商為「白統」，周為「赤統」。繼赤統者又為黑統，三統重新循環下去。三統說的基本含義是把朝代更替歸之於黑統、白統、赤統三個統的循環變易。它認為，歷史上每一朝代都有專屬於自己的受之於天的「統」。如果承「統」者違天命逆人心，暴虐無道，則會被另一個「承天應命」的朝代取替。繼起的承「統」者必須依照所得之「統」的一些定制或要求進行「改制」，如「徙居處，更稱號，改正朔、易服色」等，以表示「順天志而明自顯」。在「三統」循環過程中，社會風尚也要發生「一質一文」的循環變化。「王者以制，一質一文」，「終而複始，窮則反本」。如，夏代為黑統，尚文；殷代為白統，尚質；周代為赤統，尚文。漢朝繼周而起，復歸黑統，應當尚質。[604]

---

603 《漢書‧律曆志》下，第1011-1023頁。

604 參見《春秋繁露義證‧三代改制質文》，第183-213頁。

　　事實上，「五德終始說」和「三統說」是利用自然現象比附現實政治，具有一定的神秘性，其主要目的是為王朝更替和統治提供合法根據，至多主張在施政措施的某些方面對從前某個王朝有所效仿，它們不能也無意於決定全部歷史的循環，歷史上五德和三統的運轉並未表現出整個歷史或歷史主體部分的循環。比如，按五德終始說，黃帝土德，後世以土德王的不會再是黃帝了，不僅如此，事實上也不可能重演黃帝時代的全部歷史或歷史的主體部分了。三統說也是這樣。夏朝當黑統，尚文，後一個當黑統的也不會再是夏朝了，而且連是否尚文也不能肯定，更何談重複夏朝的全部歷史或歷史的主體內容呢？可見，三統說的封閉性在董仲舒自己那裡就已經被突破了。

　　不過，五德終始說和三統說用於說明歷史，主張政治和文化的某個（如德運或三正）或某些（施政原則和措施）因素在歷史上依次重複，這畢竟會給循環論留下一個缺口。何休的三世說認為人類社會由衰亂而昇平，由昇平而太平，呈階段性進步的態勢，在此基礎上，歷史成為向著一個確定的理想目標（或曰境界）直線進步的過程，相對於五德終始說和三統說來，毫無疑問表現了理論的徹底性，自然是一次意義深遠的突破。當然，對於三統說，何休也是有所繼承的[605]。不過，他的三統說主張「新周、故宋、以《春秋》當新王」（前引《春秋文諡例》的一科三旨），就是說，三統是隨著歷史的進步而向前移動的，到了春秋時期，孔子要以《春秋》當新王，所以要「黜夏」[606]。在何氏看來，三統循環，但歷史是不能循環的。當然，三統說是當時儒家的學術傳統，作為經學家，他是沒有辦法徹底擺脫的。

---

605 蔣慶：《公羊學引論》，第五章，公羊學的基本思想（下）；《春秋》經傳何注中的通三統思想，遼寧教育出版社1995年版，第298-302頁。
606 莊公二十七年、宣公十六年等何注皆有「黜杞」。

（二）「一統」論

何休《公羊解詁》的」一統」說是在《公羊傳》「大一統」說的基礎上發揮引申而成的。

《春秋》開篇云：「隱西元年，春，王正月。」三傳中，唯獨《公羊傳》作了細緻的解釋，云：「元年者何？君之始年也。春者何？歲之始也。王者孰謂？謂文王也。曷為先言王而後言正月？王正月也。何言乎王正月？大一統也。」[607]首先，「大一統」的「大」，在這裡不是形容詞，而是動詞。按《公羊傳》文例，凡言「大」什麼者，都是以什麼為重大的意思。所以，這裡傳文「大一統也」，意思是說，所以書為「王正月」，是因為以「一統」為重為大的緣故。其次，關於「統」。《說文解字》：「統，紀也。」「紀，別絲也。」根據段玉裁注：紀是一根絲的頭，找到絲頭，這根絲就能理好；統是許多根絲的頭，把這許多根絲的頭抓到一起，這一團絲也就能理出頭緒來了。所以，如果就其為「頭」的詞義來說，「統」和「紀」可以無別；但是析而言之，只有「統」才有一的問題，而紀則不存在這個問題，因為它本身就是一。所以，這個「一統」不是化多（多不復存在）為一，而是合多（多仍舊在）為一；它可作為動詞（相當於英文之 to unite），也可作為名詞（相當於英文之 Unity），就此而言，詞義的重心在「一」。但此「一」又非簡單地合多為一，而是要從「頭」、從始或從根就合多為一。只有看出這後一點意思，才確切地把握了《公羊傳》的「一統」的本義。而這樣的「一統」，要從西文裡找出與之完全相對應的詞，看來就很困難了。（按西文中的「一統」，如 Unity，die Einheit 等等，其詞根皆源於「一」，而與「統」略無關係。）中國人的「一

---

607 《春秋公羊傳注疏》卷一，隱西元年，阮元校刻：《十三經注疏》。

統」觀念，自有其歷史的特色，是非常值得我們研究的。[608]

董仲舒把「大一統」與「通三統」結合而有「通三統為一統」說，何休則致力於董仲舒未充分發揮的「張三世」與「異內外」以及二者內在關係的闡發，也即與「三科九旨」體系緊密地聯繫起來，因而更具有哲學意味。

上文說過，何休的三世說是從《公羊傳》「所見異辭，所聞異辭，所傳聞異辭」引申而來。《公羊傳》這段傳文出現三次，都是談魯國內部的事情，與「異內外」無關。如果不消除「內外」之異，「天下」就不會由分裂而統一、由衰亂世而漸進至太平。因此，何休主張把「張三世」與「異內外」結合起來。在他看來，經、傳對不同時期的「內外」也有「異辭」。例如，《春秋》隱公二年記載：「公會戎於潛。」《公羊解詁》注釋說：「所傳聞之世，外離會不書，書內離會者，《春秋》王魯，明當先自詳正，躬自厚而薄責於人，故略外也。」[609]公羊家以為兩國間的私會為離會，應該貶斥，但批評要從自己開始。所以在所傳聞世只批評本國的內離會而不批評外國的離會。那麼，是否有例外呢？《春秋》桓公五年記載：「齊侯、鄭伯如紀。」《公羊傳》說：「外相如不書，此何以書？離，不言會。」《公羊解詁》注釋說：「《春秋》始錄內小惡，書內離會；略外小惡，不書外離會。至所聞世，著治昇平，內諸夏而詳錄之，乃書外離會。嫌外離會常（陳立以為，字當作『當』，可取）書，故變文見意，以別嫌明疑。」[610]齊、鄭之君離會於紀，在所傳聞世，本不當書；這裡書了，可是不書為會而書為「如」，就是為避嫌疑。這樣，他就從本國與諸夏的內外中看到了不同時期的「異辭」。《春秋》成公十五年記載：

608 參見劉家和：《論漢代春秋公羊學的大一統思想》，《史學理論研究》1995年第2期。
609 《春秋公羊傳注疏》卷二，阮元校刻：《十三經注疏》。
610 《春秋公羊傳注疏》卷四，阮元校刻：《十三經注疏》。

「冬，十一月，叔孫僑如會晉士燮、齊高無咎、宋華元、衛孫林父、
鄭公子魷、邾婁人，會吳於鍾離。」《公羊傳》說：「為外也？《春
秋》內其國而外諸夏，內諸夏而外夷狄。」《公羊解詁》注釋說：「吳
似夷狄差醇，而適見於可殊之世，故獨殊吳。」[611]如果吳在《春秋》
的所傳聞世出現，那時還外諸夏，就談不到殊吳。吳恰好出現於傳聞
世，正是外夷狄的時候，所以就要殊了。這樣，他就又從諸夏與夷狄
的內外中看到了不同時期的「異辭」。何休從經、傳的文字中看出了
時間中的先後階段與空間中的內外層次之間的函數關係。這不能不說
是一種特識，因為他把空間中的一統理解為時間中歷史發展的趨勢或
結果。如果說董仲舒的「通三統為一統」的「一統」論中間已經有了
時間與空間中的兩重因素的結合，那麼其結合還是思辨的，何休卻是
把這種結合引進了歷史的思考之中。

　　如果再作進一步分析，可以看出，何休的以「張三世」與「異內
外」相結合的大一統說，還有其深刻的蘊義。三世之別與內外之別，
都在其所愛程度之別。儒家之仁愛自近而及遠，推己以及人；三世與
內外之差別，不過在一為時間之遠近、一為空間之遠近而已。所以，
自儒家之仁學原則觀之，二者自然是可以重合的。空間中的大一統如
何才能在時間的進程中實現？不能靠武力或其他東西，而只能靠仁心
與仁政之不斷地外推。

　　按照何休以上的「一統」論，能實現「一統」的王者必須是能推
己以及人、正己而正人的仁者，否則不能成就一統的事業。「一統」
在歷史中是不斷發展的，而王者卻不是萬世一系的。甚至於儘管「一
統」的起點通常是「中國」，然後由「中國」而「諸夏」，由「諸夏」
而「夷狄」；但是，這一次序也不是絕對的。一個國家是「夷」還是

---

611 《春秋公羊傳注疏》卷一八，阮元校刻：《十三經注疏》。

「夏」，在《公羊傳》及何休《公羊解詁》中並非以種族或者血緣來分辨，而是要看它的實際行為。例如，《春秋》昭公四年記載：「夏，楚子、蔡侯、陳侯、鄭伯、許男、徐子、滕子、頓子、胡子、沈子、小邾婁子、宋世子佐、淮夷會於申。」《公羊解詁》注釋說：「不殊淮夷者，楚子主會行義，故君子不殊其類。所以順楚而病中國。」[612]因為這一次大會是為了合力討齊逆臣慶封；諸夏不能討而楚討之，故順楚而病中國。又如，《春秋》昭公十二年記載：「晉伐鮮虞。」《公羊解詁》注釋說：「謂之晉者，中國以無義故，為夷狄所強。今楚行詐滅陳、蔡，諸夏懼然去而與晉會於屈銀。不因以大綏諸侯，先之以博愛，而先伐同姓，從親親起，欲以立威行霸。故狄之。」[613]在一般情況下，楚為「夷狄」，晉為「諸夏」。可是當楚能行「諸夏」所不能行之義時，公羊學家就「順楚而病中國」；當晉不能綏「諸夏」而反伐同姓時，公羊學家就以晉為「夷狄」了。總之，中國與夷狄並無截然的界限，其標準就是要看其行為是否合乎「義」。因此，何休的」一統」論並不以種族、血緣原則為依據，而是以儒家之「義」為取捨。這正是孟子所說的「不嗜殺人者能一之」（《孟子・梁惠王上》）[614]思想的發揮。因為能承擔「一統」之責的不必是某國、某王，所以在「一統」發展的進程中可以有中心的轉移，也可以有王朝的更替；中心轉移、王朝更替，而一統之趨勢不變。這樣一來何休又把「通三統」與「張三世」、「異內外」結合起來。由於何休「大一統」說把「三科九旨」結合為一加以論述，所以比起董仲舒「通三統為一統」來，使「大一統」說發展到了一個更高的階段。[615]

---

612 《春秋公羊傳注疏》卷二二，阮元校刻：《十三經注疏》。

613 《春秋公羊傳注疏》卷二二，阮元校刻：《十三經注疏》。

614 《孟子注疏》卷一下，阮元校刻：《十三經注疏》。

615 參見劉家和：《論漢代春秋公羊學的大一統思想》，《史學理論研究》1995年第2期。

何休的「一統」論，不僅對「一統」在空間中的拓展、在時間上的延續進行了探索，對「一統」在空間中的統一性和普遍性，在時間上的連續性和統一性進行了闡發，而且還注意到空間的一統與時間的一統的內在關係，把「一統」在空間中的拓展與在時間中的延續結合為一，把「一統」的基本原因或前提理解為儒家的仁學原則的實行以及由之而來的不同族群的華夏化。這樣，使「一統」的時間上的縱通與空間上的橫通相結合，形成了「一統」的連續性與統一性的高度統一，何休歷史思想因此而達到了相當的理論高度。

(三) 餘論：理性特點

根據以上所論，可以看出，何休的歷史模型中沒有神秘的決定力量，他對歷史的看法是一種活潑潑的理性思考。進一步分析，又會發現，何休歷史思想的理性精神系三個重要因素融合而成的，標誌著古代中國人對歷史進行反省的新的階段。

其一，歷史理性[616]。何休歷史哲學從總體上說是歷史理性的，其三世說和一統論對歷史發展階段、歷史朝著一個理想目標進步過程、歷史在空間上延展和時間上延續相統一的探索，對歷史進步的內容和實質以及歷史前進的內在根據的探索，都表現了探究歷史過程的所以然或道理的意義。這個歷史理性的成果，在古代中國歷史理性發生的過程中，占有重要地位。我們知道，殷周之際中國古代歷史理性發軔。周公發現，作為歷史發展的重要表現形式的王朝更替，原因在於天命的變革，而天命變革的根據則在於統治者是否有德，有德無德，要看民心的向背；說到底，歷史發展最終取決於人心向背。在這種閃

---

616 這裡的歷史理性，簡單說來，是指探究歷史過程的所以然或道理。關於歷史理性的定義，可參見劉家和：《論歷史理性在古代中國的發生》，《史學理論研究》2003年第2期。

爍著人文主義精神曙光的道理中，顯示出歷史理性（歷史進步）與道德理性（民心向背）的最初統一。春秋戰國時期儒家仍然秉持周公的這一理念。道法兩家則不斷地排除歷史理性中的道德因素。陰陽五行家則為歷史變化尋找自然的證驗和根據，於是歷史理性又趨向與自然理性相結合。以秦始皇為代表的政治勢力在道、法、陰陽家歷史思想中找到了加強集權、促進統一的思想資源。漢代取得天下，又對歷史理性進行了新的探究，以歷史理性與道德理性相結合的傳統為主幹，同時借用自然理性的成果，並努力使三者結合起來。在這個過程中，不論是歷史理性，還是道德理性和自然理性，還是三者的結合方式，都得到了進一步發展。董仲舒的「三統說」就是一個典型。它的主要內容是：以「三統」取代「五德」，以「忠、敬、文」取代「土、木、金、火、水」；三統相續是生長過程的延續，不是後者戰勝或者消滅前者，後起王朝，不是為了克服或者制勝前者，而是為了「救弊」。「三統說」的道德理性和自然理性基本上是某種外在附加的東西。兩漢之際「五行相生」為原則的「五德終始」也是如此。[617]歷史理性、道德理性和自然理性三者還是簡單的相加，尚處在相互外在的狀態下，遠未能融合為一體。只有到了何休，這個情況才得以根本改觀。

其二，道德理性。在何休《公羊解詁》中，歷史理性的展開同時就是道德理性的展開。首先，歷史發展、王道實現同時也是道德境界的臻至。在何休眼裡，所謂「衰亂」、「昇平」、「太平」，既是就國家的治亂興衰而言的，又是就社會的道德水準而言的，所謂「太平」世是歷史發展的最為美好的境界，它意味著「撥亂功成」，是「人事洽，王道備」。所謂「王道」，在儒家看來，還可以分析為二，一是「天下」統一於「王」（天子），二是仁政德化。兩者的內在關係是，

---

617 參見劉家和：《論歷史理性在古代中國的發生》，《史學理論研究》2004年第2期。

王道必須建立在仁義和德政基礎上，王道社會的實現過程也就是仁義和德政不斷推展的過程。這推展，帝王自然是主導，但卻不僅僅是帝王的事情。何休說過：「有帝王之君，宜有帝王之臣；有帝王之臣，宜有帝王之民。」（《公羊解詁・僖公二十二年》）[618]理想社會的達成是整個社會的事業。其次，何休關於「三世異辭」的思想同樣表現了道德理性展開。他說：「所以三世者，禮，為父母三年，為祖父母期，為曾祖父母齊衰三月，立愛自親始。」[619]這裡所根據的是儒家的「禮」，而「禮」與「仁」是表裡的[620]。「仁」是人之所以為人的最根本的愛，即把人當作人來愛的人類之愛，它須通過禮而由內而外，推己及人。何休認為「三世」的遞進是建立在仁和禮的基礎上的，使歷史理性與道德理性融合起來，成為一體。

其三，自然理性。何休還使其歷史理性與道德理性的結合具有合乎自然理性的性質。三世進步以仁義和德政的發展為內容。何休在論證三世說和一統論時，反覆強調所謂三世和一統都是將仁愛的推己及人，即從內到外、由近而遠不斷推展的過程。而這種仁愛，是出自人的本性（nature）。或者說，人倫的道德理性並非憑空產生，它是以人的性情為根據的，而人性也是一種自然（nature），不過，相對於日月草木土石這類外在自然物體來說，人性就是一種「內在自然」。何休所謂「異辭」、所謂「異內外」，甚至所謂「三世」、「一統」，都有這種內在的自然為基礎。何休歷史思想對鄒衍、董仲舒輩假外物為比附的自然理性，的確有重大突破，但這種突破不是簡單地斬斷歷史理性與自然理性的聯繫——歷史不能脫離自然條件而存在，——而是突出

---

618 《春秋公羊傳注疏》卷一二，阮元校刻：《十三經注疏》。

619 《春秋公羊傳注疏》卷一，阮元校刻：《十三經注疏》。

620 參見劉家和：《先秦儒家仁禮學說新探》，載《古代中國與世界：一個古史研究者的思考》。

內在自然的重要性，讓歷史理性和道德理性的融合建立在同一的內在自然的基礎之上，這樣，人類歷史的進步以人類的道德發展為基本內容，又以人的自然性情為根基，歷史理性、道德理性和自然理性才會融合為一，我們說何休《公羊解詁》的歷史學說是一種合情合理的歷史思想，根據即在於此。

總之，何休在《公羊解詁》中，對歷史發展的目標、歷史進步的階段性、連續性與統一性，對歷史發展的基本內容、動力和基礎等重大問題，闡述了自己的見解，形成了完整的思想系統，合乎歷史哲學概念的基本內涵，在歷史哲學發展的歷程中，占有重要地位。在這個體系中，歷史理性與道德理性相統一，以自然理性為根基，三者融為一體，表現了鮮明的中國特色。

餘論

　　西元三世紀前後，在經過了統一的強盛時期後，中國和歐洲都發生了一系列的變化，進入分裂時期。從時間段上來說，這個時期在中國為魏晉南北朝時期（220-589年），在歐洲則大約為西羅馬帝國滅亡前後（476年）到查理曼帝國的解體（843年）。茲從歷史和文明兩方面做簡單比較。

一　魏晉南北朝時的中國與西羅馬滅亡之後歐洲歷史發展的異同

　　中國和歐洲在這個時期的歷史表現出一定的相似之處，如中央政權衰落，割據勢力強大，國家由統一走向分裂，政權更迭頻繁，內憂外患並存，社會經濟發展遭到嚴重破壞，思想文化領域發生顯著的變化。

　　二世紀末期，東漢政權由盛轉衰，皇帝大權旁落，地方勢力強大。黃巾起義後，曹操控制了中央政權，一九六年（建安元年），曹操迎漢獻帝於許昌，開始挾天子以令諸侯。在二百年的官渡之戰中，曹操打敗袁紹，成為江北最大的勢力。二〇八年，曹操與長江中下游的孫權和荊州的劉備聯軍在赤壁決戰，奠定了三足鼎立的局面。二二〇年，曹丕代漢獻帝自立，建立魏國。二二一年，劉備在成都稱帝，建立蜀漢政權。二二九年，孫權在建業建立孫吳政權。魏蜀吳三國相互征戰，

二六三年，魏滅蜀。二六六年，魏國權臣司馬炎篡魏自立，在洛陽建立西晉政權。二八〇年，西晉滅吳，統一了中國。西晉的統一局面並沒有維持太長的時間，很快就被內憂外患的危機所取代。八王之亂（291-306年）後，西晉的統治區域瓦解。三一六年，匈奴人劉曜攻陷長安，西晉滅亡。三一七年，西晉王室司馬睿在建康稱帝，建立了東晉政權，初步奠定了南北對峙的局面。北方在此後的近一百五十年間進入五胡十六國時期，最後由北魏在四三九年統一。東晉政權偏安江南，世家大族把持了朝政，雖間或有收復北方失地的行為，但始終沒有成功。四二〇年，東晉大將劉裕稱帝，建立宋政權，正式開始了南北朝的對峙局面。南朝有宋、齊、梁、陳四朝，北朝曆北魏、東魏、西魏、北齊、北周五個政權。五八一年，北周外戚楊堅篡位自立，建立隋朝。五八九年，隋滅陳，結束南北對峙局面，再度統一中國。

　　歐洲也經歷了類似的情況。羅馬帝國後期，雖然戴克里先和君士坦丁等採取了一系列改革措施，但帝國的危機進一步加深。不僅如此，戴克里先開創的多個皇帝共同治理國家的模式加劇了政治動盪。三九五年，羅馬帝國皇帝狄奧多西一世去世後，帝國正式分為東西兩部分，分別由他的兩個兒子統治。長子阿卡迪烏斯統治東部帝國，其中心在君士坦丁堡，逐漸發展成為拜占廷帝國。次子霍諾留統治西部，中心先在米蘭，後來遷到拉文納。從此形成東西長期並立的局面。四七六年，西部帝國的最後一個羅馬人皇帝羅慕路斯被廢，西部帝國滅亡，其領土也被日爾曼各族建立的政權所瓜分。東部的拜占廷繼續存在了近千年，直到一四五三年被奧斯曼土耳其人所滅。六世紀上半期，東部的皇帝查士丁尼一世統治時期，曾經發起過恢復羅馬帝國的西征運動，先後收復了北非、義大利半島、科西嘉、薩丁島及西班牙半島南部海岸等地。但這些收復的地區又相繼失去，東西分裂的

局面沒有改變。西部帝國境內的各蠻族政權經過一系列的戰爭，由法蘭克人在西元九世紀前後重新統一。不過，法蘭克人的統一局面也沒有維持下來。八四三年，查理曼的三個孫子在凡爾登締結條約，三分其帝國，西部旋又分裂。自此，西歐沒有再出現過統一的帝國。

這個時期，雙方還面臨著來自邊疆民族政權的挑戰，在中國為所謂的「五胡十六國」，在歐洲則是所謂的「蠻族王國」。

漢魏以來，分布在西北邊疆的少數民族逐漸內遷，與漢人雜居，並逐漸習慣於定居的農業生活。向內地遷徙的北方少數民族主要有匈奴、鮮卑、羯、氐、羌五族，史稱「五胡」。這些內附的少數民族分布在東起遼東西至新疆的廣袤北部地方，他們或者成為國家的編戶齊民，或者集體依附於中原的漢政權，作為在西北邊疆抵禦其他民族入侵的軍事力量。三國時期，魏、蜀為增加兵力，進一步招徠邊疆少數民族內遷，使得軍隊中的胡人大增。西晉以後，這種特點更加突出。少數民族的內遷在很大程度上彌補了因戰亂造成的人口銳減，對於社會生產和軍事力量也有積極的意義。但是，也有一定的危險。大量內遷的少數民族，對漢政權構成了威脅。首先，漢族和少數民族人口的比例發生變化。魏初，「西北諸郡，皆為戎居」[1]。晉時「關中之人百餘萬口，率其少多，戎狄居半」[2]。隨著大批漢人避亂江東，中原地區的漢人不斷減少。這麼龐大的群體麋集於中央政權的心臟地帶，自然是一個威脅。因此，西晉內部以郭欽、江統等為代表，極力主張用武力把他們遷出去，以防華夷之變，江統還專門寫了《徙戎論》一文。其次，漢族與少數民族的矛盾不斷增加，使得其離心力漸增。內附的少數民族中很多成為漢族世家大族的佃客或奴婢，過著悲慘的生活，甚至被賣為奴，後趙立國之君石勒就曾經被並州刺史司馬騰賣與

1　《晉書・四夷傳・北狄》。

2　《晉書・江統傳》。

茌平人師懽為奴[3]。這種民族矛盾在西晉政權內憂的情況下，隨即爆發，頓呈亂華之勢。

二九七年，居住在雍、秦（今陝西甘肅）一帶的十多萬巴（竇）人和氐人為了躲避連年的蝗、旱、饑疫，向梁、益（今四川陝西）地區遷徙，但西晉政府勒令他們返回，流民們推舉巴人李特為首領，起兵反抗。三〇四年，李特之子李雄在成都稱王，建立成漢政權。同年，漢室外裔南匈奴單於劉淵打著「紹修三祖之業」的旗號，在山西離石稱漢王。劉淵作為西晉的匈奴五部眾首領，吸納了王彌、石勒等起義的胡漢勢力，很快占據了青、徐、兗、豫四州。三一一年（永嘉五年），劉淵的養子劉曜、王彌攻陷洛陽，俘虜了晉懷帝。三一六年，劉曜攻下長安，俘虜晉湣帝，滅亡了西晉。自此以後，北方進入長達一百三十多年的分裂混戰時期，直到四三九年北魏再度統一，史稱「五胡十六國」。五胡十六國計有漢（前趙）、成漢、前涼、後趙、前燕、前秦、後秦、後燕、西秦、後涼、南涼、南燕、西涼、夏、北燕、北涼，其中前涼、西涼、北燕是漢族政權，其餘為少數民族政權。此外，還有代國、冉魏、西燕、吐谷渾等政權，共二十國。這些政權存在的時間不同，最長的前涼政權七十六年，最短的冉魏政權只有三年。以三八三年的淝水之戰為界，十六國又可以分為兩個時期。淝水之戰前，氐人苻堅建立的前秦政權基本上統一了北方；淝水之戰苻堅敗於東晉，北方的統一局面旋又瓦解，陷於更加劇烈的動盪之中。

三八六年，鮮卑人拓跋珪宣布恢復代政權，後改國號為魏，史稱北魏。拓跋部本居住在黑龍江、大興安嶺，後遷徙到漠北地區，再遷至盛樂（今內蒙古和林格爾），與魏晉政權接觸。三三八年，什翼犍在盛樂建立代政權。三七六年，苻堅滅代。三九五年，拓跋珪擊敗後

3　《晉書·載記·石勒》。

燕，占領黃河以北的山西、河北地區，三九八年，遷都平城（今山西省大同市），同時稱帝（道武帝）。其孫太武帝拓跋燾在位（424-452年）時，征服了漠北的柔然，並先後滅掉了大夏（431年）、北燕（436年）和北涼（439年），統一北方，結束了近一百五十年的戰亂，與南朝成對峙之勢。北方的北魏政權在五三四年發生分裂。五三二年，鮮卑化漢人高歡在河北大族的支持下，殺掉爾朱兆所立皇帝節閔帝，立孝武帝，保持北魏政權。五三四年，孝武帝投靠在長安的宇文泰。高歡立孝靜帝，從洛陽遷都鄴（今河北省臨漳縣），史稱東魏。五三五年，宇文泰在長安立西魏文帝，北魏正式分裂。五五〇年，高歡之子高洋取代東魏，建立齊國，史稱北齊。五五七年，宇文覺廢西魏恭帝自立，國號周，史稱北周。東魏、西魏和北齊、北周間混戰不斷。五七七年，北周滅北齊，統一北方。

四世紀後半期，匈奴人西遷，迫使居住在帝國東北邊境的哥特人西移，進入羅馬帝國境內。三七八年，西哥特人在亞德里亞堡打敗羅馬軍隊並殺了皇帝瓦倫斯，襲擊色雷斯，並作為同盟者在下摩西亞定居下來。狄奧多西一世去世後，西哥特人在首領阿拉里克的帶領下，先後劫掠了巴爾幹半島和義大利，並迫使西部帝國把都城從米蘭遷到拉文納。為了保衛義大利，使之免受阿拉里克等侵擾，四〇六年，羅馬帝國從萊茵河邊境撤防，聚集在北部邊境線上的日爾曼人隨即進入帝國，其中有汪達爾人、蘇維匯人以及阿蘭人等。四一〇年八月，阿拉里克率軍攻陷羅馬，縱兵焚掠三日。四一八年，西哥特人以高盧為中心建立政權（阿奎塔尼亞，後遷都圖盧茲）。汪達爾人則渡過萊茵河，占據了法國和西班牙的部分地區，四二九年，他們在首領蓋薩里克的帶領下渡過直布羅陀海峽占據非洲，以迦太基為中心建立自己的政權。四五五年，汪達爾人攻陷了羅馬。五三四年，汪達爾人的政權被拜占廷所滅。伊斯蘭教崛起後，拜占廷在這些地區的統治被阿拉伯

人所取代。不僅如此，阿拉伯人還在九世紀初攻入西班牙半島，滅掉了西哥特王國，占領了除西北部之外的整個半島。七三二年，查理‧馬特領導的法蘭克聯軍在普瓦提埃打敗阿拉伯軍隊，將穆斯林的勢力阻擋在比利牛斯山以南。

　　五世紀中期前後，羅馬帝國的西部疆域先後被蠻族政權瓜分。西哥特人占據了高盧和西班牙，汪達爾人占據了北非，盎格魯、撒克遜人占據了不列顛，匈奴人則據有從多瑙河到黑海之間的區域。四五四年阿提拉的帝國解體後，東哥特人趁機占據了潘諾尼亞，蓋皮德人則占領了達西亞，後起的法蘭克人則從索姆河流域向高盧滲透。四七六年，東日爾曼人奧多亞克廢除了羅馬人的皇帝羅慕路斯，占據了義大利。四九三年，東哥特人首領狄奧多里克占領義大利，殺掉奧多亞克，建立東哥特王國。五五三年，拜占廷大將貝利撒留又滅掉了東哥特王國。五六八年，居住在多瑙河流域的倫巴德人在首領阿爾伯音的帶領下占據義大利，建立倫巴德王國。四八一年，撒利安法蘭克人克洛維建立法蘭克王國，開創了墨洛溫王朝。克洛維以高盧為中心，統一了法蘭克人。其後繼者則吞併了勃艮第，控制了法國、比利時、荷蘭和德國西部的廣大地區。法蘭克王國也成為諸蠻族政權中最強大的一個。到六世紀末，法蘭克王國逐漸形成奧斯特拉西亞、紐斯特里亞和勃艮第三大部分。墨洛溫王朝末期，王權旁落，宮相擅權。七五一年，奧斯特拉西亞的宮相矮子丕平在羅馬教皇和貴族的支持下廢除了墨洛溫王朝的國王，在蘇瓦松稱王，建立了加羅林王朝。加羅林王朝在查理曼時期達到鼎盛，他先後對義大利的倫巴德人、萊茵河以東的薩克森人、多瑙河流域的阿瓦爾人及西班牙的穆斯林用兵，並在九世紀初建立一個龐大的帝國，其領土包括今天的法國、德國、荷蘭、比利時、大部分義大利和西班牙半島的部分地區。查理曼的帝國在他去世之後出現危機。八四三年，他的三個孫子在凡爾登締約三分疆土，

統一的局面不復存在。

外來信仰的出現及對傳統信仰的衝擊也是這個時期中國和歐洲歷史的重要相似之處。佛教在這個時期傳入中國並得到迅速發展，並對傳統的儒家思想產生衝擊。歐洲則是基督教異軍突起，向傳統的希臘羅馬信仰挑戰，並取而代之。

佛教產生於西元前六世紀的印度，大約在西元前後經西域傳入中國。[4]佛教傳入中國伊始，最初只在來華的西域人中流傳，中國人剃度出家的不多。佛教最早可能在社會的上層流傳，如較早的楚王英及漢明帝祀佛等故事。東漢末年，佛教逐漸傳播到社會的其他階層，中國人出家的現象開始出現。《後漢書‧西域傳》載「桓帝好神數祀浮圖老子，百姓稍有奉者，後遂轉盛」。《後漢書‧陶謙傳》、《三國志‧吳書四》也記載了笮融在徐州、揚州等地「大起浮圖祠」，可見民間的佛教信仰在那時已經達到相當的規模。魏晉以降，佛教在中國的發展很快，並在南北朝時期達到新的高度，從帝王到百姓紛紛信佛，各種寺廟遍布全國。一方面，佛教在理論上有了大的發展，大量的佛經被譯成漢文，還出現了道安、慧遠等高僧，中國佛學宗派得到初步的發展。另一方面，佛教在實踐過程中形成一套較為完備的制度，並納入政府的管理管道。

佛教作為一種外來宗教，能夠在中國立足並受到社會各階層的青睞，其中的原因是多方面的，既與當時的戰亂及社會經濟凋敝有關，也與佛教本身的特點、社會上讖緯迷信、鬼神、陰陽等方術氾濫及知識界尊黃老、尚老莊的風氣密不可分。隨著佛教的發展，佛寺及僧人

---

4 佛教何時傳入中國，學術界有不同的看法。一般說來，東漢明帝永平年中遣使西域求法是公認的佛教傳入中國的開始。湯用彤先生認為可能還要早些，據魚豢《魏略‧西戎傳》中記大月氏王使伊存授《浮屠經》事，則可以上推到西漢末年。按照這種說法，則佛教入中國約於基督教創始人耶穌的生年差不多在同時。參見湯用彤：《漢魏兩晉南北朝佛教史》，中華書局1983年版，第34-36頁。

獲得了一些特權，可以免除對國家的賦稅及軍事義務。這種政策進一步刺激了人們皈依佛門的願望，成為社會各階層尤其是中下層追逐的對象。佛教的發展甚至達到氾濫的程度，影響了社會的正常秩序，以至於政府不得不採取限制措施，北魏太武帝和北周武帝都曾經採取禁止佛教的措施。

約在佛教傳入中國後不久，基督教在羅馬帝國境內出現，並與羅馬傳統的信仰漸成競爭之勢。宗教在古代羅馬社會中占有重要的地位。羅馬帝國傳統的宗教信仰是以朱庇特為首的多神信仰，這種信仰是羅馬人開拓疆土的重要動力，也是羅馬民族優越感和自豪感的重要體現。但隨著羅馬帝國的建立及社會矛盾的加深，傳統的信仰逐漸出現危機。西元一世紀初，在羅馬帝國內部的巴勒斯坦地區興起了基督教，並逐漸成為與傳統信仰抗衡的重要力量。

作為從猶太教內部發展起來的一種新宗教，基督教最初的信徒僅限於猶太人，人數也不多，並以社會下層為主，基本是下層人的宗教。基督教反對猶太教的形式主義和一些狹隘的禮儀，因而遭到正統猶太教徒的反對。與此同時，它的一神論信仰又與羅馬傳統的多神信仰發生衝突。基督教在其發展的最初三百年間，曾經多次遭到羅馬帝國的迫害。但是，基督教卻在這雙重的夾擊中生存下來，並逐漸發展壯大起來。到西元二世紀初，基督教擺脫猶太教獨立，從一個民族的宗教轉變為普世性的宗教；在地域上也越出巴勒斯坦向地中海沿岸發展，教會組織遍布帝國的許多城市；信徒的組成也多元化，信教的主體也由猶太人轉變為希臘羅馬人。不僅如此，基督教還在實踐中形成了一套正統的體制和神學，確立了經典。到西元四世紀初，基督教已經深入到羅馬社會的各個角落，成為一支不可忽視的政治力量，對政局產生影響。君士坦丁之所以能夠打敗所有的競爭對手並獨霸帝國，是與他採取親基督教的政策分不開的。他自己也認為獲勝靠的是基督的保佑。

　　基督教的生存環境在君士坦丁統治期間發生了巨大的變化。首先，三一三年的米蘭敕令使基督教獲得了合法的地位，為進一步的發展掃清了障礙。其次，君士坦丁給予教會和神職人員一系列優惠政策，免除了神職人員對國家的經濟和軍事義務，允許教會接受捐贈並免除一些稅負。最後，君士坦丁還在去世前接受了洗禮，正式成為基督徒。君士坦丁的這些措施對於基督教的發展產生了深遠的影響，使它在與傳統信仰的競爭中不斷占據有利位置，並最終取而代之。狄奧多西一世統治時期，基督教成為國教。西元三九二年，他下令禁止基督教外的所有信仰，全面廢除羅馬傳統的宗教信仰。經過三百多年的發展，基督教最終取代了羅馬的傳統信仰。

　　基督教發展的腳步並沒有隨著帝國的衰亡而停止，相反，它卻在不斷壯大。各蠻族政權在建國後紛紛皈依基督教，並與教會建立了密切的關係，把基督教作為加強統治的重要工具。蠻族政權中除了法蘭克人外，信奉的都是異端派阿里烏派。四九六年，克洛維皈依羅馬教會。法蘭克人勢力的發展也是與羅馬教會的支持密不可分的。法蘭克國王還積極推廣基督教，除了派遣傳教士外，還用武力方式強迫被征服地區皈依基督教。查理曼每征服一個地區，就首先派遣教士建立教堂，基督教也隨著法蘭克人的擴張逐漸在萊茵河和易北河之間的日爾曼腹地發展起來。九世紀以後，基督教逐漸傳播到中歐、東歐地區。

　　中國和歐洲的歷史在這個時期雖然有相似之處，但也同中有異。

　　中國雖然經歷了幾個世紀的動亂與分裂，但最終在六世紀末重新歸於統一，確立了以漢族政權為主導中央集權制國家，為唐代的大發展奠定了基礎。歐洲則延續了分裂的局面，始終沒有再出現統一的帝國。一方面，東羅馬帝國（拜占廷）與西部的關係漸行漸遠，完全變成一個異族政權。另一方面，羅馬人在西部帝國的政權完全消失，代之而起的是日爾曼人的政權。這些蠻族政權奠定了後來歐洲歷史的基

本格局，成為近代民族國家的先驅。不僅如此，隨著分封制的發展，王權逐漸瓦解，被領主權所取代，歐洲社會也逐漸進入封建社會。

在民族關係上，中國與歐洲也呈現出不同的特點。雖然中國的漢族與少數民族政權存在矛盾，一些少數民族政權也採取胡漢分治的政策，少數民族與漢人也有相互屠殺的現象，如石趙和冉魏政權。但是，也有相互合作及關係融洽的事例。各少數民族政權裡面都有大批漢人官吏，後者的合作對於少數民族的統治起到了重要的作用。苻堅曾任用漢族士人王猛。成漢政權的李特、李雄父子正是通過團結包括蜀人在內的各族群眾，採取禮賢拔滯、虛己愛人的政策，才能獲得成功，並能「夷夏安之，威震西土」[5]。不僅如此，隨著五胡十六國獨立政權的消失，這些少數民族的族群身分也逐漸消失。除羌族保留下來以外，匈奴、鮮卑、羯、氐等都被漢族同化，成為漢族的新組成部分。從結果上來看，這是民族大融合和以漢族為主體的華夏民族得到進一步發展的時期。歐洲的情況則有很大的不同。蠻族的入侵不但瓦解了羅馬的政權，而且重新劃分了民族的格局。在這裡不是蠻族的羅馬化，而是羅馬人的蠻族化，形成了以日爾曼人各支族為主體的民族多元化的局面。東部帝國演化為希臘文化的拜占廷帝國。在帝國的西部，作為帝國統治主體的羅馬人先是淪為以義大利為中心的區域概念，接著在蠻族政權的更替中逐漸喪失了政治上的獨立地位，不再是一個族群和政治單位。「羅馬人」成了一個文化概念，被一些蠻族所吸納，如查理曼為「羅馬人皇帝」，奧托一世的「神聖羅馬帝國」，但這些大都變成了空洞的口號，沒有實際的內容。

從文化上來說，這個時期的中國雖然是政治上的混亂期，但在文化上卻是繁榮期，是繼先秦「百家爭鳴」以來中國歷史上的又一次活

---

5 《晉書・載記・李雄》。

躍期。隨著佛教的傳入和發展,中國原有的多元信仰進一步得到豐富,儒、釋、道三家並存,既有競爭,也有相互借鑑,並呈現出合一的趨勢。學術思想有大的發展。在原有的經學之外,玄學出現並成為這個時期的顯學。無神論思想進一步發展。史學無論在規模和品質上都達到一個新高度,並對後來的發展產生了重要影響。文學藝術等領域尤其引人注目,文學創作的題材進一步豐富,出現了專門的文學理論著作《文心雕龍》。在藝術方面則出現了王羲之、顧愷之等著名的書畫名家,這個時期的佛教造像則是藝術綜合水準的體現。歐洲在文化上則是普遍的衰落期。羅馬帝國後期,傳統的羅馬文化遭到破壞,在哲學、史學、文學等方面也呈現出衰落之勢。思想文化領域呈現出基督教獨尊的局面,學術研究以神學為鵠的,獨立的哲學研究消失了。這個時期的教育衰退,文化水準大跌,以至於都爾的主教格里高利在六世紀末發出文學終竭、學問消失的哀歎。各蠻族政權的文化水準普遍不高,對文化事業也不感興趣。唯一例外的是法蘭克人國王查理曼,他在位期間,延攬人才,興辦教育,獎掖學術,改革文字,取得了一定的成就,因而出現了所謂的「加羅林文藝復興」。但這個思想文化活躍的高潮在他去世後很快就煙消雲散了,並沒有改變在整體上的低落局面。

二 魏晉南北朝時期的中國與西羅馬滅亡後歐洲文明斷續的異同

魏晉南北朝時期和西羅馬帝國滅亡後,中國和歐洲的文明都面臨著一系列內外挑戰,但是,雙方文明發展的特點和結果有很大的不同。中國的文明在這個時期在秦漢以來的基礎上繼續發展,文明的傳統並沒有中斷。歐洲的羅馬文明則發生了斷裂,各蠻族政權並沒有繼

承羅馬的傳統,他們以基督教為中心,形成新的認同,從而使歐洲轉向了基督教文明。從各自文明發展的特點來看,這種結局並非偶然。這可以從政治、民族歷史文化認同、思想等方面加以說明。

首先,從政治發展的特點上看。

魏晉南北朝時期,中國在政治上雖然分裂,但秦漢以來形成的大一統的觀念及政治體制並沒有中斷。國家統一的觀念已經深入人心,無論漢族還是少數民族政權,都以國家的統一為己任。前秦符堅在統一北方後,所想的就是統一整個中國,他說:「四方略定,惟東南一隅未賓王化。吾每思天下不一,未嘗不臨食輟餔,今欲起天下兵以討之」[6]。符堅沒有完成的統一任務後來被北魏實現了。在政治體制上,以郡縣制和編戶齊民為基本特徵的中央集權制得到進一步發展,分封制徹底被廢棄。雖然仍有分封的事例,但受封者只食祿,對於封地並無實際的控制權。無論漢族還是少數民族政權,都沿用以儒家經典為基礎建立的官僚體制進行統治。可以說,政治體制上的連續性是中國古代文明的連續性發展重要保障。[7]歐洲則沒有出現這樣的局面。羅馬雖然也建立了龐大的帝國,但其帝國的性質和內部結構與中國有很大的不同。羅馬的統一是征服的統一,整個帝國並沒有形成一個有機的整體。羅馬對於被征服地區並沒有採取完全劃一的措施,不同地區與羅馬的關係的密切程度並不一樣,地位也不一樣。一般說來,羅馬只要求被征服地區在政治上臣服並履行相應的經濟義務即可,大多數被征服地區在政治上有一定的獨立性,可以繼續保留自己的民族、語言、宗教文化等。羅馬在被征服地區設立行省,每個行省派一名總督治理,但總督以下,也是沒有直屬的下級行政機構的。羅

6　《晉書‧載記‧符堅下》。

7　劉家和:《古代中國與世界:一個古史研究者的思考》,第489-492頁。

馬的政治是以城市自治為基本特徵的，各行省仿照羅馬設立各種自治城市，由後者管理地方事務。整體而言，羅馬帝國更像一個鬆散的政治聯合體，沒有一套從中央到地方的官僚體制。在這種體制下，羅馬帝國內部居民的身分差異很大，根據與羅馬關係的不同分成許多等級，每個等級享有權利和義務也不同。一旦中央政權解體，整個帝國也就瓦解了。入侵羅馬的各蠻族雖然作為同盟在帝國定居下來，但仍然保留自己完整的族群特性和政治的獨立，羅馬也無意把它們納入到帝國的體系來。這些蠻族政權還保存了較多的軍事民主制殘餘，大都延續了政治上的分權傳統，不但分割權力，而且分割土地。如克洛維去世後就把國家分給四個兒子，每個兒子可以在自己轄區內再分。查理曼也在八〇六年曾經把國家分給自己的幾個兒子，八四三年的三分帝國不過是延續了法蘭克人的傳統。不僅如此，這些政權在地方大都採用代理制，政權機構非常簡單，而且代理的權力很大。這種分權模式實際上大大削弱了王權，並最終瓦解了王權，使得歐洲進入普遍分裂的封建制時代。

其次，從民族認同上來看，二者之間的差距也是明顯的。

魏晉南北朝時期，中國在民族認同方面得到進一步發展，華夏民族的認同感加強，呈現出胡人漢化和漢人胡化的雙向過程。一方面，中原漢族對少數民族有認同。各少數民都被認為與漢族有著共同的祖先，有血緣上的兄弟關係。如匈奴人被視為夏王朝的後裔，鮮卑人是黃帝的後裔，羯、氐、羌則分別是夏、有扈氏、舜的後裔。另一方面，少數民族也有對漢族的認同。匈奴人劉淵起兵時打的是恢復漢代劉家天下的旗號。因為匈奴人是漢室的外甥，與劉家有姻親關係。對劉淵來說，這不僅僅是一種政治口號，而且還有一種責任與義務。中國文化中也存在所謂「夷夏」的觀念，講究夷夏之防。但其側重點並不在血統，而是在文化。夷夏的區別主要在於禮的不同，行夷禮即為

夷，行夏禮則為夏，夷夏可以互轉。舜和周文王分別為東、西夷人，但都是華夏族的著名人物。周太王的兒子泰伯、虞仲到江南後「文身斷髮」蠻夷化了，到春秋時期，其後裔吳國君主又作為華夏之邦的代表。楚國最初屬華夏，遷到江漢地區後，變為蠻夷，到楚莊王時，又成了華夏文化的代表人物。杞國本是夏的後裔，但因行夷禮，到戰國時期就成為東夷了。[8]這種自春秋時期就已經形成的觀念成為魏晉南北朝時期中國漢族與少數民族融合及華夏民族進一步發的重要理論基礎。歐洲則缺乏中國那樣的民族認同。羅馬帝國內部並沒有形成民族認同。在羅馬帝國內部，羅馬人與非羅馬人的界限非常明顯，各民族之間的地位也不一樣。羅馬人繼承了希臘人的傳統，把他們之外的人稱為未開化的蠻族。禁止羅馬人與蠻族人通婚[9]。日爾曼人在建立自己的政權以後，大都採取分治的措施，羅馬人和日爾曼人之間的法權地位不一樣，分別受制於各自己法律。雖然這些蠻族政權在一定時期內也以羅馬的將領自居，甚至以羅馬人的皇帝自居，但始終保持了自己民族的獨立性。

中國不但有民族的認同，而且有著歷史文化上的認同。這個時期中國的邊疆少數民族大都進入定居農業的階段，與漢族接觸的時間較長，對於中原地區的漢族歷史和文化了解較多。許多少數民族首領本身接受的就是漢文化教育，且修養較高，熟悉中國的歷史和文化。他們在建立政權後，非常注意任用漢人，並大力提倡漢族文化，以儒家理論為基礎治理國家，就連石龍、石虎這樣的暴君也不例外。這個時期儒學的發展情況頗能說明這一點。魏晉南北朝時期，儒學的中心在北方，推動儒學事業的大多數為少數民族政權。相比之下，南方的漢

8　劉家和：《古代中國與世界：一個古史研究者的思考》，第493-497頁。

9　The Theodosian Code and Novels and the Sirmondian Constitutions, Clyde Pharr et. Trans., The Lawbook Exchange, Ltd., New Jersy, III. 14.1.

族政權則積極性不大。少數民族漢化的代表當屬北魏孝文帝,他不但把都城遷到了洛陽,而且採取了全盤漢化的政策,連姓都改成漢姓了。少數民族政權對漢族的歷史和文化的認同還體現在歷史的編纂上。北朝不僅沿襲了漢魏的史官制度,而且開創了設館修史的先河,奠定了後世歷史編撰制度,有力地促進了民族文化的認同。[10]魏晉時期,北方的政權雖然以少數民族居多,但從文化的角度來說,漢文化始終是主體。歐洲的情況則複雜的多。其一,羅馬並沒有發展出各民族都認同的一個文化。帝國內部文化的差異性非常大,羅馬人在帝國中的比重不大,作為羅馬人自身文化的拉丁文化則始終沒有占據主導地位,其影響甚至還不如東部的希臘文化。羅馬帝國也確實存在所謂的羅馬化,但無論在區域還是在深度上都很有限。其二,帝國中後期遷移到羅馬邊境的諸蠻族大部分尚未進入定居農業階段,他們與羅馬帝國接觸的時間較短,且大都不斷遷徙,對於其歷史和文化知之甚少。對羅馬文化了解最多的要算東哥特人的國王狄奧多里克,他曾經長期在拜占廷宮廷生活。日爾曼人首領的文化修養普遍不高,除查理曼外,基本上不重視文化事業,很多人不識字。查理曼雖然很努力學習拉丁文,但始終不會寫。其三,日爾曼人在歷史的淵源上是以基督教而非羅馬為指歸的,他們的譜系也是從亞當開始的。

　　中國的民族文化認同還體現在語言上。中國自先秦以來就形成的漢語不但是漢族的共同語言和書面語,而且為少數民族所普遍接受,雖然一些少數民族政權也有自己的文字,但最終這些民族的語言文字都逐漸消失,融入到漢語裡面來。歐洲始終沒有形成統一的文字。雖然羅馬帝國有官方的語言,但並沒有強制統一的語言和文字,帝國各民族大都保留著自己的語言文字。羅馬人最初全面學習希臘文化,知

---

10 王志剛:《民族文化認同與北朝史官制度發展》,《史學集刊》2009年第2期。

識界把希臘文作為高貴的象徵，因此希臘語是通行的書面語言。拉丁語雖然是羅馬人自己的方言，但在西元前一世紀前的地位並不高。後來雖然有所提高，但並沒有取代希臘語成為唯一的語言文字，帝國境內始終存在東部的希臘語和西部的拉丁語兩大語支。日爾曼人雖然在語言上同屬日爾曼語族，但操不同的方言，他們在進入羅馬帝國前並沒有自己文字，這些說不同方言的族群在具體的實踐中結合所在地區的原有語言，形成自己的語言文字，並成為日常交流的主體。雖然拉丁文在西部成為通用的書面語言，但它逐漸演變成純書面語，而且難以掌握，只有少數知識精英懂得，不再是日常的交流語言。歐洲語言多樣化發展的速度很快，也為各地區的交流增添了難度。到八四二年查理曼的兩個孫子在斯特拉斯堡宣誓結盟時，雙方軍隊的語言已經不通了，不得不同時用古法語、古德語和拉丁文宣誓並撰寫文本。歐洲民族語言的基礎正是在這個時期奠定的，隨著阿拉伯人的西侵和斯拉夫人的遷徙，歐洲形成希臘語族、拉丁語族、日爾曼語族、斯拉夫語族乃至阿拉伯族共存的局面。

　　中國和歐洲在思想文化上也表現出很大的不同。從中國來說，作為古代學術傳統主要支柱的經學和史學沒有中斷。魏晉時期，玄學崛起，成為知識界競相追逐的時尚，對傳統經學提出了挑戰。雖然經學一度受到衝擊，但其群眾基礎和在社會上的影響仍然很大，其地位沒有改變，仍是治國的基礎。南北朝時期，經學分為南北兩支，北方以少數民族政權居多，經學延續了漢儒傳統，南方經學則受到魏晉玄學的影響。相對而言，北方的經學比南方更加興盛，出現了一些重要的中心，而且在後秦姚興、前涼、北魏及北周時曾經盛極一時。這個時期還是史學的繁榮期，以北方十六國為例，史學不僅沒有中斷，而且相當繁榮。據《隋書・經藉志・霸史》和《史通・古今正史・十六國

史》記載，十六國的史書有二十六種（271卷）。[11]歐洲在學術傳統上有較大的變化，羅馬的哲學傳統被基督教神學取代。希臘羅馬歷史上的哲學大致相當於中國的經學，對於其思想文化的發展起到了決定性的作用。羅馬帝國初期以前，各哲學流派並存，並相互競爭。但是羅馬的這些哲學流派始終停留在少數知識精英的層面，且脫離社會現實，所以其基礎和生命力都非常有限。基督教出現後，這些哲學流派普遍受到前者的批判和否定，雙方也發生過多次論戰。隨著基督教獨尊局面的形成，超宗教的哲學徹底敗下陣來，淪為神學的附庸，甚至消失。五二九年，羅馬皇帝查士丁尼下令關閉異教學校，禁止異教哲學家從業。基督教的神學成為新的學術傳統。從史學的角度來看，古典拉丁史學在四世紀末就已經衰落了，羅馬歷史家在阿米阿努斯·馬塞里努斯（Ammianus Marcellinus）之後，就已經沒有什麼聲音了。基督教史學及基督教史觀占據了主題。歷史的內容以基督教為主，歷史也成為人類的救贖史。在體裁上則以零散的年代記及編年史為主，同時興起了聖徒傳。歷史的編寫工作全部由教士或修道士擔任，從羅馬帝國滅亡到查理曼帝國的解體前後，唯一的世俗史家是查理曼的外孫尼特哈德。無論在數量上還是在品質上，這個時期的歷史著作都很難與古典時期相提並論。

最後，宗教在中國和歐洲民族和文化認同中所起的作用。

佛教傳入中國後，得到各階層各民族的認可，對於緩和民族矛盾起了一定的作用。佛教在中國的傳播過程中不斷適應環境，與中國固有的文化進行融合，使中國人易於接受。中國原有的天神加祖先的崇拜經過儒家思想的洗禮，已經與倫理道德融為一體，具有了神道設教的意思。佛教最初曾與這種傳統發生衝突。佛教講出家，不盡君臣父

---

11 劉家和：《古代中國與世界：一個古史研究者的思考》，第484頁。

子的義務，因而被視為不忠不孝。這種衝突在《牟子理惑論》中已經有所體現。雖然也有僧人企圖維護佛教本來面目，但在中國這種辦法行不通，只好與中國文化傳統妥協，不斷向這一傳統靠攏，現在《大藏經》裡還有一些講忠孝的經，其實這些都是經過中國文化洗禮的成果了。佛教與中國文化的融合並非完全被動的，也有主動的情況。佛教從西域剛傳入中國的時候，為了迎合當時宮廷的讖緯迷信心理，還非常重視方術道法，像佛圖澄、鳩摩羅什等都精於此道，並因此深得帝王的信任。佛教的傳播對傳統的信仰造成了衝擊，但佛教並無意取代或消滅其他信仰，也沒有從根本上改變各派的地位及格局，尤其是儒術在在政治上的主導地位。雖然大多數中國的帝王都尊崇佛教，但並沒有出現把佛教上升為主導意識形態的現象。對帝王而言，奉佛多以個人的修身養性或作為一種學問研究為目的，治理國家則要靠儒家，二者並不衝突。姚興、梁武帝等既崇佛學，又倡儒學，北周武帝則把儒學放在首位。中國文化也沒有拒斥佛教，魏晉時期，佛家思想對玄學的形成與發展產生了一定的影響。道教在這個時期有了較大的發展，也吸收了許多佛教的內容，這可以從道教的《太平經》中看出來。[12]有些人甚至乾脆把佛教視為道家的支系，西晉的道士王浮還作了《老子化胡經》，為這種說法造輿論。當然，佛教在發展過程中與儒家和道教也存在衝突與競爭，學術界也有「夷夏論」的爭論。不過，總體而言，三者的相互借鑑也很多，逐漸出現三教合一的趨勢，因而有「周孔即佛，佛即周孔」和黑白論的說法。三教殊途而同歸的思想無疑是當時知識界的主流觀點。可以說，佛教的發展進一步豐富而非阻斷了中國的傳統文化。

　　基督教在歐洲發展的結果則不一樣。基督教反對狹隘的民族意識，這對於不同民族的交流與融合及社會的穩定無疑有積極的作用。

---

12 湯用彤：《漢魏南北朝佛教史》，第75-76頁。

但是，基督教因為信仰唯一的上帝耶和華並反對一切形式的偶像崇拜，因此它對於異己宗教和文化是不寬容的，是極力排斥並加以否定的。早期教父們花費了大量的精力來與猶太教及希臘羅馬傳統信仰論戰。羅馬人有自己的宗教，原來是城邦保護神性質的，後來又成了帝國的國教，皇帝本人兼任最高祭司。帝國內部其他各族各有自己本族的宗教，但是羅馬國教處於最高的特權地位。這種宗教自然是與羅馬文化傳統相一致的。基督教對這種多神信仰和文化是堅決反對的，德爾圖良曾經說過「耶路撒冷與雅典有什麼關係？」羅馬與基督教並非毫不相干，實際上是敵人。在早期教父的眼裡，羅馬與巴比倫一樣是上帝及基督的敵人，是異教的代表及邪惡的化身。這種思想在奧羅修斯的《反異教史七卷書》中體現的很明顯。在很大程度上基督教發展的過程就是傳統羅馬宗教消亡的過程。君士坦丁以後，皇帝放棄了大祭司的稱號，宗教政策也隨之發生變化。羅馬宗教政策的這一轉變，固然是為了維護帝國統治，可是帝國未能維護下來，羅馬歷史文化認同的傳統卻被打斷了。基督教則利用自己的特權地位，趁機採取各種措施消除異教信仰，摧毀神廟和祭壇。經過基督教的洗禮，不但羅馬傳統的信仰消失了，就連其他民族的宗教也消失了，包括蠻族在內的各民族逐漸統一在基督教下，形成以基督教為認同的文化。歐洲在基督教方面的認同並沒有促成政治上的認同或統一。一方面，基督教內部始終存在不同的派別，並引發了正統與異端之間的矛盾與鬥爭，東部的君士坦丁堡和西部的羅馬爭奪領導權的鬥爭也沒有中斷，最終還走上分裂的道路。另一方面，雖然西部的拉丁教會逐漸形成了一個以羅馬教廷為中心的教權統一勢力，也有教皇乃至教皇國，但它實際上成為一個世俗的分裂勢力，在義大利乃至歐洲逐權奪利，與世俗王權（包括皇帝）矛盾重重。所以，基督教的發展不但阻斷了傳統的文化，而且進一步加劇了歐洲在政治上的分裂局面。

中華文化思想叢書 A0100049

中西古代歷史、史學與理論比較研究　下冊

作　　者	劉家和
版權策畫	李　鋒
責任編輯	林以邠
發 行 人	陳滿銘
總 經 理	梁錦興
總 編 輯	陳滿銘
副總編輯	張晏瑞
編 輯 所	萬卷樓圖書股份有限公司
排　　版	林曉敏
印　　刷	維中科技有限公司
封面設計	菩薩蠻數位文化有限公司

出　　版　昌明文化有限公司

桃園市龜山區中原街 32 號

電話 (02)23216565

發　　行　萬卷樓圖書股份有限公司

臺北市羅斯福路二段 41 號 6 樓之 3

電話 (02)23216565

傳真 (02)23218698

電郵 SERVICE@WANJUAN.COM.TW

大陸經銷

廈門外圖臺灣書店有限公司

　電郵 JKB188@188.COM

ISBN 978-986-496-092-7

2018 年 1 月初版

定價：新臺幣 480 元

如何購買本書：

1. 劃撥購書，請透過以下郵政劃撥帳號：

　帳號：15624015

　戶名：萬卷樓圖書股份有限公司

2. 轉帳購書，請透過以下帳戶

　合作金庫銀行　古亭分行

　戶名：萬卷樓圖書股份有限公司

　帳號：0877717092596

3. 網路購書，請透過萬卷樓網站

　網址 WWW.WANJUAN.COM.TW

大量購書，請直接聯繫我們，將有專人為您

服務。客服：(02)23216565 分機 610

國家圖書館出版品預行編目資料

中西古代歷史、史學與理論比較研究 / 劉家

和著.-- 初版.-- 桃園市：昌明文化出版；臺

北市：萬卷樓發行, 2018.01　冊；　公分.--

(中華文化思想叢書)

ISBN 978-986-496-092-7(下冊：平裝)

1.史學　2.比較研究

601　　　　　　　　　　　　107001266